VALUING LIFE
Humanizing the Regulatory State

命の価値
規制国家に人間味を

キャス・サンスティーン
山形浩生＝訳

勁草書房

アマルティア・センに捧げる

費用と便益の世界（これは悪質な行動や、自由と権利の侵害がどんなにひどいものかを認識するというのも含む）は、結果とは無関係な義務や責務が持つ、傍若無人な理由付けとはかなりちがった意志決定の宇宙となる。

——アマルティア・セン*1

合理的経済秩序の問題が持つ奇妙な特性は、まさに我々が活用しなければならない状況に関する知識が、集約されまとまった形では決して存在せず、むしろ様々な別個の個人が保有する、不完全でしばしば矛盾する知識の、分散したかけらとしてしか存在しないという事実からきている。（中略）あるいは、手短に言うと、それはだれにも完全な形では与えられていない知識を活用するという問題なのだ。

——フリードリッヒ・ハイエク*2

目次

はじめに——フランクリンの代数

政府は、自分たちの行動が持つ人間的な影響に注目すべきだ。その意志決定が環境保護についてだろうと、職場の安全、喫煙、外国援助、移民、銃規制、肥満、教育、移民、他国への軍事介入についてだろうと、政府はこう考えるべきだ：その行動をしたり、しなかったりすることによる影響はどんなものだろう？　人命が救われるというなら、何人くらい？　人々に負担がかかるなら、どの程度の負担で、それはどんな影響を持つのか？　そして、ズバリだれが支援され、だれが被害を受けるだろう？

こうした問題に答えるには、政府の視野は狭いものではダメで、広くなければならない。筋の通った比較をして、定量化が困難だったり不可能だったり、比較できなかったりする価値の間での選択を可能にする手法を探すべきだ。そしてその際には、政府は役人たちの知識だけに頼るのではなく、市民たちの知識も活用すべきだ。

一七七二年にベンジャミン・フランクリンは、むずかしい選択に直面した知り合いに向けて、啓発的な手紙を書いた。[*1]

こうしたむずかしい話が持ち上がるとき、それらがむずかしいのは、それを検討しているときに、それを支持するすべての理由と否定するすべての理由とが同時に頭には浮かばないからだ。むしろ、ある理由の集合が頭に浮かぶこともあり、そして別の時には別の集合が頭に浮かんで、最初のものは頭から消えてしまう。だからこそ、かわるがわる各種の判断に傾いてしまうし、その不確実性で私たちは困惑してしまう。これを克服するにあたり、私のやり方は、紙を直線で二つの列に半分づつ分割し、片方には肯定論、もう片方には反対論を書くことだ。そして三、四日にわたる検討期間中、別の見出しの下に、その時々に応じて思いつく、その手法を肯定したり否定したりする議論についてのちょっとした記述を書き留めておく。

こうしたものをすべて一望に収めたら、私はそのそれぞれの重みを推定しようとする。そして同じ重みだと思われる二つを線の両側に見つけたら、その両方を線で消す。肯定論の一つが、否定論二つと同じくらいの重みと思ったら、その三つを消す。否定論二つが肯定論三つと同じ重みなら、その五つを消す。そしてさらに検討を重ねて数日たって、どちらの側にも重要なものが新しく何も浮かんでこなければ、それで私は決断に到達する。そして理性の重みは代数的な量の精度は持ち得ないにしても、それぞれがこのように別々に検討され、比較され、その全体が目前にあると、もっとよい判断ができると思うし、性急な一歩を踏み出す可能性も低くなる。そして実際、私は、いわば道徳的、分別的な代数におけるこの種の等式から大いに利益を得ているのだ。

この道徳的、分別的な代数を使い、フランクリンは広い変数を捕らえ、そのどれも見落とされたり無視されたりしないよう務めた。この点で、フランクリンは費用便益分析の初期の実践者だ——これは、各種行動について便益と費用を一覧にして、それを相互に比較し、便益が費用を正当化するような形で先に進む方法を考える手法だ。もちろん、フランクリンは定性的な差も無視しなかった。かれは「代数的な量の精度」での選択はできないと考えた。それでも、関連する配慮のすべてを見つけようとして、競合する変数が相殺しあい比較可能になるかを考える必要があると強調している。

政府も、個人の暮らしと同じく、むずかしい問題がしばしば生じる。政府は自動車やトラックの燃費を改善するよう義務づけるべきか？　どのくらい改善させるべきか？　食の安全を確保するために新しい規制を導入すべきか？　どんな規制にしたらいいだろう？　政府は冷蔵庫や洗濯機にもっと省エネを義務づけるべきか？　どのくらい省エネさせるべきだろうか？　役人がこうした問題に答えるには、「それを支持するすべての理由と否定するすべての理由」が「同時に頭には浮か」ぶようにして、「そのそれぞれの重みを推定しよう」とするしかない。役人がこれをやってくれたら、「よい判断」をする可能性はグッと高まるし、「性急な一歩」を踏み出す可能性は下がる。なんらかの政治的代数も役にたつ。確かに、これをやろうとしたら、役人たちはかなり面倒な情報収集を余儀なくされるかもしれないし、その問題に対応したり、それを最小化したりする方法を見つける必要も出てくるだろう。

二〇〇九年から二〇一二年にかけて、私は光栄にもオバマ政権のホワイトハウス情報規制問題局（Office of Information and Regulatory Affairs：ＯＩＲＡ）の局長を務めた。この機関は時に、アメリカの

「規制ツァー（独裁者）」と呼ばれることもある。「規制」という用語は広範なものだし、その範囲は自明ではない。ここで私が規制というとき、それは主に、何らかの社会目標を実現するために公的・私的行為を制限または認めるための、法的な統制（立法府に承認され、行政官により実施されるもの）を意味する。その社会目標というのは、労働者の安全、大気浄化、母国安全保障の増大、食品による病気の低減、障害や性的嗜好に基づいた差別の禁止、プライバシー増大、国境の管理改善、金融危機時のリスク低減などいろいろ考えられる。規制は、政府が実施できる最も重要な行動をいろいろ含む——そしてそうした行動は、人々の日常生活を常に左右している。

　ありがたいことに、「規制ツァー」という発想はかなりの言い過ぎだ。アメリカにはツァーなんかいない。でもこの用語は、ＯＩＲＡ局長の責務がどれほど広いものかについて、ヒントは与えてくれる。局長は、めまいがするほど多様な分野の規制監督活動を支援している。たとえば国の安全保障、移民、エネルギー、環境保護、職の安全、職の安全、教育など、その分野は実に多い。一九八一年にロナルド・レーガン大統領は、なんらかの政治的代数の必要を強調し、ＯＩＲＡの責務の中心に費用便益分析を据えた。この中心的なアプローチについては共和党政権も民主党政権も追認している。

　重要な面から見て、オバマ政権は実は費用便益をさらに重視した。経済的に不景気な時期だと、高い規制コストがことさら有害だったり嫌われたりするという点を認識してのことだった。ここで重要だったのは「ビジネス」と称する抽象的なものに対する費用を避けることではなかった。それは規制が不幸な人的影響をもたらさないようにすることだった。規制による高い負担が本物の人々（事業を経営する人々も含む）に課されれば、不幸な結果が起こりかねない。

レーガン大統領以来、ＯＩＲＡプロセスの主要な狙いは、「純便益を最大化すること」だった。つまり便益が費用をできるだけ大きく上回るようにすることだ。そして確かに、オバマ政権第一期の規制による便益は、一五〇〇億ドルほどだった。*2 こうした便益としては、（燃費や省エネ基準などによる）消費者にとって大きな節約、回避された死亡数や病気、事故などの大きな増加（高速道路の安全や環境規制など）、規制緩和による大きな利得などがある。一五〇〇億ドルという数字は驚愕の成果だし、ジョージ・Ｗ・ブッシュ政権とビル・クリントン政権の第一期で生じた純便益の倍をはるかに超える数字だ。

不十分な規制は深刻な問題になりかねず、人命にもお金にも関わるものとなる。実際、二〇〇八年金融危機とその後の数年は、不十分な規制の産物という部分もある。規制は、システミックリスクについて安全策を提供できたはずなのだ。あるいは何千人もの早死にや何万人もの病人を生み出している大気汚染を削減する手立てを講じなかったらどうだろう。でも過剰な規制もまた深刻な問題になりかねず、経済成長や雇用創出を危険にさらす可能性がある――それにより本当の人々が、価格上昇とか、賃金低下とか、仕事をクビになるとかで被害を被る。もし国が大気汚染を減らすための高価な手立てを講じたら、公衆の健康は保護されても、エネルギー価格が上がるかもしれない。エネルギー価格が大幅に上がれば、特に貧困者には本当につらいことになる。

とても多額の費用がかかるのに、公衆の健康にわずかな便益効果しかもたらさない規制は、確かにひどいものかもしれない。それを判断するには、細かいところを見るしかなくて、それにはフランクリンの代数のようなものも使う必要がある。規制に関する「多いか少ないか」という論争を越える必要がある――そうした論争は、「厳しすぎる」とか「緩すぎる」とかいう抽象的なものになってしまう。むしろ行動の費用と行動しない費用とをどうトレードオフするかに直接的な形で注目する必要がある。そして、こうした結果について正確な情報を得るためのツールを開発する必要がある。

政府に入る前に、私は行政法と規制政策を二十年以上にわたり教えてきた。そのときに重視していたのは、費用がかからず、自由を維持して市場に優しいツール（たとえば情報公開）と費用便益分析――その使い方、その価値、その限界――についてだった。私は選択の自由を維持する重要性を強調した。それは民間部門が政府の持っていない情報を持っているからという理由も大きい。また、規制の影響を一覧にしようという努力と、代替アプローチの影響についての評価がなければ、先にどう進むべきか、そもそも進むほうがいいのかどうかもすぐにはわからないと強調した。車の燃費は、リッター15キロに上げるべきか、リッター20キロにすべきか、リッター22キロにすべきか？　それを5年以内にするのか、10年以内にするのか、それとも15年以内に達成させるのか？

何らかの政治的代数というのは魅力的ながら、多くの理性的な人々は費用便益分析に激しい不快感を示す。[*3] その不快感は、学術界でも政府でも見られたし、真面目で正当な問題を提起するものでもある。大気汚染、プライバシー、不注意運転、危険な鉱山、障害や性的嗜好に基づく差別を考えよう。こうした問題に対応した規制の便益をどうやって金銭換算しようか？　車いすの人をトイレにアクセスしやすくする経済的価値はいくら？　そうした費用が本当にその費用を負担できる人々に課された場合はどうで、便益がそれを本当に必要とする人々、それがなければ生活できないかもしれない人々にまわる場合はどうなのか？

公職についていたとき、私は「費用便益分析の人間化」についていろいろ語ってきた。この用語で、私は四つの関連しあう発想を指すつもりだった。一つは、起こりそうな結果を考慮する必要性だ――これは費用便益分析を私が熱心に勧める理由を説明する点となる。[*4] 二番目は、費用便益分析が捕らえるのに苦労するものにスポットライトを当てることで、そこには人間の尊厳も含まれる。人間化された費用便益分析は、定量化できないものを無視したりはしないのだ。第三の発想は、本物の人間とホモ・エコノミカス（標準的な経済分析に使われる合理的なアクター）とのちがいに関するものだ。何十年にもわたり、心理学者や行動経済学者たちはこのちがいを強調して、人間というのは標準的な経済学者たちが認めてきたよりも利己性が低く、まちがいを犯しやすいのだと示唆してきた。人間化された費用便益分析は、政治や規制が本物の人間に与える影響を検討する。最後に四つ目の発想としては、国の市民たちが保有する散り散りの情報を集める必要性についてのものだ。規制当局は通常はいろいろ知ってはいるけれど、でも市民たちよりはずっと無知なことが多い。規制を固める前に、世間のコメントを集め、奉仕させてもらっている人々から学ぶことが必要だ。

本書は7章構成だ。最初の3章は、政府で過ごした年月の後で書かれたもので、そこで学んだことを直接反映させた。政府にいて、ホワイトハウスの向かいで働けるほど幸運だった頃、私が最もしょっちゅうたずねられた質問は、それってどんな感じなの？　というものだった。大統領行政府で働くってどんなもの？　議会の議員たちと働くってのは？　大統領と働くのは？　退職してから、政府内部での実際の経験について、少なくともＯＩＲＡ局長という立場からどんなものか、雰囲気を教えてくれないかと多くの人に言われたものだ。

第1章は、その雰囲気を伝えようとするもので、ついでにずいぶん広まっているまちがった印象をただそうとする。この章は本書の中で、政府のプロセス――物事が実際にどう動くか――に注目している点が独特だ。少なくとも私の経験では（そしてこれを聞いて驚く人もいるだろう）、圧力団体の圧力だの選挙上の配慮だのといった意味での「政治」は規制プロセスであまり大きな役割は果たさない。決断はそれ自体の善し悪しについて、役人が入手できた情報を参照することで行われている――そして法が許す限り、フランクリンの代数にかなり似たものを参照しつつ行われている（私の役割は、規制を通じて法の施行を支援することだったので、議会による法の可決には通常は関与していなかったことに注意してほしい）。

現実世界の規制では、よい内部プロセスがすさまじく重要だ。それは特に、人々が本当に重要なものに専念し、物事を正しく決めてくれる可能性を高めるからというのが大きい。この論点を明確にするのが第1章の大きな狙いだ。もう一つの狙いは単純。うまく機能する政府は、実施省庁の内外にいて、規制立案期間の知らないことを知っていそうな広範な人々から情報を集める。ＯＩＲＡプロセスの中心的な狙いは、この広く分散した情報を集めることだ。

第2章もまた実際の仕事の雰囲気を伝えようとはする。でも焦点をあわせるのは、費用便益分析が何を行うもので、そうした形の分析がどんなふうに現実問題に適用されるかという点だ。もちろん、規制当局者が結論を費用便益分析――いやそれを言うなら、どんな形であれ政治的な算数――に基づいて行えというのは、すさまじい論争を招きかねない。一部の人は、死亡リスクには金銭価値をつけたりはできないと思っているし、費用便益分析を職場の安全や環境保護、自国の安全保障などをめぐる論争解決に使おうとするのは、ばかげているかそれ以上に悪質だと思っている。そうした懸念の多くはもっともなものだ。私としては、費用分析が実際のケースでどう機能するかについて、もっとよく理解してもらえたら、そうした論争の一部は消えるのではないかということだ。同時に、費用分析の本当の世界について理解が深まれば、現実の実践でも改善がもたらされるはずだ。

第3章は、定量化できない価値、たとえば人間の尊厳や個人のプライバシーなどにまっすぐ目を向ける。ときには政府が便益や費用を、ある単純な理由から定量化できないこともある。重要な情報が手に入らないという理由だ。政府は、あるルールがテロ攻撃のリスクや刑務所での強姦、金融危機などのリスクを減らすのは知っているけれど、そのルールの便益を計算できない。そうした場合、政府はどうやって先に進むのか、どう進むべきなのか（そもそも進むべきなのか）？　あるいは、あるルールが障害者の職場アクセスを可能にするとしよう。そのルールの便益は、それが生み出す純粋に金銭的な便益だけでは十分に捕らえられていない。何か重要なものが欠けている。政府は尊厳上の便益をどう扱うべきか？　経済分析が完全な答を提供できない（でもその問題について完全に何も言えないわけでもない）ことを説明することで、第3章は定量化できない便益の扱い方を検討する。

政府は人命を価値評価できるだろうか？　実際にやっている話でいえば、短い答はイエスだ（二〇一三年ドルで九〇〇万ドルほどだ)。でもその数字の根拠は何だろう? ある規制で守られるのが、ほとんどが子供だったり、老人だったり、がんにかかりやすい人だったり、貧乏だったりする人の場合を考えよう。そうした人口の特徴は関係するだろうか? 生命を価値評価するとき、アメリカ政府は若者と年寄りとを区別しないし、リスクの差(たとえばがんのリスクやテロ攻撃で死亡するリスク)も区別していない。そして実際、オバマ政権は大統領の第一期を通じてそうした区別をしなかった。

第4章と第5章は、価値評価で最もむずかしい問題のいくつかを検討する。そうした問題は、理論的にも実践面でも最先端に位置する。人間の命(厳密には統計的死亡リスク)を価値評価しようという試みは、ふざけたものであるどころか、厚生と自律性に関する極度に魅力的な発想に根ざしている——その発想は自由な社会で重要な役割を担うべきものだ。リスクの価値評価を行おうとするとき、まず人々自身がリスクをどう評価しているかを出発点にすべきだ。でも各種の統計的死亡リスクは同じではないし、個人にだって差がある。がんのリスクと、予想外の突発的な死とはちがった扱いをしたほうがいいかもしれない。テロに関連したリスクは特別扱いしたほうがいいかもしれない。貧困者が直面するリスクも、特別扱いが望ましいかもしれない。優先主義の発想、つまり公僕は最も恵まれない人々を特別に優先すべきだという発想を考えてほしい[*5]。こうした論点は、人命の価値評価の方法についての重要な論争をもたらしている——そうした論争は、今後数十年でますます重要になるはずだ。

行動経済学は世界中での規制慣行に大きな影響を与えてきた。中でも「ナッジ」[*6]の利用に対する関心は大きく高まっている。ナッジというのは、大きな影響を約束するような、低コストで選択を保持するようなアプローチだ。ナッジはたとえば、レストランチェーンでの食べ物のカロリー数を公表させたり、新しい車の年間ガソリン代を公表させたりする。心理学者や行動経済学者たちは特に、人々がリスク評価のときにヒューリスティクス、あるいは心理的な簡便法を使う点に注目している。こうしたヒューリスティクスは通常はうまく機能するけれど、それが大きなまちがいをもたらしかねず、お金や人命を失う結果になりかねないことが明らかになっている。たとえば利用可能性ヒューリスティクスを見よう。これは、人々が確率を評価するときには、それに関連した出来事をすぐに思いつくかどうかで判断するというものだ。利用可能性ヒューリスティクスは、可能性の問題にアプローチする最悪の方法ではないけれど、でも一部のリスクを課題に見せたり（最近偶然にその一回切りの出来事が起きたりした場合）、他のものを過小評価したり（統計リスクがかなり高いのに、ここ最近はなにも変なことが起きていない場合）させることで大きな問題を引き起こしかねない。

第6章はこうした知見を元に、道徳と倫理の領域でも人々がヒューリスティクスを使うと示唆する——そしてこれらもまた、特にリスクについて考えている時には大きなヘマを引き起こしかねないことを示す。おおむね筋が通った道徳的判断でも、規制問題を検討しているときには、変な方向に話をねじまげかねない。たとえば、ウソはよくないけれど、ウソで子供の命が救えるなら、それは容認できるしむしろウソをつくべきかもしれない。別の例。道徳は当然ながら人の死につながるほとんどの行動を糾弾するけれど、規制はトレードオフを伴うし、人間の死につながるあらゆる行動（たとえば道路や高速道路の建設）をすべて否定するのは絶対に無理だ。道徳的ヒューリスティクスは至る所にあって、それが大問題を引き起こしかねない。

規制当局が失敗するのは、だいたい二つの問題のどちらかに陥るからだ。第7章は、「確率無視」という一般的な現象に光を当てる。リスクを扱うときには、一つの悪い結果だけに注目するのではなく、それが起こる確率にも注目すべきだ――でも感情的になっていると、人間の心はそれをやりたがらない。それが「確立無視」だ。たとえば自分の子供が致死性のがんにかかるリスクを考えてみよう。心配するのはその発生確率ではなく、最悪ケースのシナリオではないか？ 一つだけ例を挙げると、テロリストたちは確率無視を利用しようとする。規制当局はそれを許してはならない。結果（テロ攻撃の結果はどうなるだろう？）とその確率（攻撃の発生確率は？）の両方を考えるべきだ。同時に、人間の恐怖はそれ自体がコストだし、それが人々にリスク回避の高価な手段をとらせることでさらなるコストをもたらしかねない――この論点は、強い感情を引き起こすリスクを減らす活動について、特別な問題を引き起こす。この分析は、人々が確率の問題を無視するように仕向けた広範な問題に関係している。

あまりに多くの場合、政府の政策に関する面倒な問題は、小話やら最近の歴史やら、直感やドグマに訴えることで解決されてきた――たとえば、危険な食品、汚れた空気、危ない職場から「もっと保護」が必用だとか、政府からの「介入を減らす」必要がある、などだ。もっと保護が必要か、介入を減らすべきかは、なにやら抽象的な話とは関係なく、その有無がもたらす具体的な効果に基づくべきだ。これから見るように、フランクリンの代数は私たちが知るべきことすべてを教えてくれるわけにはいかないし、本書で私の狙いの一つは、その限界を探ることだ。でも人命を重視したいのであれば、人命の価値評価を抜きにしては先に進めないのだ。

第1章　政府の中

情報規制問題局（ＯＩＲＡ）は、管理予算局（Office of Management and Budget：ＯＭＢ）の一部で、連邦政府の中で確立した存在になっているし、褒められることも多いけれど、ときには論争を招く機関となってきた。ＯＩＲＡが創設されたのは一九八〇年、書類作業削減法の一環として、連邦機関からの情報収集要求を承認（または却下）するというのがその責務だった。就任後一ヵ月もしないうちにロナルド・レーガン大統領がやった最初期の行動は、ＯＭＢの責務を追加することだった。それは、実施省庁からの連邦ルールを、費用と便益の慎重な検討によりレビューして、承認（または承認を拒否する）というものだった。[*1]

ＯＭＢ内部で、その責任を実施するのはＯＩＲＡだった。ＯＩＲＡプロセスの主な狙いは、規制がもたらす影響について、その発効前に慎重に検討することで規制を改善することだった。ＯＩＲＡレビューが特に重視するのは、連邦ルールがもたらす人間への影響だ。

でもＯＩＲＡプロセスの実際というのはどんなものだろう？　政府のこの重要な部分は、実際にはどう機能するんだろうか？　そのプロセスの狙いは？　近いところにいるオブザーバーたち——メディア、実業界、公的関心を持つコミュニティや、経済学、政治学、法学などの教授を含む学術界——ですら、ＯＩＲＡの役割はあまり理解してくれていない。こうした誤解は重要だ。それは大統領行政府にとどまらず、連邦政府全体の仕組みが理解されていないことの反映だからだ。

本章での私の主な狙いは、現在の誤解を解くことだ。中心的な主題の一つは、ＯＩＲＡは広く散らばった情報——実施省庁や世間一般のあちこちで保有されている情報——の収集を支援するということだ。ＯＩＲＡはもっぱら、連邦政府の内外を問わず、広範な情報源の見方や視点を同定し、まとめるのを支援するのが主な仕事だ。これから見るように、最終的な責任を負うのは大統領ではあるけれど、ホワイトハウスそのものは単数ではなく、複数から成る組織なのだ。ホワイトハウス外部の無数の機関も関与していて、そちらのほうがしばしば「ＯＩＲＡレビュー」と誤って表現されるプロセスでは大きな力を持っていたりする。ＯＩＲＡはおおむね情報をまとめる存在なのだといっても過言ではないのだ。

たとえば農業省は各種ルールが農民にどう影響するかを詳しく知っているし、運輸省は各種ルールが運輸部門にどう影響するか詳しく知っているし、エネルギー省はエネルギー部門への影響に詳しい。ＯＩＲＡプロセスは、他の省庁が作るルールに、そうした関連省庁の見方が反映できるようにする。ＯＩＲＡの決定的な責務は、ルール制定省庁が実務省庁にいる多様な人々（通常はキャリア官僚）が持つ専門情報を確実に受け取れるようにすることだ。

もう一つＯＩＲＡの決定的な責務は、パブリックコメントのプロセスをうまく機能するよう促進することだ。コメントをもらう相手は、州政府や地方政府、大小各種の企業、公共の利益団体などが含まれる。OIRAと省庁は共同で、ルールが提案されたときには、重要な問題や代替案をはっきり明示的に指摘してパブリックコメントが得られるようにする。OIRAと省庁はまた密接な共同作業を通じ、パブリックコメントが最終的なルールにきちんと反映されるようにする。これは通常、ルール案の関連条項を改訂することで行う。実際、OIRAの中心的な機能は、うまく機能する行政プロセスの守護者として機能し、法の遵守確保だけでなく手続き上の理想にもしたがって、きちんと通知を行い、意見を聞く機会を確保することでもある。こうした手続きは強制ではないけれど、おおむね「規制で必用な手続き（デュープロセス）」というお題目の下にまとめられるものだ。実際、OIRAは熟議民主主義のシステム促進に役立つ。これはまちがいに対する重要な安全策となる。

こうした論点を説明するにあたり、私はあまり認識されていないがOIRAの役割理解の核心となる4つの主張を強調する。こうした主張は、議論の随所に登場するので、最初からそれを指摘しておいたほうが便利だ。

1　OIRAは本当に省庁間をまたがるプロセスを監督し、連邦政府の様々な場所にいる多くの専門家の参加を促す。OIRAの目標はしばしば、省庁間をまたがる視点を見つけてそれを伝え、適切なコンセンサスを求めることであって、自分の主張を押しつけることではない。OIRA自身の見方も時には重要だけれど、OIRAはしばしば意見の伝達者と仲介役として機能する。各省庁や機関の長は、このプロセスに全面的にコミットしており、プロセス内で不可欠な役割を果たす。かれらは、それが自分たちに好意的かどうかにかかわらず、重要な懸念には耳を傾けて対応することが必要だと理解し、同意している。

2　提案されたルールや最終的なルールが遅れ、OIRAレビュープロセスに時間がかかるようなら、それは通常、省庁をまたがる重要な懸念への対応が終っていないからだ。あるルールがよいものだという全般的な合意があることも多い。その決定が遅れるのは別にそれを進めるべきでないという感覚があるからではなく、むしろ本質的議論の継続を必要とする重要な側面が残っているからだ。そこで問題となる懸念はきわめて専門的なものだったりする。たとえば法の複雑な問題や、適切に対応しにくい条項がいくつかあったりする。一つの狙いは、ルールが正式に世間に提示されたり確定したりしたときに、そこに深刻な問題やまちがいが含まれないようにするということだ。最終的に決まったルールに問題やまちがいがあると、当然ながら面倒を引き起こすし、それが法のまちがいなら面倒も最大になる。でも（そしてこれはもっと細かい点になるけれど）提案されただけのルールでも、それ自体が人々の行動を大きく変えかねず、それがそのまま最終形になりそうだとみんなが信じるなら、それによりやはり面倒を引き起こしかねない。

3　費用と便益は重要で、OIRAは（経済諮問評議会や全米経済評議会など他の大統領行政府の機関と共に）それに注目はするけれど、でも通常はOIRAプロセスで最大の問題となるのは費用や便益ではない。特に経済的に重要なルールの場合、費用便益分析は慎重な検討を受ける。法が許す限り、便益は費用に比べて正当化できるものでなければいけないし、省庁機関は純便益を最大化しようとしなければいけない。[*2] でもＯＩＲＡの日常的な仕事のほとんどは、費用や便益をめぐるものではなく、省庁をまたがる懸念を解きほぐしたり、パブリックコメントの受領（提案されたルールについて）を促進したり、代替案の議論を確保したり、（最終的なルールに対し）パブリックコメントが反映されるように促進したりすることだ。ＯＩＲＡはまた、実施省庁の各所に弁護士を派遣して法的問題の解決支援をさせたりする。ここには行政手続きの問題も含まれる。

4　ＯＩＲＡプロセスの相当部分は、影響の大きな問題に関わるもので専門的な側面を持つ。 ＯＩＲＡはたとえば、法的問題については法務省の見方を慎重に考慮してもらうようにするし、国際貿易に関わる問題についてはアメリカ通商代表部の見方を慎重に考慮してもらうし、国の安全保障に影響がある話なら国土安全保障局と国家安全保障会議、エネルギー供給に対するルールの影響についてはエネルギー省の見方を考慮してもらうようにする。こういう場合、専門的な知識を持つキャリア官僚が中心的なアクターになることが多い。ルールの決定が遅れる場合、それは専門家たちが専門的な問題を詰めているからという場合が多い。ほとんどの場合、問題はＯＩＲＡなどのだれかがそのルールや機関のアプローチに根本的に反対しているということではない。専門的な問題にはきちんと答えなくてはならないからなのだ。

こうした論点に照らすと、私のいちばん大きな主題はおおざっぱに言えば、ハイエク的（大経済学者フリードリッヒ・ハイエクにちなんで）、フランクファーター的（アメリカの偉大な最高裁判事フェリックス・フランクファーターにちなんで）、ミル的（偉大な社会理論家ジョン・スチュワート・ミルにちなんで）

と呼べるだろう。ハイエク的な主題は、人間知識がとても散在している点を強調する。[*3] それが、そうした知識をなるべくたくさん集め、特にパブリックコメントに慎重な注意を払うことでそれを実現しようとするＯＩＲＡの役割につながる。フランクファーター的な手段は、公正なプロセスの重要性を強調する。特にこれは、ある具体的な「規制で必要な手続き（デュープロセス）」という形での公正さであり、連邦政府内外の多くの人々の参加を必要とするものだ。ミル的主題は、ジェレミー・ベンサムに対するミルの共感しつつも批判的なコメントに基づくもので、ある形の効利主義的なバランス（その費用が便益によって正当化されるようにして、純便益を最大化するという費用便益分析）に加え、一部の変数が質的に他のものとちがっていて簡単には定量化できないけれど、それでもきちんと勘定に入れるようにする点に表れている。

ここには四番目の主題があり、アマルティア・センに関連するものだ（残念ながら「セン的（セニアン）」という用語はイマイチ語呂が悪い）。これは「議論による統治」という理想に関するものであり、悪い結果を避けるためにこの理想が決定的に重要だという認識となる。[*5] 政治的アカウンタビリティの重要性と、国の市民たちが持つ情報の重要性を認識して、センは議論や熟議がまちがい（広範な人間の苦しみを生み出しかねないものも含む）に対する決定的な安全策なのだと論じる。これから見るように、実施省庁における意志決定プロセス――少なくともそれがうまく機能しているとき――は、議論による統治の複数の形が関係したものとなる。

ここで但し書きがいくつか必要だ。本章は公式文書と、ＯＩＲＡ局長としての私自身の経験に基づいており、そうした経験を大いに参照して書かれている。その限りにおいては個人的な印象論の性質もある。さらにこれは、二〇〇九年から二〇一二年八月までの慣行や経験に注目している。ＯＩＲＡ職員と元局長たちとの議論から考えて、私はここに述べた一般的な記述が、他の政権下での慣行とも矛盾していないと考えている。ＯＩＲＡの仲介役と情報まとめ役としての役割を強調し、手続き上の要件を重視している点を扱う限り、中心的な主張はどの政権下でも共通だ。でもＯＩＲＡの慣行は時間とともに変化するし、将来的に意外なことも起こりかねない。過去と未来の他のＯＩＲＡ局長たちは、少しちがった記述や視点を持っているかもしれない。私としては、評価的なコメントもあえていくつか入れるし、特に誤解をただすためにそうした評価はするけれど、ここでの書きぶりはできるだけ記述的なものにして、肯定的否定的を問わず評価を入れないようにする。ＯＩＲＡの役割が正確に理解されたら、それについての完全な評価は別の機会に譲ろう。

重要な点として、私はＯＩＲＡ全体を扱っているのではなく、ルールのレビュープロセスだけに狭く注目している。ＯＩＲＡは他にも重要な役割を持っている。たとえば規制上の優先順位や原則の確立を支援したりなどだ。ここではこうした機能については論じない。また大統領行政府内の他の局の役割についても検討しない（少なくとも詳しくは）。そうした局も省庁と密接な活動を行い、ときにはルール作成プロセスに重要な役割を果たすこともある。

ルールのレビュー――ＯＩＲＡプロセス

ＯＩＲＡは省庁間をまたがるプロセスの監督を手伝うもので、レビューのプロセスが長引いたり複雑になったりするのは、そのプロセス参加者の議論が継続しているからだと示唆した。またそのプロセスがきわめて専門的になるとも述べた。こうした主張を理解するには、実際の仕組みに重点をおいてプロセスの働きを記述するのが便利だろう。

基本

まず基本から始めると、ＯＩＲＡは45人ほどで構成され、そのほぼ全員がキャリア職員だ。かれらは多くの「部門（ブランチ）」で働き、そのそれぞれがちがった省庁や分野をカバーしている。そうした部門のそれぞれが多くの「デスク職員」を持ち、その全員が一つ以上の分野でかなりの専門性を持っていて、それぞれが特定省庁について主に責任を負う。たとえばあるデスク職員は、全米国土安全保障省や法務省、あるいは食品医薬品局の規制活動を一般に扱う。それぞれの部門は「部門長」が仕切る。これはＯＩＲＡ職員の中でも多大な経験と技能を持った人々だ。デスク職員は、部門長から慎重な監督を受け、規制のレビュー方法について詳細な助言を受ける。ＯＩＲＡは毎年、数百件もの規制活動をレビューする。

ＯＩＲＡのてっぺんには局長がいて、これは上院の承認を受け、管理予算局長官の下で働く。ＯＩＲＡ副局長は、局を管理して各種の事柄について重要なアドバイスを提供する存在だが、政治的に任命された存在ではない。オバマ政権では、ＯＩＲＡには準局長と事務総長がいた。この二人は政治的に任命され、ＯＩＲＡ指導部の一員だ。ＯＩＲＡは、管理予算局の他の人々とも密接に働いたりする。たとえば5つのリソース管理オフィスは、連邦予算の配分を監督し、政策問題について重要な視点を持つことも多い。たとえばＯＭＢの保健部門は、ヘルスケア問題に多大な技能を持っていて、特に予算に与える影響については詳しい。もしＯＭＢ内部の人々があるルールについて深刻な懸念を持っていたら、そうした懸念は考慮され、ＯＩＲＡはルール策定機関と密接に協力し、そうした懸念に対応する最善の方法を考える。

ルールのレビューについて、ＯＩＲＡの中心的な責務はオバマ大統領が二〇一一年に定めた大統領命令13563と、一九九三年にクリントン大統領が定めた大統領命令12866で定義されている。大統領命令12866は、各省庁とＯＩＲＡの両方に当てはまる中心的な要件を確立している。大統領命令13563——オバマ政権では極度に重要な文書で、規制国家にとっては一種のミニ憲法ともいうべきものであり、その根本的な方向性には強いミル的な特徴がある——は大統領命令12866を追認し、それを内包している。重要な点として、これは費用便益のバランスに関連した多くの条項を定めており、人的な結果に強く言及している。最も重要なものとして、これはそれぞれの省庁が法で許される限り以下を求めている。

規制を提案または採用するにあたっては、その便益が費用から見て正当化されるものだという、根拠ある判断に基づかねばならない（ただし一部の費用や便益が定量化困難であることは認める）。（2）規制上の目的を達成しつつ、他のものに加えて実践可能な範囲において、累積的な規制の費用を考慮のうえ、規制が社会に与える負担を最低限にとどめるように構築する。（3）代替的な規制アプローチの中から選ぶにあたり、純便益（潜在的な経済、環境、公衆衛生、安全など他の利点、分配的な影響、平等性を含む）を最大化するアプローチを選ぶ。*6

同時に、大統領命令13563は、いくつか新しい原理と要件を導入している。国民一般の参加、規制要件の統合と調整による重複と矛盾の削減、選択の自由を促進するように設計された柔軟なアプローチへの配慮、純粋に科学的な判断と、政治や政策的な判断とを分離するように設計された科学的な正真性だ。こうした原理と要件は、省庁の考え方やＯＩＲＡレビューで大きな役割を果たす。

ルールが正式に提出されると、ＯＩＲＡは90日以内にそれをレビューしなくてはならないが、延長が認められることもある。*7 90日の期限の前か後かに、ＯＩＲＡは以下のどれかの対応を取る。（1）「レビューを完了」し、そのルールは連邦の官報に、そのままの形か変更を加えた形で掲載発表される。（2）正式な「差し戻し通達」によりそのルールを省庁に差し戻す。（3）当該省庁に、省庁間の懸念に照らしてそのルールを引っ込めてくれるよう推奨する。（4）ＯＭＢ長官と協議して最大30日の延長をもらう。（5）当該省庁と協議して、何であれ適切と思われる延長をもらえるようにする。ＯＩＲＡが差し戻し通達を出す権限を持っているというのはきわめて重要だ。これはつまりＯＩＲＡが実質的に、ルールの発効を差し止められるということだからだ。でもＯＩＲＡは大統領行政府内の広範な職員からの合意を得なければ、そんな通達は決して出さない。つまり、差し戻し通達はＯＩＲＡが独断で出せるようなものではない。

大半のルールは、90日の期限内にプロセスを完了し、一般にその結果として変更される（そして改善される）。たとえば二〇〇九年一月二一日から二〇一二年八月一〇日の間にＯＩＲＡは二三〇四件の規制行動をレビューした。そのうち一七五八件、つまり76％ほどは、「変更と整合的」に承認され、三二〇件つまり14％ほどが、変更なしに承認された。一六一件、つまり7％が引っ込められた。[*8] レビューの重要性を評価するとき、「変更と整合的」に承認されたルールの割合については慎重になるべきだ。この表現はつまり、発表されたルールがＯＩＲＡに提出されたものとはちがっていることを示すけれど、変更がどのくらいの規模だったかはわからない。変更が軽微で、体裁上のものだけだったりすることもある。場合によっては大幅な変更になる。「変更と整合的」という表現は、どちらの可能性もあり得る。

「議論による統治」のプロセスで、省庁は、省庁間コメント（たとえば法務省からのものやエネルギー省からのもの）に対応して変更を加えるその変更は必ずしもＯＩＲＡ自体が指示するものではない。当該省庁がコメントの示唆を受け入れて変更を加える場合、それはその本質に関わる大きな変更になることも多い。そうした示唆がもっとよいアプローチを示し、当該省庁による重要な訂正につながるからだ。もちろんＯＩＲＡ自ら重要な提案を行うこともある。これはまずＯＩＲＡ職員からくるものだ。結果として生じる変更は、きわめて専門的だったり手続き上のものだったりして、ＯＩＲＡの政治的指導部は一切関与しない。たとえば変更は、書類作業削減法（国民に対する過剰な書類作業負担を避けるための法律）への準拠を促進するものだったり、ルールの根拠法との整合性を高めたり、何かパブリックコメントにかけるための課題や代替案を提起するもの（当該省庁がそこから出てくるコメントを考慮のうえルールを固められるようにする）だったりする。省庁は、変更が示唆されても賛成できないなら受け入れを拒否する。変更が行われたら、省庁はそれに同意する。実際、ＯＩＲＡレビュー中の省庁間コメントプロセスや、当該省庁自身で根底にある課題の検討を続けた結果として、その省庁が変更をすばやく喜んで行う場合は無数にある。

でも場合によると、90日の期限内で議論を先に進めるべきか、それをどうやればいいのかについて、合意が見られないこともある。顕著な意見の相違が残るかもしれない。その場合、省庁は通常はレビュー延長を求める。これはかなり長引くこともある。

「ROCISにアップロード」

OIRAの前。省庁は、ＯＩＲＡが正式に関与するはるか前にルールを起草しはじめる――ときには自分だけで、時には他の省庁と相談しつつ、ときには大統領行政府内の部局いくつかと相談しつつ。ＯＩＲＡはそうしたルールの存在を知っていることもある。それは行政部門内部での一般的な会話で聞いたり、年次規制計画および規制および規制緩和活動統合アジェンダに含まれていたりするからだ。この計画やアジェンダの中身は、regulations.gov での公開用にリリースされる前に、毎年ＯＩＲＡに提出されるのだ（大統領行政府の他の局と同じく、ＯＩＲＡは計画とアジェンダの仕上げに参加する。そこに上がった規制はとても初期のものであり、それが政府内と世間の検分を生き延びた場合にだけ正式なものとなる）。

ＯＩＲＡ局長はしばしば、各省庁の上層部（長官や副長官など）と非公式な議論を行っている。今後のルールはそうした議論で話題にのぼることもある。ＯＩＲＡ職員は、そうしたルールを各省庁で同僚たちと議論するし、これによりＯＩＲＡと大統領行政府の中でそれがおおむね知られるようになる。ＯＩＲＡ局長はまた、しばしば大統領行政府の高官たちと、政策や優先順位についての非公式な会話を交わしている。日常的に起こるそうした会話の中で、今後のルールに触れることもある。たとえば大統領補佐官（ホワイトハウス内で最高の地位）を長とする国内政策会議（ＤＰＣ）は、ヘルスケア、移民、教育、エネルギー、公民権、労働の分野に責任を持っている。ＤＰＣとの議論を通じて、これから出てくるルールをＯＩＲＡが知ることもある。こうした議論では、ＯＩＲＡは予備的な見方を述べることもある。でもこうした段階では、正式なＯＩＲＡレビューは関わっていない。

省庁をまたがる関心を惹きそうなルールや、連邦政府の他の部分の技能が役立ちそうなものについて、当該省庁はＯＩＲＡプロセスのずっと前から他の局や省庁と相談しようとする。そうすることでルール立案省庁は独自に意見を集め、ルールを先に進めるべきか、進めるならどうすべきかについて、自分の判断を改善しようとする。たとえば環境保護庁は、電力セクターに影響しそうなルールの草案を書き上げる前に、エネルギー省に相談したりする。農務省は職場に影響するルールの草案を書き上げる前に、労働省に相談したりする。

重要で論争を呼びそうなルールについては、省庁はホワイトハウスの各局と密接に共同作業を進めることも多い。たとえば全米経済会議（大統領に様々な経済問題について助言する）やDPCと相談するだろう。こうしたルール、特に予算への影響があるものだと、省庁は予算問題を専門とする管理予算局内の関係職員にも参加してもらう。

重要ながら異例なケースでは、OIRAレビューが始まるはるか以前からホワイトハウス政策局が自ら乗りだし、ルール策定を検討または促進し、議論を調整するプロセスを開始する。こうしたプロセスは、その活動が大統領の重点方針だったり（経済成長を刺激するものなど）、あるいは大統領自身やその直属の顧問たちにとって関心のある内容だったりすると、特に起こりやすい。その場合、全米経済会議や国内政策会議は特に大きな役割を果たすかもしれない。省庁の活動に先鞭をつけたり、連邦政府内の各部門の調整を手伝ったりするのだ。科学技術政策局や環境品質局も、それぞれの分野で同じ役割を果たしたりする。

安全保障的な部分のあるルールだと、国家安全保障会議や国家安全保障役員がホワイトハウスの中で主導権を握り、それが省庁の検討を引き起こし、最終的にはそれがOIRAレビューの対象になることもある。OIRAは省庁の行動を促進するよう意図された公式の「促進レター」を書いたりするけれど、こうした「促進」は非公式に、他の局によって起こるほうがはるかに多い。それらの局は望ましい政策イニシアチブを検討し率先して実施する責任を特に負っているからだ。

こうした初期の省庁間調整プロセスは、重要な情報を集め、一番最初から複数の潜在的に多様な視点が考慮されるようにするので、きわめて重要で価値が高い。規制の草案はこれによりずっと改善されることが多い。こうしたプロセスはOIRAプロセスを単純で楽なものにしてくれることも多い。省庁間の配慮の相当部分がすでにすんでいるからだ。また省庁間の調整により、ルールの策定をそれ以上進めない、あるいはその時点では進めないことが決まり、OIRAの目には入らないことも多い。比較的重要性の低いルールや、政府の他の部分の利害や懸念を引き起こさないものについては、省庁は、OIRAプロセス以前の省庁間協議をしないことにする場合もある。

重要性。大統領命令12866により、OIRAレビューは「重要な」規制行動だけを対象にする。[*9] そしてOIRAが正式に関与する前に、そのルールがこの大統領命令に照らして「重要」かどうかという判断を（OIRA自身が）行わなくてはならない。基本的な目標は、本当に我が国（または国際的）に重要性のあるルールが確実にOIRAプロセスにかかるようにすることだ。省庁はもちろん自分たちのルールを重要でないと指定してほしがる。そうすればOIRAレビューがなくなり、ルール策定プロセスが早まるからだ。[*10] 大統領命令12866の関連条項にはこうある。

「重要な規制行動」は、以下の結果をもたらす可能性の高い規制行動すべてを指す：

(1)経済に一億ドル以上の影響を与えるか、経済や経済の一セクター、生産性、競争、雇用、環境、公共保健、安全、州政府、地方政府、部族政府やコミュニティに、物質的にマイナスの影響を

与える

(2)他の省庁の行動やその計画と深刻な矛盾を引き起こしたりそれを阻害したりするもの

(3)給付金、補助金、使用料、融資プログラムなどの予算的な影響、あるいはそうしたものの受給者の権利や義務を目に見えて変えるもの

(4)法的な責務、大統領の優先事項、この大統領命令で示された原理原則から生じる新しい法的・政策的問題を引き起こすもの。

この基準からすると、多くの連邦ルールはまったくOIRAルールの対象にはならない。高い費用もかからず、単純だしよくあるもので、省庁間（または公共の）関心を惹きそうにないからだ。そしてここに引用した基準では、重要性の判断は通常は簡単だ。もしそのルールで単年度に一億ドル以上の経済的影響が生じるなら、それは経済的に重要であり、自動的にOIRAレビューの対象となる（重要な点として注目してほしいのは、後でもまた述べるけれど、ルールは費用が一億ドルに満たなくても、その便益が一億ドルを超えればそうした影響を持つということだ。そしてまた、議会が要請または承認する予算移転ルールも、一億ドル以上が動けばレビュー対象になる）。ほとんどの場合、OIRAがレビューするルールのうち、経済的に重要なのは2割以下だ。一つの含意は、そうしたルールの8割以上は、規制影響分析を受けないということだ。これは経済的に重要なルールの費用と便益に関する慎重で詳細な記述となる。経済的に重要なルールの割合は年ごとにちがい、OIRAはそうしたルールに特に注目する（第2章の主

題）。

大統領命令12866の下だと、法や政策の面で新しい問題を提起するルールもＯＩＲＡレビューにかけられねばならない。このカテゴリーはきわめて重要だ。ＯＩＲＡがレビューする多くのルールは、まさにそうした問題を提起するもので、したがって行政府（および社会）の多様な人々にとって関心があるものだ。こうしたルールはたとえば、プライバシーや、人種、性別、性的嗜好に基づく差別に関する新しい政策を打ち立てるものかもしれない。あるいは、多くの消費者に影響するような情報開示要件（たとえば環境に関するもの）を含む場合もあるだろう。[*11] また、「他の省庁の行動やその計画と深刻な矛盾を引き起こしたりそれを阻害したりする」ルールも重要とされることは強調しておくべきだ。これらはもちろん、省庁間の懸念の中でもっとも大きな問題となる。

でも場合によっては、ある規制行動が重要かどうか明確ではないこともあり、そうなるとその問題についての議論が行われる。そうした例の圧倒的多数については、問題は職員レベルで解決され、ＯＩＲＡ局長は関与しない。でも「目新しい」問題というカテゴリーは決して自明ではないので、意見が分かれることはあまりないとはいえ、省庁とＯＩＲＡの間での意見の相違はある。ある省庁は、このルールは些末で日常的なものであり、まったく目新しくはないと言うだろう。ＯＩＲＡ職員はこの結論を疑問視する。この議論が珍しく結着がつかなければ解決困難なら、高位の省庁高官や、ＯＩＲＡ副局長や局長がさらなる議論に加わることもある。最終的にそれが重要かどうか判断するのは局長だ——ときにはＯＩＲＡ職員の提言にしたがうこともあるし、ときには省庁の見方を受けいれる。

規制行動が結局は重要だと判断されるのは、通常は大きな経済的影響があったり、深刻な政策課題を提起したりする場合だ（たとえばそれが公民権や市民の自由についての目新しい課題が関連している場合）。あるルールの費用は五千万ドルしかかからず、一億ドルという閾値よりはずっと下と予想されても、その影響は小さな産業部門に集中するとか、省庁の費用推計が楽観的に見えるとかで、ある程度の省庁間での検討が必要だとされることもある。あるルールが経済的に重要とされる場合として、それが「経済の一セクターに（中略）物質的にマイナスの影響を与える」のも含まれるから、五千万ドルという値札ではそれが経済的に重要とならなくても、そうした基準で重要だという判断が下されるかもしれない。

あるいは、他の局や省庁に関る分野で、おそらく意見がちがうはずと思われたら、そのルールは重要と見なされる。この意味で、重要かどうかの決定そのものが省庁間をまたがる側面を持つ。最低でも、二つの議会部局が大きな懸念を示したり、重要かどうかの決定そのものが省庁間プロセスを必要とすると考えているのにOIRAがそのルールを重要でないと見なすのは、かなり珍しいことだ。というか、そんな結論はきわめて不適切とされるだろう。OIRAプロセスの主要な狙いは、多様な意見が聞かれるようにすることであり（「議論による統治」）、OIRAとしては連邦政府内部で多様な声が、何らかの発言を求める場合には、そのプロセス従事を正当に拒絶するわけにはいかない。そしてそのルールが大統領の優先事項と密接につながっていたら、まさにそれ故に、それが重要だと見なされる可能性がとても高い。議会が真剣な関心を持っていたら、重要かどうかの判断に大きく栄養する。議員があるルールに懸念を持つなら、それが目新しい問題を提起していると考えるべき根拠がある程度できるし、OIRAプロセスが適切だということになる。

大統領命令 12866 によれば、ＯＩＲＡは単に規制をレビューするだけではない。レビューするのは規制行動であり、その定義は「省庁による、最終的なルールや規制の公布または公布につながると期待される実体的な行動（通常は連邦官報に発表）すべてを含み、これは検討開始通知、ルール制定提案の事前通知、ルール制定提案の通知を含む」[*12]。この条項の下だと、ＯＩＲＡレビューは疑問の余地なく「規制事前」行動、つまり省庁が情報やパブリックコメントや、公衆への指導を提供したりする行動にも適用される。こうした活動は、情報の（重要な）要求、提案されるルール制定についての事前通知、指導文書、ルール制定につながるプロセスを開始するような解釈的なルールも含む。ＯＩＲＡ職員が、関係する書式や手続きにかなりの経験を持っているのがとても重要となる。これにより、各種文書をめぐる大小問わず専門的なまちがいのリスクを減らせるからだ。でも自立した指導文書や解釈ルール、つまりそれが最終的なルールや規制につながらないという意味合いでの独立文書ならどうだろうか？

複数の政権の下で、ＯＩＲＡは長いことこうした文書やルールが「重要」である限りレビューしてきた。この理解は二〇〇九年三月に、ＯＭＢ長官ピーター・オルスザグの短いながら重要なメモでも再確認されている[*13]。ここでの中心的な考え方は、重要な指導文書や解釈ルールも大きな経済的影響を持ったり、法や政策について新しい問題を提起したり、省庁間の関心を引き起こしたりすることは十分にあり、レビューと省庁間コメントのプロセスは役にたつというものだ。ここでも他のところでも、どんな政権であれ、重要な規制文書が政権内部の高官たちの検討を受けていなかったり、その視点を取り入れたりせずに公布されたりはしたがらないだろう。

特に問題となるとは、指導文書や解釈ルールそのものが、法的な意味や運用面の話としてルール作りそのものと等しくなってしまうということだ。たとえば、ある省庁が指導文書（ヘルスケアや交通安全や査証の方針についてなど）を出したら、それは実際にはルールなのに、指導文書でしかないと命名するかもしれない。この問題についてはかなりの訴訟があり、ＯＩＲＡレビューのプロセスは（関係する弁護士、たとえばＯＭＢ法務部長や司法省）の参加を得て、指導文書や解釈ルールがその法的な範囲を逸脱しているかという問題も扱える。[*14]

そうした文書やルールが逸脱していなくても、やはり民間セクターに大きな影響を与えることはある。大気浄化法の下でどんな行動が許認可を必要とするかについて、その省庁の見方を宣言したルールや、自動車メーカーが脇見運転のリスクを減らす手法について述べた文書は、人々の行動に影響する。ＯＩＲＡレビューは、その文書について省庁間のコメントを確実に得るために重要になる。他の部局だって独自の見方があるだろう。ＯＩＲＡはまた、指導文書や解釈ルールを含むあらゆる重要な規制行動について、パブリックコメントを推奨したいと考えているけれど、[*15]それは別にパブリックコメントが法で義務づけられているからではなく、またそれがあらゆる場合に必要だったり望ましかったりするからでもない。影響が大きくて、問題が新しいものなら、パブリックコメントをもらうのはまちがいを避けるためにもいいやり方だからだ。

規制行動の草案ができたら、それは「ＲＯＣＩＳにアップロード」される。これは、「ＲＩＳＣ（規制情報サービスセンター）およびOIRA統合情報システム」を通じてOIRAに提出されるということだ。あるルールが提出されたという事実は、ほどなく（通常は24時間以内）にreginfo.govで誰でも見られるようになる。そこにはルールの概要を含む関連情報も出ている。ここでの狙いは、社会のために透明性を促進することだ（そしてオバマ政権は実際に、reginfo.govの透明性を最大限に高めるため、各種の手を講じてきた）[*16]。

OIRAへの提出は即座に2種類の活動を引き起こす。どちらも「議論による統治」という狙いと、分散した情報の入手という目的に関わるものだ。最初のものは大統領府内の活動で、もう一つは大統領府の外が関わってくる。

内部プロセス

基本。提出を受けてすぐに、関連するOIRA事務担当者たち——すでに述べた通り、キャリア職員——がそのルールを、大統領行政府内やその外の様々な部局に回覧する。最終的な責任を持つのは大統領ではあっても、ホワイトハウスそのものは単数ではなく、圧倒的に「集団」なのだというのをお忘れなく[*17]。大統領行政府の中で、規制行動の回覧をよく受ける部局は以下の通り：

- 国家経済会議
- 大統領経済諮問委員会

・ホワイトハウス科学技術政策局
・アメリカ合衆国通商代表部
・環境諮問委員会
・国内政策委員会
・アメリカ国家安全保障会議
・ホワイトハウス法務部
・予算管理局
・副大統領執務室
・議会担当局

行政府全体の中で、ＯＩＲＡは複数の部局や機関に意見を求めることも多い。どの機関に相談するかという具体的な一覧は、その当該分野やルールの中身次第だ。たとえば、環境保護局からのルールを見るのはエネルギー省、運輸省、全米海洋大気局（商務省内にある）、農業省、司法省、内務省に回覧されたりする。中小企業に大きな影響のある問題なら、アメリカ連邦中小企業庁内部の独立した施策広報局が相談を受ける。*18

これを律する考え方は、関係機関は情報と専門性を持っていて、ルールを作る機関はルールを確定するときに、そうした視点を採り入れることで恩恵を受けられる、というものだ。いや、そもそも提案する前であっても他機関の視点は有益だ（ルールは提案されただけでも深刻な影響を持ち、混乱を招きかねない。特に民間セクターの人々が、それをすでに予告のようなものと捕らえ、自分たちの活動を見直したりするならなおさらだ）。ＯＩＲＡプロセスの中心的な目標は、ルール策定機関が行政府の内外に存在する多様な視点にアクセスできるようにする、というものだ。

このせいで、ＯＩＲＡの最も重要な仕事の一つは各省庁機関と協力して、省庁間コメントが適切に考慮されるようにすることだ。そして実際、各省庁はＯＩＲＡがことさら背中を押さなくても、そうしたコメントには十分に配慮する。省庁間コメントは、かなり根本的な問題についてのものもあれば、かなり専門的な狭いものもある。たとえば司法省、ホワイトハウス法務局、ＯＭＢ法務担当部長は法的な問題について言いたいことがあるかもしれない。ＯＩＲＡ職員はかれらがＯＩＲＡ法務担当部長と協力して、双方とも納得のいく結果を生み出せるようにする。ルール策定機関での法務部長は、たぶんこうした職員や部局には十分に耳を貸すだろう。それは、司法省が最終的には省庁によるルールを擁護しなくてはならないからという理由も大きいほとんどの場合、ＯＩＲＡはその議論について報告は受けるけれど、直接そこに参加はしない。

あるいは、様々な科学者たちが疑問や懸念を抱いている科学的な問題があるとしよう。当然ながら、あらゆる参加者がルール策定省庁の専門的な技能を慎重に検討するのは重要だ。省庁自身の見方は、提案されたり確定したりするルールの科学的基盤を提供する可能性は高い。でも連邦政府は、複数の科学専門家を持っていることがよくあるし（たとえばホワイトハウス科学技術政策局や、それ以外にもいくつかルール策定省庁での技術専門家が、他の技術専門家の提供する洞察に照らして、分析や結論すら変える決断を下すことは十分に考えられる。

こうした場合、目的は正しい科学的な裏付けを得ることだ。それがそのルールにもたらしそうな結果に関する評価の基盤を提供してくれるからだ（科学的な正真性へのコミットメントが謳われていたのを思い出そう）。多くの知識豊富な人々が、その評価が正しいか、少なくとも納得がいくものだと合意できるようにするのが不可欠となる。ＯＩＲＡプロセスが、ルールの人間的な帰結についてはっきりさせるよう設計されていることを強調した。根底にある科学の慎重な検討は、そのプロセスの中心となることも多い。そして問題が政策なら——つまり、ある科学的な理解を前提として、先に進むべきか、あるいはどう進むべきかというのが問題なら——多くの人々が価値ある貢献や視点を持っているだろう。

ほとんどの場合、ここまでの議論でＯＩＲＡの役割すべてがカバーされてしまう。そうした場合、ＯＩＲＡはおおむね議長役か司会役として機能する。もちろんＯＩＲＡ自身もまたプロセスや内容について独自の見方を持っているかもしれない。ある省庁間コメントが重要で納得できると思ったり、それがどうでもよかったりまちがったりしていると思ったりするかもしれない。前者の場合、ＯＩＲＡは中心的な声となってルール策定機関と協力し、そうしたコメントをいちばんいい形で反映させるにはどうすべきかを考える。後者の場合、ＯＩＲＡはコメントをくれた機関と協力し、なぜルール策定省庁がそうした懸念を考慮する必要がないかを説明するだろう。

ＯＩＲＡが、コメントを反映させるよう活動したり、コメントが反映されるべきでないと示唆したりすることはよくある。でもいずれの場合にも、ＯＩＲＡとしては何か視点を持った人々に対し、冷淡な扱いをするのは不適切だ。そうした対話には多様な省庁が参加するべきだ――文書や電話や、対面でもいい。結果として生じる議論は通常、結果的にもっと強いルールを生み出す。

加えて、ＯＩＲＡ職員たちも、これまで多種多様な規制行動を見てきたことで、独自の見方を持っていることもある。たとえば、ルール草案は過剰な書類作業や報告負担をもたらすと考えて、その負担を減らすような手立てを講じるべきだと思うかもしれない。それまでは言及されていない代替案についても当該省庁が議論をすべきだと思うかもしれない。費用低減策についてその省庁がパブリックコメントを求めるべきだと思うかもしれない。当該省庁がこうした提案に同意することも多い。ＯＩＲＡ局長にもそれが伝えられることが多い。でも局長への報告の有無にかかわらず、そのＯＩＲＡ職員は局長の全般的な指向（これはＯＩＲＡ内部で繰り返される議論で見えてくる）とＯＩＲＡの組織制度文化（これは書類作業負担の削減とパブリックコメントの促進を重視するものだ）に応じた活動をする。

「上に上げる」。場合によっては、関連職員が競合する懸念の間で折り合いをつけるのがなかなかむずかしかったりする。その場合、問題は「上に上げられる」。これはちょっとした政府の業界用語で、もっと高いレベルでの解決が必要だということだ。ルール策定機関のキャリア職員は、省庁間プロセスからの示唆に賛成できず、この問題を「上に上げて」くれとはっきり要求することもある。たとえば政府高官に判断を仰いでほしいというわけだ。あるいは省庁のコメント者たちがルール策定省庁と意見があわず、もっと高位での議論を求める場合もある。

上に上げるにもいろいろな水準があって、最終的には大統領その人にまで話が上がる。たとえば、ある問題はある省庁の大臣補佐の水準まで上がり、大臣補佐は他の部局や省庁の相手とその問題を議論するだろうし、そこでＯＩＲＡは議事進行役を果たす。費用や便益の推計について論争があり、経済諮問委員会の委員のだれかが強い意見を持っていたら、ＯＩＲＡは関連する長官補佐との電話や会議を手配したりする。この議論にはＯＩＲＡの局長補佐や副局長が参加したりする。ＯＩＲＡの指導層はしばしば、関連省庁のだれかと直接話をする――たとえばルール策定省庁の大臣補佐や、懸念を表明している省庁の大臣補佐などだ――そして解決を図る。

こうした議論の焦点はきわめて内容に即したものとなる。もしレビューする側の省庁が、主要な提案に対する適切な代替と考えるものについてパブリックコメントを求めるのが重要と考え、ルール策定省のほうがそんな要求は役立たずで余計な雑音が入るだけと考えるのであれば、重要な問題はその代替案が本当に適切なもので、本当に最終的なルールの中に採用される可能性があるか、ということだ。この問題に答えるには、その代替案の中身についていろいろ質問が必要になる――それが合法か、潜在的な影響は何かといったことだ。同様に、主要な提案として何を選ぶべきで、何を代替案として議論すべきかについても論争があるかもしれない。ちなみに私自身の経験では、当初はあまり有望と思えない代替案で、世間にとりあえず見てもらうためだけに言及されたものが、実は当初思われていたよりずっといいものだったということもある――そしてそれが最終的なルールに含まれたりするのだ。この経験は、議論による統治システムを支持するものだし、パブリックコメント向けに上げる代替案は、少なすぎるよりは多すぎるほうがずっと重要なのだと示唆している。

ＯＩＲＡはこうした議論で仲裁役になることも多い。主要な狙いは、お互いに納得のいく結果が得られるようにすることだ。もちろんＯＩＲＡ指導層はそのルールの善し悪しについての見解を持っていることもあるし、それがかなりはっきりしたものであることも多いので、ルール策定省庁やコメントを出した省庁に対し、ある特定方向に動くよう推奨することもある。普通は、ＯＩＲＡはパブリックコメントを集めるときに多様な代替案を含めるよう指示する。ＯＩＲＡはルール策定プロセスの守護者を自認していて、各種問題に対してパブリックコメントをすすめたがるのをお忘れなく。

比較的珍しいケースとして、長官補佐レベルでの議論で問題が解決せず、さらに上に上げる必要があることも考えられる。省庁（ルール策定側か、懸念を表明している側）の副長官（内閣議長直下の立場となる）は、この問題が議論に価すると考えるかもしれない。ＯＩＲＡ局長はおそらく、電話をしたり会議を招集したりして、同じような地位の他の高官もそこに出席するだろう。きわめて珍しいことだが問題が「プリンシパル」まで上がることもある。これはホワイトハウス高官や内閣局長たちのことだ。ＯＩＲＡやＯＭＢ長官や（きわめてまれな場合には）大統領主席補佐官事務所が電話や会議を招集する。こうした議論も、内容をめぐるものであるのが通例だ。またきわめて専門的にもなる。時には上に上げるのは、かなりの高位にまで上がっても電話ですむこともある。長官補佐や内閣議長がＯＩＲＡ局長に電話して複雑な問題についてじっくり話し合うのだ。

有名な例として、オバマ大統領は環境保護局がオゾン規制を採用するべきかどうかという問題で自ら判断を下している。[*19] この解決は政治的な理由で決まったという報道が広く出回ったけれど、これは誤報だ。省庁のルール策定で通常行われる通り、この決定はルールの効果についての判断に基づいている。これは大統領が私に書くよう指示した回答書にも反映されている通りだ。

議事進行役としてのＯＩＲＡ。 ＯＩＲＡプロセスを巡る世間一般の議論や学術議論では、費用便益分析と、ＯＩＲＡ独自の見方についてかなり注目される。費用便益は大いに問題になるし、ＯＩＲＡの見方も重要だったりする。ＯＩＲＡをはじめプロセスに参加している人々は、純便益を増やしたいと思っている（これは費用を減らすことも含む）。本書の相当部分は費用と便益に注目する。でもここまでで、ＯＩＲＡはしばしば司会役として機能していることは明らかなはずだ――もちろん独自の視点を持っているかもしれないけれど、持たないことも多いし、またＯＩＲＡがルール策定の話相手として最も重要なものでないことも多い。ホワイトハウスそのものが一枚岩ではないことを思い出そう。ＯＩＲＡはしばしば、必ずしも同意しなかったり、特に賛成も反対もしなかったりするコメントを伝える役割を果たす。ＯＩＲＡの狙いは、それなりにまともで、みんなが納得できる解決策を見つけることなのだ。

省庁間での懸念が大きい場合、ＯＩＲＡレビューは通常、そうした解決策が見つかるまで続く。たとえば高位の大統領顧問が、提案されたルールがそのまま可決されるべきでないと考えたり、大統領顧問委員会のだれかが強い反対意見を持っていたりする場合、ＯＩＲＡはそうした懸念をあっさり無視するわけにはいかない。他の人々や関連部局と密接に活動して、そうした懸念に応える義務があるのだ――

ルールの支持者たちが懐疑派を説得して、そうした懸念が無用のものだと納得させたり、逆に懐疑派たちが策定省庁に対し、そうした懸念に対応すべきだと説得できるかを見たりする。行政府の一部として、各省庁はこのプロセスを十分に理解している。内閣部局の長たちは、決してこの仕組みが気に入ってはいない場合でも、それをまちがいなく理解はしている。もちろんＯＩＲＡは独自の見方を持っているかもしれないし、それがかなり明確なこともある。そうなるのは、それが公正なプロセスへの制度的なコミットメントがあるからだし、また大統領命令13563に準拠するためでもある。

どうして省庁は、省庁間プロセスで行われるコメントを受け入れたりするのだろうか？　司法省への応答として、当該省庁は確かに自分たちのアプローチが、深刻な法的問題を引き起こすものだと結論づけるかもしれない。そしてそうした法的困難を避けるような形で進めるほうがいいと判断するかもしれない。経済諮問委員会への対応として、当該省庁はその費用推計が甘すぎるから、別の数字を出すか、もっと幅のある数字をだしたほうがいいと判断することもある。国内政策委員会への対応として、当該省庁は、提案しているアプローチに対して考えられる代替案について、なんらかのコメントをすべきだと判断するかもしれない。

ＯＩＲＡ自体の役割は、しばしば筋の通った進行方針を見つけることだ――適切な懸念に対しては対応しつつ、当該省庁が先に進めるようなアプローチを見つけるわけだ。もちろん、場合によっては懸念のほうがかなり深刻で、ルール策定省庁もそれを十分に受け入れ、ルール策定が中止されることもあるというのも事実だ。

外部会合

ルールがＯＩＲＡに正式に提出される前に、国民たちがルール策定省庁や大統領行政府の関連部局と面会できることもある。こうした会合は実はかなり多い。大統領命令13563の下で、省庁は、提案ルールを提出する前に国民からの見方を集めるよう指示されている。規制行動が正式に提出されるまで、ＯＩＲＡ自体は通常、国民との会合には出席できない。標準的なやり方は、提出されてルールが正式にレビューを受ける状態になるまで待つことだ。そうなった時点で、ＯＩＲＡはすぐに会合に出席できる。これは大統領命令12866にちなんで「12866会合」と呼ばれる。

オープンドア方針。ＯＩＲＡはオープンドア方針を採用している。どんな来訪者も受け入れる。もし影響を受ける企業が直接訪問して、ルール草案に賛成または反対の議論をしたいなら、ＯＩＲＡは無条件でその話を聞く。同じことが公益団体や州・地方政府、議会職員についても言える。こうした会合で、ＯＩＲＡの役割は受動的なものだ。こうした会合を奨励したり先導したりはしない。何らかの立場を肯定したり、情報を自発的に提示したり、質問に答えたりもしない。中心的な狙いは、人々の言い分を聞く、ということだ。

ＯＩＲＡは会合を開くとき、必ず議論対象となるルールの省庁を招く。他の部局も出席することもある。たとえばヘルスケア関連の会合に国内政策委員会が出席するのは通例だ。国内政策委員会はヘルスケア問題に大きな役割を果たすからだ。もし科学的な問題が関係しているなら、科学技術政策局が呼ばれる。環境問題なら、環境品質委員会と国内政策委員会の両方が呼ばれる。ルールが正式なＯＩＲＡレビュー下にあるとき（つまりルールがＲＯＣＩＳにアップロードされてからは）、大統領行政府の人々との会合を招集するのは通常はＯＩＲＡだ。一般に、国内政策委員会や国家経済会議がそうした会合を招集するのは不適切だけれど、でもまちがいなく出席する権利はある。こうする理由は、人々が自分の都合のいいフォーラムだけを探そうとしたりするのを避け、レビュー過程が秩序だった調整のとれたものにすることだ。

偏った過程と認知的な虜？　一部の人々の間では、ＯＩＲＡプロセスでの会合の役割についてかなりの注目が集まっていて、それがプロセスを歪め、利益団体による「虜」（訳注：そうした組織が規制などを自分の都合のいいように策定運用すること）につながっていると示唆している。[*20] 皮肉なことに、こうした注目が集まる理由の一つは、ＯＩＲＡがとても高い透明性を持っているせいなのだ。連邦政府の外の人々との会合は、ＯＩＲＡウェブサイトに掲示されていて、ＯＩＲＡは会合で受け取った文書もすべて公開するようにしている。

それでも、こうした懸念は残っている。こうした懸念を述べる人々にとって、本質的な問題は規制の対象となる企業などがそうした会合で圧倒的多数を動員し、公益団体ははるかに少数しか動員できないということだ。多くの規制行動について、そうした行動に反対する人々や、それを制限しようとする人々のほうが、それを支持する人々よりもＯＩＲＡとはるかに多く会合を開き、もっと保護の強い規制にしようとする。

もちろんOIRAはオープンドア政策を持っているから、この非対称性はどうしようもない。OIRAは会う相手を勝手に選ぶわけにはいかないのだ。公式的な意味では、アクセス上の相違という問題は存在しない。でも少なくとも理屈の上では、「認知的な虜」[*21]というリスクの可能性はある。つまり、関連情報をある特定の集団が提供してきたために、OIRAや大統領行政府で何らかの見解が形成されかねないということだ。だれが会合を要求するかという面での非対称性が、大きな影響を持ち、その結果としてルールが影響を受けたり骨抜きにされたり（「弱められ」たり）するのではという憶測がある。[*22]この問題は注目に値する。というのもそれは公職者との会合すべての役割にも関連するものだし、そうした会合が無用な影響（たとえば認知的な虜のような形で）を反映するのか、それとも有益な情報収集形態をもたらすのかという問題にも関係しているからだ。

認知的な虜に関する懸念は、少なくとも抽象論としては否定しがたい。一部の文脈では、その懸念が深刻となる。仮に公職者たちが、結果についてある特定の利害を持つ人々だけの話を聞いていたとしよう——たとえば、職場の安全や環境保護についてのルールで負担が増える人々などだ。公職者たちとしては、中立的でいようとして、単に関連情報を集めようとしているだけのつもりでも、ヒアリングの相手が限られていれば、その人々によって見方を作り上げられてしまうかもしれない。出発点は中立的で、しかもきわめて善意から出発していても、最終的に自分たちが対話する特定の人々から学んだことに当てはまるような見方を形成しかねないという点で、認知的な虜にはまってしまうかもしれない。結果として公職者たちが、自分たちと接触の多い人々の見方に誘導されてしまい、ひどく歪んだ判断が行われかねない——そして皮肉なことに、だれにも話をきかないほうが原理的には中立性が高まったことにもなりかねない。

これを、「歪んだ認知」という重要な発想と比較しよう。これは政治学者ラッセル・ハーディンが、極端な見方を持っている人々にしか耳を貸さないために極端な考えを持つようになった過激派に説教したものだ。[*23] ハーディンは、多くの人々が過激思想や極論を支持するのは、単に歪んだ認知に苦しんでいるからなのだと主張する。もっと論点を広げるなら、我々すべてが歪んだ認知を持っている。というのもだれしもすべてを知るわけにはいかないからで、自分が話す人々から学ぶものだからだ。原理的には、規制当局者も特定の人々から意見を聞くことにより、歪んだ認知を持つ可能性はある。

この推測は、可能性としてはあり得ないわけではない（そして時と場合によってはそれが単なる可能性ではすまないこともあるだろう）。でも私は、この文脈ではかなり眉にツバをつけて見るべきだと考えている。というのもこれは、OIRAプロセスにおける会合の役割について不正確な理解に基づいているからだ。というか、これはもっぱら「焦点錯覚」の産物だ。つまり、人々が複雑な状況の中で、ある一つの側面にだけ不当に注目し、無用にそれを重視してしまうことから生じるまちがいだ。[*24] OIRAプロセス（および政府一般）についての議論で、会合の役割はあまりに誇張されがちだ。最初に指摘したいのは、レビューの過程は何よりも省庁間のコメントや国民からの文書コメントに依存するということだ。レビューの結果としてルールが変わるとき、それは通常は会合のせいではなく、省庁間のコメントやパブリックコメントのせいなのだ。

第二の点は、会合の数だけを見てもあまり得られるものはないということだ。一部の会合はまったく影響がない。そこでの発表で新しい情報が何も出てこないからだ。時には、発表者は漠然とした一般論しか言わず、このため何も新しい中身が得られない。ときには、発表者が重要な論点を出しても、それがすでに連邦政府内でよく知られているもので、公務員たちがすでにその議論を考えている場合もある。発表者が重要な議論を出す場合には、それがすでにパブリックコメントに含まれている場合が圧倒的に多い（またはその発表者たちと基本的に同じ人々により、ルールを構築するときにルール策定機関の職員に指摘されていることも多い）。このため、そうした議論はすでによく知られているのだ。

時には発表者が提示するのは、熱烈な応援や極度の疑念だったりする。これは大喝采やヤジの連続と大差ない。応援や疑念は無内容な場合がほとんどだし、まちがいなく何も目新しいものはないから、こうした会合は実際の決定にはまったく影響がない。役に立たない会合の別の例では、発表者はＯＩＲＡが政治的な意図だけで動いているかのように扱ったりする。これは絶対にちがう。会合の人々が世論調査を挙げたり、そのルールを推進することで政権がなにやら漠然とした形で得をしたり損をしたりすると示唆しても、これまた役に立たない。

このため、ＯＩＲＡが関連産業界と二百回の会合を開き、その他の人々とはだれも会合をしなくても、レビュー対象ルールにはまったく影響がないこともある、という結論が導かれる。これは実際にルールがレビューの過程で変わった場合ですら成り立つし、それがまさに関連業界の求める方向への変更だった場合にすら言える。また、将来の一部ルールについて言うなら、公益団体が関連産業よりもＯＩＲＡ

と会合件数を増やしても、レビューの結果にはまったく影響がないことも十分に考えられるわけだ。こうした理由すべてから、単なる会合の回数や、会合を求める人々の身元だけを見ても、ＯＩＲＡプロセスの性質についてはほとんど何もわからないことになる。

とはいえ会合がまったく無意味だとか、ルールの中身にまったく影響しないとか言うのではない。ときには、それが確かに有益なこともある――関連情報を提供してくれる場合や、特にいちばんいい進め方について具体的な提案をしてくれる場合などだ。最も有益な会合は具体的だ。たとえば発表者は予想外の副作用の可能性や、法的困難、予想外の費用、国際貿易上の影響などを強調したりする――そして省庁の基本的な狙いを実現しつつ、そうした関連問題を扱う具体的な方法を示唆する。たとえば条項を一つか二つ変えてみたりするといったことだ。この種の提案は有益で役に立つ。これは議論による統治の一部でありその本質だ。

会合で、すでにパブリックコメントから得られなかった情報が出てくることはほとんどないと述べたし、正直いって会合でまったく新しい情報が得られた事例は一件も思い出せない。それでも、会合は政府の関心を一部の問題や論点に集中させられるし、会合を要求する人々はときに、一つか少数の懸念事項を取り出して、パブリックコメントではわからない形で強調してくれる。パブリックコメントですべての中身が出てきても、そうした懸念の焦点、特にそれに対処する方法についての提案が伴っているときには、ルールをできるだけよい形にしようとしている人々にとって有益となる。でもルール策定省庁や、レビュー参加者たちは、そうした会合で述べられた議論がどんなにうまく発表されていたとしても、納得できるものではなく排除されるべきだと思っていることが多い点は強調しておくべきだろう。

それでも、有益な会合が重要なこともあるし、特に連邦政府外の人々が、公職者たちの持っていない情報を持っているときにはそれが顕著だというのはやはり本当だ。パブリックコメント期間の重要な価値は、省庁がしばしばルールの最終的な中身に関連することを学ぶということだ——これは徹底した省庁間レビューの過程後であってもよく起こる。時には、ＯＩＲＡ会合はパブリックコメント期間の有益な補遺となる。でも実際問題として、そうした補遺が認知的な虜の問題を引き起こすことはない。むしろ政府の手持ち情報ストックを有益な形で増やすのだ。

発表されたルールの条項が、会合でのアイデアや狙いと整合していても、因果関係を導くのは危険だ。ほとんどの場合、発表されたルールは会合には影響を受けていない。それが一部の発表者の求めた内容と整合していた場合でもだ。この結論は意外ではないはずだ。もし発表者が特定の結果を求めているなら、政府内部の人々も（独立に）同じような結果を求めている可能性は高いのだから。

費用、便益、政治

費用と便益がとても重要ではあるけれど、でもＯＩＲＡレビューのプロセスでは通常、それは圧倒的な問題にはならないとさっき述べた。この節での私の狙いは、この点を詳述し、行政手続きの守護者としてのＯＩＲＡの役割（もちろん他の機関とも共有している役割だ）を検討して、ＯＩＲＡプロセスの中で「政治」の果たす役割を論じることだ。

費用と便益の役割は重要だが限られている

現実世界での費用と便益。ＯＩＲＡプロセスに関する学術的な議論や世間的な議論の多くは、費用便益分析に注目している。[*25] 費用便益分析は圧倒的に重要だし、オバマ政権ではそれを強化する方策がいくつか講じられ、おかげで経済的に重要なルールの純便益がとても高い状況が生じた。オバマ政権の最初の三年度で、経済的に重要な規制の純便益は、九一〇億ドルを超えた——ブッシュ政権での数字の5倍、クリントン政権の数字の6倍だ。[*26] また最初の四年度で純便益の数字は一五〇〇億ドルにまで増えたことも思い出そう。大統領命令により、ＯＩＲＡはルールの便益が費用を確実に正当化するよう責務を（法的に許される最大限まで）負わされていて、ＯＩＲＡは純便益を最大化するアプローチを選んでいることはすでに述べた。こうした二つの原理は圧倒的に重要だし、これはルール策定省庁にとってもＯＩＲＡレビューでも重要だ。

大統領命令13563に定めた責任を実行するため、ＯＩＲＡなどの省庁間レビュー機関（たとえば経済諮問委員会や国家経済会議）は、当該省庁による費用と便益の推計を慎重に評価しなくてはならないし、関係する代替案がきちんと検討され、その費用や便益も検討されるようにしなくてはならない。代替案の検討なしには、その省庁が純便益を最大化するアプローチを選んだかどうか、知りようがない。

実際の運用でも、この役割が重要な理由はいろいろある。もし定量化できる便益が定量化できる費用よりも低いなら、省庁はなぜそんなものを実施したがるか説明しなければならない。その計画のまま先に進めないほうがいいのかもしれないし、純便益があるような別のアプローチを採用すべきなのかもしれない。連邦政府内部で、省庁は大統領命令13563と大統領命令12866で定められた費用便益要件をとても重視している。こうした要件はまちがいなく提出前のルール設計に影響するし、まちがいなく省庁間レビューの重要な一部だし、OIRA自身の役割の中でもの不変の特徴となる。OIRA自身も、費用と便益を最も正確に推計する方法について意見を述べたりするし、また経済的な影響に照らしてどう進めるのがいいかについても意見を言うだろう。もし当該省庁が選んだアプローチの便益が、費用を正当化しないように見える場合、OIRAは（大統領行政府の他の機関とともに）大統領命令13563に基づいて、当該省庁がそのアプローチを進めるべきかどうかについて疑問を提起することになる。

でもルールに純便益がなく、便益が費用を正当化しないように見える場合ですら、省庁としてはそれなりの説明があるかもしれない。[*27] 金銭化した便益が金銭化した費用より低くても、法律によりそれを進めねばならないこともある。当該ルールには金銭化できない便益があって、定量化はむずかしくても、それを検討するのが重要なのかもしれない（詳細は第3章参照）。適用される大統領命令によれば、省庁は便益が費用を「正当化する」ことを示す必要はあるが、費用を「上回る」ことを示す必要はない。これは金銭化便益が金銭化費用より低い場合でも、費用が正当化される場合はあるというのをはっきり認識しているからだ——たとえば定量化できない重要な便益があったりする場合などだ。大統領命令13563は明示的に「各省庁は平等性、人間の尊厳、公平性、分配への影響といった、定量化がむずかしいか不可能な価値を検討してよい（そして定性的に論じてよい）」と述べている。[*28]

オバマ政権では、ルールが金銭化便益より多額の金銭化費用を持つ例はきわめてまれだった。でも定量化できない便益が実は重要になる場合もあるし、ときにはそれが重視された。たとえば情報公開要件は定量化できない便益を持つだろうが、それでも省庁は、すべてを検討した結果として、それが費用を正当化しそうだと結論してかまわない。[*29]あるいは、司法省が刑務所内強姦の発生を減らすよう設計したルールを作った場合を考えよう。[*30]ルールの影響を説明する中で、司法省は費用を説明した。監視や訓練のため、州政府や地方政府が何億ドルも支出しなければならないというものだ。司法省はさらに、便益を説明した。これは刑務所内での強姦件数を大幅に減らすものだ。司法省は、その減少を具体化するためにできる限りのことはしたし、強姦減少を金銭価値に換算する方法さえも述べた。でもこの努力に限界があることは正直に認め、ここには人間の尊厳が関わっていて、それを考慮する必要があると強調した。「この分析は金銭化できない便益をやむを得ず排除しているが、そうした便益もやはり費用便益分析に含める必要がある。そうした便益としては平等性、人間の尊厳、公平といった価値が含まれる。こうした非定量化便益は攻撃の後で適切な処置を受ける被害者により享受される。（中略）コミュニティに復帰する受刑者たちのトラウマが逓減し、コミュニティに貢献する能力が高まることにより、この非定量化便益は社会全体に裨益する」[*31]

つまり多くの場合、人間の尊厳保護など他の非定量化便益が、最終的な決定を左右するのに貢献している。こうした問題については第2章と第3章でもっといろいろ説明する。それでも、金銭化した便益と費用はＯＩＲＡレビューの中心的な検討事項だというのは確かだし、経済的に重要なルールではこれが特にあてはまる。

大統領命令 13563 の要件のため、省庁による費用便益評価は政府内での大きな検討対象となることが多い。便益が費用を正当化しない場合、その提案ルールや最終ルールが先に進むべきかについて大きな疑問が投げかけられることは強調した。そしてその費用や便益の数字そのものも慎重にレビューされる。ここでも、ＯＩＲＡ自体の見方はとても重要だが、ＯＩＲＡだけが唯一の発言者などというわけではまったくない。ＯＩＲＡの経済学者や他のアナリストたちは省庁の出した数字やその根拠を検討し、便益や費用が過大または過少に推計されていたら、ＯＩＲＡと当該省庁は最も正確な推計をどうやって出すべきか議論することになる。

こうした場合、経済諮問委員会や国家経済会議も参加するかもしれない。実際、経済諮問委員会は経済分析における技能と中心的な役割を持っているので、省庁に対する最も重要なコメント者になることも多い。経済諮問委員会が、当該省庁の推計が正しいと考えたり、あるいはそこに深刻なまちがいがあると考えたりすれば、その見方はかなりの注目を集める。費用と便益についての疑問は通常、多数の省庁や部局が関与するものになる。

このプロセスの結果として、省庁が最初の推計値を見直すことも多い。ＯＩＲＡレビューの結果として、当該省庁は数字を補正するだけでなく、アプローチの一部を変えることもある。たとえば、当該省庁は純便益の高いアプローチに切り替えるかもしれない。また、省庁の当初の推計が基本的に正しく、省庁としてレビューの間に出てくる各種疑問に対して十分な回答を用意していることも普通に起こる。結果は中身についての議論に依存したもので、しばしばとても専門的になる。

『連邦規制の費用と便益に関する議会向け年次報告書』[*32]の中で、OIRAは省庁の推計値をそのまま使うのではなく、独自に見直すべきだと示唆されている[*33]。OIRAがこれをやらない理由はいまや明らかなはずだ。省庁間の熾烈な取り組みがあり、政府内プロセスである数字についての合意が形成されたら、OIRA（または政府内プロセスのその他部局）が費用と便益について独自の推計値を出すのは、よく言っても居心地が悪いことになってしまう。ルールが発表されたときには、OIRAは（他の部局や省庁とともに）その推計値にかなりの検討を加えている。だからといって、OIRAがいつでも最初から、当該省庁の出してきた推計に完全に同意するということではない。でも、OIRAとしてその省庁の推計値が十分に正当なものとしてレビューを終えてかまわないと考えたということではあるし、省庁間プロセスがそれに同意したということでもある。

なぜ費用便益分析が、重要なことも多いのに、通常は中心的な問題にならないのか。多くの人は、費用便益分析が常に、あるいは一般的にOIRAプロセスの中心的な問題になると思っている。それはちがう。すでに述べた通り、OIRAがレビューするルールの八割は、経済的に重要ではない。つまり最低でも年間一億ドルの経済的影響を持たないということだ。経済的に重要でないルールは、費用便益の慎重な扱いを求められる規制影響分析を受けなくてよいのを思い出そう。

さらにある意味で、ここまで挙げてきた数字は、費用便益分析を必要とするルールの数を過大に述べている。すでに述べたように、経済的に重要なルールのかなりの割合――年によっては大半――が重要とされるのは、移転支払い額が大きいからであり、規制費用が高いからではない。そうしたルールは、民間セクターに高い規制費用を負わせるようなルールについて標準的に義務づけられる、費用便益分析や正当化は求められない。たとえば議会がある支出を要求または承認し、その金額のため関連ルールが大きな規制費用をもたらさない場合でも、それはＯＩＲＡレビューの対象となるかもしれない。議会がある集団に二億ドルを支出するよう要求したら、移転支払いが生じる。これに対して便益が費用を正当化するかという問題を検討するための標準的なツールを使うのはむずかしくなる。

確かに、省庁は予算移転ルールについても規制影響分析を提出はする。でもこれは通常、予算上の費用を述べるだけで、社会的な費用や便益には触れない（推計がむずかしいからだ）。ＯＩＲＡが予算移転ルールをレビューするときには、ＯＭＢなどの予算専門家と密接に連携して、数字が正しく、過剰な支出や正当化できない支出を避けるようにする。

ルールが経済的に重要でない場合でも、省庁は費用や便益についてある程度の説明を行い、（法的に許される範囲で）便益が費用を正当化することを示す必要があるのは事実だ――つまり正確な推計を試みる必要はある。年間費用五千万ドルかかり、年間便益八千万ドルと推計されるルールは、対象となる大統領命令の範疇で言えば経済的に重要ではない。でもこの金額は決して些末なものではないし、この数字が正確でないことも考えられる。省庁間プロセスは、精度にも、正当化されない費用の回避にも関心がある。だからＯＩＲＡなどはこうした数字にかなりの関心を注ぐだろう。

でも大半の場合、費用と便益が中心的な問題にはならない。経済的に重要でないルールの場合、費用と便益の問題は中心的なものにはならない。もちろんレビュープロセスは、そのルールが法や大統領の約束や目標や優先事項とどう整合するのかについては検討する。レビュープロセスでは、いくつか具体的な問題が提起されるのが通例で、それらは議論による統治という理想と密接に結びついている。それは規制プロセスに市民の参加を促進しようという努力を反映したものだからだ。そうした問題としては以下のようなものがある。

1 **代替案。**提案されたルールについて、当該省庁が望む選択肢以外に、いくつか代替案を併記するよう考慮してくれないかと言われることがある。そうした代替案についても人々からの意見を得ると有益だというのがその根拠だ。すでに述べたように、当該省庁は、本気で検討する気のない代替案を挙げたがらないかもしれない。省庁間レビュー担当者は、そうした代替案が正当なもので、ある程度の国民からの意見収集を受けてしかるべきだと考えるかもしれない。

2 **関連する問題について明示的にパブリックコメントを求める。**ときには、OIRAは当該省庁に対して明示的に、各種の具体的な問題についてパブリックコメントを求めてくれないかと要求する。たとえば、中小企業を除外するのが正当かどうか、費用便益分析が適切かどうかといった問題だ。ときには、当該省庁ははじめ、そうした問題についてコメントを集めたいとは思っていないかもしれない。明示的にコメントを求めたら、いまのルール案が実際以上、必要以上に仮のものであるような印象を与えかねないからだ。

3 **論理的に導かれるもの。**行政手続き法で、省庁は提案から「論理的に導かれる」ものではないようなルール条項を最終案に入れてはいけないとされている。[*34] このちょっと専門的な考え方は、もっと大きな理念を意識したもので、それは拘束力あるルールは人々がそれについてコメントする機会なしに決められてはいけないというものだ。最終ルールについていうと、省庁間のレビュー担当者は、あるアプローチが提案されたルールから論理的に導かれるかを疑問視し、それを最終案として固めるのが法にかなっているかを疑問視するかもしれない。一見すると合理的なアプローチも、論理的に導かれるとは言えないために禁止されたりする。魅力的なアプローチでも、よく考えるとここにひっかかってしまうこともあるので、この問題についてかなりの注意を払う必要が出てくるかもしれない。

4 **途中経過版の最終ルール。**ある省庁はルールの草案を、途中経過版の最終ルールという形で提出したりする。ＯＩＲＡなどはその省庁に対して、普通に提案として進めたほうがいいのではと尋ねたりする――そうすれば最終ルールが、途中経過版とはいえ社会に対してまちがった作用をしないようにできるからだ。最終ルールとして進める正当な理由はあるだろう――たとえば何か法的なデッドラインがあるとかだ――でもパブリックコメント期間を迂回すると、省庁間で懸念が持ち上がりかねない。[*35] さらに大統領命令 13563 は、市民参加をとても強調し、ルールについてのパブリックコメント期間確保を重視している。

5　法令上のプロセス要件。ＯＩＲＡは各種法令上の要件準拠を推進支援するためにかなりの時間をかける。これは規制柔軟性法[*36]（中小企業を過剰な規制から保護するためのもの）や書類作業削減法[*37]（これは情報収集要求を含むルール策定に関連する）への準拠も含まれる。

6　科学。ときには、問題の根底に科学が関わってくる。ＯＩＲＡは連邦政府内の各種科学者と相談することになる。たとえば科学技術政策局やアメリカ疾病予防管理センター（ＣＤＣ）などだ。その過程で、当該省庁が関連する科学研究を考慮したか、ピアレビューで提起されたコメントや懸念に応えたかという議論も出てくる（科学的正当性に対するコミットメントがあったのを思い出そう）。ＯＩＲＡは独自の科学的結論を出すことはない（ただし最近では一般に、科学者二人を職員として抱えている）。でも根底にある問題についての議論は促進する。また政策上の選択が科学的な証拠から推奨されるか裏づけられるかについても議論があるだろう。

専門的な問題、政策的な問題、政治

ＯＩＲＡプロセスが議論を呼ぶこともあるが、それはしばしばそのプロセスで、悪い意味での「政治」が関わってくるのではという懸念があるからだ[*38]。「政治」という概念はもちろん、自動的に明らかなものではない。でもここでの意味合いだと、懸念されているのは利権団体、広報面、さらには選挙上の配慮が、ルールを進めるべきか、あるいはその方向性についての判断に影響を与えることになってしまわないか、ということだ。

この懸念を明確にするため、それをきわめて極端な形で描いてみよう。省庁は専門家集団だ。その懸念は事実と法だ。かれらは法令を誠実に実施しようとし、その専門的（そしてときに科学的）技能を活用する。これに対し、ＯＩＲＡはもっぱら、選挙で選ばれたのではない官僚で構成され、独自の魂胆を持っているかもしれない。ＯＩＲＡはまたホワイトハウスの一部で、まさにそのために必然的に政治化されたプロセスの一部となる。ＯＩＲＡは省庁の専門能力を持たない。他のホワイトハウス部局が、それぞれ独自の魂胆をもってＯＩＲＡプロセスに関与すると、比較無知の問題はさらに悪化するかもしれない。

その結果として――私がここで描いているような見方に基づけば――ＯＩＲＡの非選出官僚やホワイトハウスの政治的アクターたちからの介入を受けるという理由だけで、省庁は自分たちの目標を達成できず、自分たちの考える形での法を実現できなくなってしまうことになる。こうしてまとめると、この懸念には二つのちがった論点があることに注意しよう。最初のものは、ＯＩＲＡ自体の役割、特にそのキャリア職員と関連している。二番目のものは、ホワイトハウスそのものの役割と関連している。

この描写で無視されているのは、ＯＩＲＡプロセスのほとんどが専門的なもので、政治的ではないということだ。そしてその専門的というのも適切な意味での話であり、きわめて多様な役人が関与していて、その多くはホワイトハウスの外にいる。すでに強調した通り、根底にある問題が法に関わることも多く、その場合にルール策定省庁の法律専門家たちは、司法省やホワイトハウス法務部、ＯＭＢ法務部などと密接に動き、法で何が求められているかについての最高の判断を生み出そうとする。ここでのＯ

ＩＲＡの役割は司会役であり、決定ではない。もし話が経済に関わるものなら、ＯＩＲＡはおそらく中身にも関与する役割を果たすだろう。でもすでに強調したように、他にも多くの経済学者たちが参加することになる。

科学的な問題に取り組むときには、「科学への政治的な介入」などは存在しない（私の経験では）。科学的な問題は科学的な問題として、それを検討する能力を持つ人々が検討する。一部の問題は「科学政策」の問題と見なせる。つまり厳密に科学的な問題ではなく、科学的な不確実性があるときにどう進むべきかという問題だ。こうした問題もまた、そういうものとして扱われる。

ときにはもちろん、こうした問題が政策についての大きな問題を含むこともあり、中には「上に上げられる」ものもある。省庁間レビュー担当者、たとえばＯＩＲＡ、経済諮問委員会、アメリカ連邦中小企業庁施策広報局が、あるルールについて中小企業のために柔軟性を持たせるべきだ、中小企業についてはルールを緩めたり準拠達成日を先に延ばしたりすべきだと主張したとしよう。この機関たちが共通して持つ主張は、中小企業がそのルールに準拠するのは高くついたり困難だったりするし、柔軟性を高めたところで、当該省庁自身の目標から見れば失われるものは小さいというものだ。これに対して当該省庁は、そんな柔軟性を持たせたら法的な問題が生じるとか、公衆衛生や安全面の重要な目標が脅かされるとか反論するかもしれない。

こうなると、法的な問題が直接検討される。法が当該省庁に裁量の余地を与えていなければ、この話はそれでおしまいだ。法で裁量の余地が認められていたら、柔軟性が中小企業にとってどのくらい重要か望ましいか、それに対して柔軟性を増すことで、公衆衛生や安全面の目標がどのくらい阻害されるか、というのが適切な問題となる。この段階で、こうした問題に答えるためには何よりも事実に基づいた追加の作業が必要となる。ほとんどの場合、根底にある問題の明確化と、それを明らかにする作業により、関係者にとって筋の通った納得のいく解決策が生み出される。

確かに、大統領命令13563と12866の下でOIRAはかなりの公式な権限は持っている。ルールが先に進むのを拒絶したりできる（最終的にはそれは大統領の指示に従うことになる）。この権限は重要だ。でも当該省庁は自分たちの立場が議論の余地なく正しいのだと、OIRAなどを説得したり、議論の余地なく正しいとまではいかなくても、それなりに正当なのだと説得したりすることも多い。そして場合によっては、省庁はOIRAが示唆したり、省庁間のレビュー担当者が主張したりする見方が明らかに正しいとか、明らかに正しいとは言えなくても十分に正当だと認めたりする。うまく機能するプロセスにおいては、重要なのは中身だ。

もちろんOIRA局長はだれでも、他人の見方に大いに敬意をこめた注意を払う。局長は、自分の個人的判断や職員たちの判断が、当該省庁の熟慮を経た判断とちがっていて、省庁間プロセスに参加する他の部局や省庁から内容面での支持が得られないようなら、あまり自信が持てないはずだ。

「政治」はどうだろう？　もしこの用語が利権団体や世間の反応、選挙面での要因を指すなら、OIRA自信の役割の中で「政治」配慮は大きな割合を占めるものではない。確かに政治的な問題は、他の部局で考慮されることはある。ホワイトハウス法制局やOMB法制局は、議会と密接に協力するし、これらの部局は行政府と立法府との間の議論調整を主導する。ここには規制をめぐる議論も含まれる。たとえば議員はOIRA局長に手紙を出し、議員やそのスタッフは12866会合を要求するかもしれない。OMB法制局やホワイトハウス法制局は、こうした会合の調整を支援することもある。議員はルールの影響について有益な情報を持つかもしれない。ホワイトハウス政府間問題局は、州政府や地方政府との関係を仕切るし、州や地方の職員の見方がOIRAに確実に伝わるようにするのを手助けする。これは通常はパブリックコメントを通じて行われるけれど、ときには会合が使われることもある。州や地方の公務員もまた伝えるべき重要な情報を持っているかもしれない。ホワイトハウス通信局やOMB通信局はメディア関係を仕切っており、提案ルールや最終ルールを一般に説明する必要があれば、プレスリリースなどの関連文書を作成する。

加えて、ホワイトハウスの他の人々——たとえば首席補佐官事務所など——は広範な検討事項について目を光らせている。これは潜在的な策定ルールと、大統領の総合的な優先事項、目標、狙い、スケジュールとの関係なども含まれる。どんな政権でも、具体的な優先事項があるし、その「帯域幅」は限られている。つまり、何かへの注目や専念に使える時間や資源は限られているので、提案や改革は一部しか実施できないということだ。重要なこととして、政権全体として見たとき、首席補佐官事務所は大統領自身のコミットメントを密接に参照しつつ、行政府の活動を調整支援し助言するという点で、圧倒的に重要な役割を果たすことは強調しておこう。OIRAを含むあらゆる行政府部局は、法で許される限り大統領の下にあり、その監督下にある。[*39] 大統領とその直近の顧問たちが優先事項について明確であれば、ＯＩＲＡはもちろんそうした見方を知らされ、それに応じて行動する。ＯＩＲＡプロセスに参加する人々は、大統領自身の懸念や優先事項をよく知っており、大統領から指示を受ける。

分散した情報について

連邦政府の行政府はとんでもなく大きくて多様だから、重要なルールが提案されたり決定されたりする前に、ルール策定省庁が行政府で働く人々の多様な見方や情報を検討する機会を持つことが重要だ。最終的に責任を持つのは大統領だが、ホワイトハウス自体が一枚岩ではなく集団であるということは強調してきた。そして行政府全体としてみればそれがなおさら顕著になる。ＯＩＲＡ自身の見方は重要だし伝えられるけれど、ＯＩＲＡは連邦政府全体にいる専門家の専門的技能を活用する省庁間プロセスの司会役なのだ。確かに、費用便益はレビュー過程の中で重要だし、ときには決定的な一部となる。これは経済的に重要なルールについては特に言える。費用便益分析については、この先の章でずっといろいろ言いたいことがある。でもほとんどのルールは経済的に重要とは見なされず、ほとんどの場合、費用便益は中心的な問題とはならない。

ＯＩＲＡの最重要任務の一つは、ルール策定省庁が連邦政府内外に分散している情報の恩恵を受けるようにすることだ。ＯＩＲＡは、自分がうまく機能する行政プロセスの守護者だと考えている。そのプロセスは議論による統治を活用したものだ。連邦公務員はほとんどが政治的な指向などないし、知識も豊富なので、ＯＩＲＡはかれらの知見が省庁のルール策定に反映されるよう支援する。連邦政府の外にいる人々もしばしば不可欠な情報を持っていて、ＯＩＲＡは自分の重要な仕事の一つが、そうした情報を受け取れるようにして、それが慎重に考慮されるようにすることなのだと理解している。

こうしたことから、ＯＩＲＡは規制方針の中央集権化された方向性を促進するというよりは、分散化された知識の導入を促進していると言える。もちろんＯＩＲＡは行政府のルール策定に対するホワイトハウスによる監督プロセスで、重要な役割を果たす。私がここで強調したのは、その役割の重要な部分が、情報集約機能だということだ。

第2章　人間的な帰結、あるいは現実世界の費用便益分析

私が政府にいた頃、ある同僚は風変わりながら建設的な口癖を持っていた。各種選択肢と、それぞれに伴う困難について、長くて熾烈な議論の後でその同僚はこう言うのだ。「オッケー。見事な問題ぶりを愛でてきたわけだ。ところで、これをどうしようか？」この応答は重要なものだ。これにより集団の関心は、人々の懸念や不安や反対から離れて、ずばり何が必要なのかに向かう。つまりはどの解決策が最高か、あるいは少なくともいちばん害の少ないものか、という話だ。

規制の世界は見事な問題だらけだ。たとえば、リスクと不確実性についてては詳細な研究文献が大量にあるし、それに対する規制者の対応についてもいろいろ書かれている。[*1] 各種の結果を見極めて、それぞれに確率を割り当てられたらリスク状況が出てくる。[*2] 結果は見極められるけれど、そこに確率を割り振れない場合には不確実性の状況が生じる。[*3] どっちの状況も規制者には深刻な課題をもたらす。たとえばある規制については、費用も便益もかなり幅広に見積もられているだろう。規制当局は、その連続体のそれぞれの点にどの程度の確率を割り当てればいいのかわからないかもしれない。割り当てたとしても、

いくつかの部分では便益が費用を上回るけれど、他の部分ではそうなっていないとき、どうすればいいかはなかなかわからない。

カタストロフ——たとえば気候変動とか金融崩壊とかテロ攻撃とか——のリスクはまちがいなくあるのに、規制者がその確率を見積もれない場合はいくらでもあるだろう。また中心的なリスクを減らすにあたってある規制がどの程度貢献するかも見積もれないこともある。割引率が大きく効いてくるので、低い割引率なら規制が正当化されても、高い割引率では正当化できない場合もあるだろう。[*4]「ファットテール」（極端な事象がたくさんあるような確率分布）もあって、それにより定量化したリスク逓減便益が当初の予想よりずっと高いのではと思われることもあるはずだ。[*5] 一部の便益、たとえばプライバシー保護や、すでに病状のある人々の保険加入拒絶を禁止するといったものが、定量化・金銭化できないこともある。

このどれも見事な問題で、その見事さを愛でるのも立派なことだし、ときにはきわめて啓発的だ。実際、問題を愛でるのは、それをどう扱うか決めるための必要な事前作業とすら言える。でも問題を愛でるという活動は、それ自体が独自の費用と便益を持っている。便益の一つはもちろん、理解が深まるということで、これはそれ自体としてよいことだ。もう一つの便益は、実践や政策が改善されるということだ。むずかしい、手のつけようもなさそうな問題を解決しようという努力そのものに費用が伴う——そうした問題があまり生じない場合には、その費用はことさら大きくなるかもしれない。実践でも政策でも、最もむずかしくて面白い問題に対する答が実際にはどこまで、どのようにして、いつ問題となるかについて、理解しておくことが重要となる。

私が政府で過ごした期間、きわめて見事な問題のほぼすべてが私の前にやってきた。一つだけ例を挙げると、炭素の社会費用の値段について合意を行う省庁間作業部会に参加したことがある。[*6] 二〇一〇年ドルで、中央値は一トンあたり21・4ドルで、その幅は4・7ドルから64・90ドルまで広がっていた（二〇一三年にはこの数字は4割ほど引き上げられた。[*7] 補遺Bを参照）。こうした値は、温室ガス排出を減らす規制活動の便益を見極めるのに使われており、多くのルール策定で使われている。

でも、きわめてむずかしい問題が登場することは滅多にないというのも事実ではある。そして登場するときには、一般的にそれを扱うための標準化された手法がある。二〇〇三年に発表されたOMB通達（OMB Circular）A-4は、そうした手法の多くについて概説しているので、[*8] ここでの議論の一部もその文書に準拠しよう。私の中心的な論点は、炭素の社会費用の分析や、通達A-4や、関連または類似の文書は改訂されるまで拘束力を持ち、このためルール見直しプロセスの間は、きわめてむずかしい問題の一部は再検討できないということだ。確かに、権威ある文書も改訂はできる。でもその改訂には何らかの正式なプロセスが必要で、かなりの時間や努力や貢献が、多数の高官から必要となり、おそらくある程度のパブリックコメント期間も必要になる。こうしたプロセスはすべて、相当な資源投入を必要とする。このため、権威ある文書の改訂に乗り出すのは生やさしいことではない。

本章の残りは単純な構造となる。35のシナリオを8つに分類し、基本的なところから初めて、それから次のそれぞれの評価について述べよう。死亡リスク評価、コベネフィット（付随便益）とリスク＝リスクのトレードオフ、推計値の幅が広いとき、定量化が困難または不可能な場合、純便益、気候変動、割引率。シナリオのそれぞれは手短で、きわめて様式化してある。完全な理解を得るには、もちろん各種の金銭数値を描くだけでなく、そうした数字が具体的に何を意味しているかという理解が必要となる。

基本

1　ある規制の年間費用は2億ドルだ。年間便益は4億ドル。選択肢は二つしかない。その規制を実施するか、しないかだ。[*9] OIRAレビューの過程では、この数字は慎重に検討され、その精度や意味について多くの質問が投げかけられる。でもきちんと答が返ってきたら、これは規制支持という結論が簡単に出せる話だ。この規制はまた、省庁がOIRAに提出する多くの経済的に重要な規制が持つ、標準的な特性を持ち合わせている。便益と費用をそれぞれ金銭化したら、金銭化された便益は通常は、金銭化した費用よりはるかに大きい。OIRAに提出されたり連邦官報で公表されたりする規制で、費用と便益が金銭化されているものについては、省庁は通常は多額の純便益があると主張する（補遺Cに多くの例を挙げた）。

これはまったく偶然なんかではない。[*10] 大統領命令13563の下で、便益は費用を「正当化」するものでなくてはならないというのを見た。そしてこの考え方について少し議論はするけれど、そうした正当性を確立するいちばん簡単な方法は、金銭化した便益がとにかく金銭化した費用より大きいと示すことだ。

金銭化した便益が金銭化した費用より小さければ、よほど特別な配慮事項がない限り（たとえば法的な義務や、定量化できない重要な便益）、省庁はそんな規制案をそもそも提出しないだろう。費用が便益を上回るなら、省庁は他の規制に手間暇をかけたり、便益が費用を上回るようなアプローチを見つけようとしたりするだろう。省庁が費用便益を金銭化した、最近の経済的に重要なルールの圧倒的多数では、金銭化した便益が金銭化した費用を上回っている。

2　1番と同じだけれど、省庁が提示した便益の幅は、4億ドルから7億ドルというものだ。代替案は二つしかない。その規制を実施するか、しないかだ。これまた、規制を先に進めるべきだという結論が簡単に出る。確かに、ＯＩＲＡレビューのプロセスは、この便益の幅が実に広い点にかなり注目するだろう。なぜ当該省庁はこの幅を狭められないのだろう？　この不確実性は経済学的な問題か？　科学的な問題だろうか？　こうした問題にかなりの時間をかけて、連邦政府内部でも、社会全体でも、この規制の影響として考えられるものについて、もっとよい理解を促進させようとするだろう。一つの狙いは、手持ちの最高の証拠を反映する形でこの範囲を狭めようとすることだ。でもこうして述べられた事実に基づく限り、省庁は、この規制を先に進めるべきだというのは明らかだろう。

3　規制の年間費用は2億ドルだ。年間便益は0・5億ドルから0・75億ドルだ。法でこの省庁がこの規制を先にすすめるべきだと決まっていない限り、あるいはこの規制に何か特殊な特徴がない限り、省庁はこんな規制を先に進めようとはしないだろう。こんなルールをＯＩＲＡに提出したら、多くの質問がでてくるからだ。そしてその理由はたった一つの単純なものだ。大統領命令13563は、便益が費用を正当化することを要求しているからだ。金銭化便益が金銭化費用よりずっと低くても、便益が費用を「正当化する」のを示すことは可能かもしれない。定量化できない便益がとても大きいと考えられ、そうした正当化が可能なのかもしれない。でもこれを論証するのはむずかしい。

4　ある規制の年間費用は2億ドルだ。便益は0・5億ドルから2・05億ドルの幅を持つ。省庁は予防原則を持ち出す。これはヨーロッパをはじめ、各種国際文書で人気ある発想だ。[*11] これによると、便益の上限値は費用を正当化するくらい大きいので、先に進んでかまわないはずだという。予防原則にはいろいろな形があるけれど、この省庁は単純明快に、健康と安全は少し不明確な部分があっても重視すべきであり、この範囲の高い方では便益が費用を上回っているから、先に進んでいいのだと力説している。

この主張は、多くの質問とかなりの疑念で迎えられるだろう。このプロセスを律する大統領命令には、予防原則は出てこないことは注目に値する。すでに見たように、費用便益のバランスが重視されている。だから当該省庁は、便益が費用を正当化することを示せと言われている。便益の範囲の相当部分で費用が便益を上回っているから、それを示すのはなかなかむずかしい。

でも可能性はいくつかある。もし法制で当該省庁がこれを進めるべきだと要求されていたり、費用を考慮してはいけないと決まっていたりすれば、この話はそれでおしまいになるだろう。省庁は法律に従うしかないのだから。あるいは当該省庁は、この範囲の上限あたりこそが圧倒的に確率の高い部分であり、したがってこのルールの期待値は2億ドルを超えると示せるかもしれない。もし当該省庁が、このルールが多大な定量化できない便益を生み出せると示せれば、定量化便益だけを見るとルールの期待値がマイナスでも、それを先に進めることはできるかもしれない。でも提出された事実だけを見るなら、レビュープロセスではいろいろ質問が出てくるはずだ。

死亡リスクの価値評価

5　ある規制の年間費用は3億ドルだ。この規制は年間に、早すぎる死亡件数を40件ずつ防ぐと期待されている。当該省庁は、統計的生命の価値（Value of Statistical Life：ＶＳＬ）として９００万ドルを使い、便益は3.6億ドルだと推計する。思いつくような各種問題がなければ、この規制はたぶん実施されるだろう。９００万ドルというのは、ＯＭＢがＶＳＬの価値として推奨した範囲におさまっているからで[*12]また現在の専門文献が示唆する範囲にもおさまっているからだ。[*13]

はっきりさせておくべき重要な点がある。こうした値で、政府は本当に「命の値段」をつけているわけではないということだ。政府がやっているのは、死亡リスクの削減——通常は低レベルリスク、たとえば十万人に一人の死亡リスクを減らす価値を計ることだ。こうした場合に、人命が９００万ドルの「価値がある」というとき、実際に言われているのは人々が、十万人に一人のリスクを減らすのに、平均で90ドルを支払う意志がある、または支払うよう求められるということだ。[*14]この問題は4章と5章で詳しく検討する。

6　ある規制の年間費用は2億ドルだ。規制は早すぎる死亡を10件防ぐと期待されている。当該省庁は、VSLは二一〇〇万ドルであり、したがってこの規制は正当化されると主張する。この規制はたぶん先には進まないだろう（法制で進めなくてはならないと決まっていない限り）。二一〇〇万ドルという数字は、OMBの指導と整合しない。OMBの指導では、VSLの上限は一千万ドルだし[*15]、そうでなくても二一〇〇万ドルという数字は専門文献で言われる範囲をはるかに逸脱している。二一〇〇万ドルなどという高い数字を支持するものはほとんどないのだ。省庁としては、特殊な正当化理由を挙げないと先に進めないし、これはなかなかむずかしい。そして実際、この例は極度に仮想的なものだ。いまや二一〇〇万ドル近いVSLを使うような省庁などはどこにもないからだ[*16]。

7　アプローチAだと、ある規制の年間費用は2億ドルだ。このアプローチだと、規制は年間51人の命を救う。アプローチBだと、この規制の年間費用は3億ドルで、年間60人の命が助かる。統計的な生命の価値が400万ドルなら、アプローチAは金銭化された数字により正当化され、アプローチBは正当化されない。統計的な生命の価値が700万ドルなら、どちらのアプローチも正当化され、アプローチBのほうがいいことになる。純便益がずっと大きいからだ。専門分家ではVSLは700万ドル以上とされているから、省庁間での興味はアプローチBに集中するはずだ。当該省庁は、700万ドル以上のVSL使用を認められ、純便益を最大化するアプローチを選んだという理由で話を先に進めることが認められる。もしアプローチAのほうがいいと主張するなら、なぜそれを選んだかかなりの質問攻めに会うだろう。

8　ある規制案は、何らかの分野での安全に対して新しいアプローチを提供するもので、年間費用2

億ドルだ。この規制は年間30人の生命を救うと期待されている。当該省庁はＶＳＬとして４００万ドルを使い、結果としてこのルールを先に進めたがらず、なぜ現状を維持するかを説明するルール案を提出する。この場合、省庁間プロセスでは、みんな新しいアプローチを大いに進めたがるはずだ。というのも（すでに述べた通り）専門文献ではＶＳＬは７００万ドル以上という数字が支持されているからだ。

9　ある規制の年間費用は2億ドルだ。当該省庁は、ＶＳＬとして８００万ドルを使う。この規制は早すぎる死を24件防ぐとされる。その死亡はがんによるものだ。省庁は、「がんプレミアム」[*17]を使っていいはずだと論じる。これはＶＳＬを10％増やし、便益が確実に費用を上回るようにする。これは専門文献でも連邦政府内部でも決着のついていない問題で、十分に議論に値するものだ。最低でも、当該省庁としてはがんがらみなのでＶＳＬを増やしてみるといった感度分析が求められる。[*18]感度分析の結果として、当該省庁は便益が費用を「正当化する」と結論づけられるはずだ。

10　ある規制の年間費用は10億ドルだ。年間便益は6・5億ドルだ。その便益の大半は、70人の死亡を防ぐことで得られる。それぞれの統計的生命は８００万ドルの価値とされている。当該省庁は、この死亡70人のうち、40人は5歳以下の子供のものだと指摘する。そして公平性のためと、子供たちや多くの「余命年数」がかかっているので、金銭化便益が金銭化費用をはるかに下回るという事実があっても、この規制を進めるのが適切だと論じる。[*19]これは十分に議論に値する問題だ。これが提起する問題は決着がついていない。[*20]

11　ある規制の年間費用は3億ドルだ。これで年間40人の死亡が防げる。当該省庁は、ＶＳＬとして

８００万ドルを使い、便益が費用を正当化すると結論づける。この省庁は、そうした死者すべてが高齢者だと認める――おおむね寿命が数ヵ月ほど延びるだけだ。パブリックコメントの過程で、一部の人はこんなに短い寿命延長に標準ＶＳＬを使うのは不適切だと反対する。こうした反論は、省庁間の議論でも無視されたりはしない。でもＯＭＢの指導文書は、そうした場合にもＶＳＬを減らすべきだとは定めていない。[21] これをめぐる問題は、レビュープロセスで議論されるだろう。政府内でも、一部の人はコメント期間に出された反論に合意するかもしれない。

12　ある規制の年間費用は３億ドルだ。毎年30件の死亡を防げるとされる。この省庁は８００万ドルというＶＳＬを使う。さらに、この規制がある具体的な数の事故や病気を防ぎ、さらに具体的な量の物損を予防すると述べ、こうした便益の価値は七五〇〇万ドルを越えると主張する。もしこうした数字が省庁間での検討に耐えられるもので、他に問題（たとえばもっと純便益の大きい代替アプローチ）が出てこなければ、便益が費用を正当化するから、この規制は先に進む。

幅の広さ

13　ある規制の年間費用は２億ドルだ。アプローチＡは年間便益が４億ドルから９億ドルで、アプローチＢの年間便益は５億ドルから10億ドルだ。ＯＩＲＡプロセス内部では、どうしてこんなに便益に幅があるのかについてかなりの議論が行われ、その根拠となっている材料についての理解に基づいて、この範囲を狭められないかが議論されるだろう。たとえば、その省庁が複数の科学調査を使っているなら、問題はそのうちどれかが優れているのではないか、それを使って数字の幅を狭めたり、ある一つの推計値を出したりできないか、というものとなる。そしてこんな広い幅が出るのが、使われているVSLの幅が100万ドルから一千万ドルというものであるせいなら（これはかなり驚くべきもので、私の知る限り実例はない）、省庁間プロセスは専門文献を使って、主要な推計値として一つの数字だけを使うよう検討する。原理的には、推計値は確率加重を行い、何か期待値を出すべきだ。でも実際には、確率加重は無理かもしれない。数字の精度や信頼性を挙げるために、かなりの作業が行われる。確信を得るには、アプローチAとアプローチBについてずっといろいろ調べる必要があるけれど、あらゆる面でアプローチBがアプローチAを上回ることも十分あり得る。

14　ある規制の年間費用は2億ドルだ。年間便益は1・5億から4億ドルの幅がある。ここでもまた、便益の幅の検討にかなりの作業が割かれる。原理的には、13と同じく、推計値は確率加重を行って期待値を出すべきだ。たとえば規制当局者は、便益が1・5億ドルの可能性は75％で、1・5億から2億ドルになる確率は10％、2–3億ドルの確率が10％、便益が2–3億ドルの確率が5％だと結論づけられるかもしれない。何らかの確率加重がなければ、この幅の下限のほうがいちばん確率が高いのではないか、したがって費用が便益を上回ってしまう可能性が現実味を持つのではないかという点に、いろいろ質問が集まるはずだ。仮に、便益に幅があるということを述べる以上のことができないとしよう——これは想像できないことではない。分析のため、この幅の中間点を使いたくもなってしまう。でも中間点が正確だとする証拠がなければ、このアプローチは当然反対や懸念を受けることになる。[*22]

15　ある規制の年間費用は15億ドルだ。年間便益の幅は8億ドルから20億ドルだ。これまでの例と同じく、便益の幅を検討するのにかなりの作業が割かれ、この場合に当該省庁は、費用が10億ドル超なので、正式な不確実性分析をやるよう依頼される。[*23]この幅の各種の点は、可能な限り確率加重を行って、何らかの期待値を出さねばならない。もちろん、手持ちの情報でそんな加重が実施不可能だということはあり得るけれど、この幅についてもっとよく理解し、それを狭める方策がないかを見極めるのに、かなりの専門的な作業が行われるはずだ。特に経済的な費用や便益がとても大きいので、便益が本当に費用を上回っているのか、という点にはかなりの注目が集まるはずだ。

16　ある規制の年間費用は2億ドルだ。アプローチAの下で年間便益は1億から4億ドルの間だ。アプローチBだと便益は0・5億ドルから7億ドルの間だ。この例もまた、きわめて珍しい。というか、これに類する実例は一つも思い当たらない。これまでのシナリオと同じく、どうしてこんなに幅が出るのか、もっと狭められないか、かなりの注目が集まるだろう。アプローチBのほうが高い期待値を持つ（したがって選択されるべき）という可能性の検討にかなりの関心が集まるはずだ。

17　ある規制の年間費用は2億ドルだ。年間便益は二五〇〇万ドルから2・25億ドルの範囲だ。この便益の幅の相当部分は、費用を大きく下回るのがわかる。レビュー担当者たちは、この幅の高い方が低い方よりも可能性が高いことを示せるか、あるいは特別な状況（たとえば法的な要件や定量化できない便益など、第3章を参照）が関わっていないかを尋ねるだろう。

コベネフィットとリスク＝リスクトレードオフ

18　水銀排出を減らすための規制は、同時に粒子状物質など他の大気汚染物質排出も減らす。[*24] 水銀排出の便益は金銭化できない（既存化学の限界のため）が、粒子状物質削減の便益は金銭化できるし、これは明らかに規制の費用を上回るものだ。当該省庁は、費用と便益の推計にコベネフィットを持ち出し、なぜ便益が費用を正当化するかという説明でもそれを中心的な論点にする。提案されたルールのコメント者たちは、コベネフィットは検討すべきではないと反対する。というのもこのルールは水銀排出を減らすように設計されたものだからというわけだ。ＯＭＢ通達A-4の下では、省庁はコベネフィット検討が認められている。省庁は、完全な計上が求められていて、[*25] そうした便益が本物で、二重計上されていない限り、コベネフィットは議論の余地なく完全な計上の一部となる。

19　燃費改善のために設計された規制は、安全面でもまちがいなく影響をもたらす。最高の分析では（これはあくまで仮想の話だ）[*26] そうした影響はマイナス、つまり死者や事故がちょっと増えると示唆されている。当該省庁は、そうしたマイナスの影響についても論じ、それを完全に計上して含めるよう求められている。

20　省エネ要件（冷蔵庫に対するもの）の主要な便益は、消費者にとっての経済的な節約から生じる。このルールはまた、温室ガス削減を含む大気汚染削減の面でも大きな便益をもたらすし、エネルギー安保面でも便益がある。それでも、省庁が消費者にとっての節約を含めなければ、費用は便益を大幅に上回る。

　パブリックコメントの期間中に、一部のコメント者たちはここに市場の失敗はなく、消費者たちは省エネ機器を選ぶのも選ばないのも勝手なはずで、したがって政府がそうした消費者にとっての節約を「便益」として計上するのは正当ではないと主張する。こうしたコメント者たちに言わせると、消費者に対する経済的節約は純粋に「私的」なもので、分析に計上されるべきではない。このコメント者たちも、大気汚染削減やエネルギー安保は確かに計上されるべきだと同意する――でもすでに述べた通り、それは費用を大幅に下回る。

　省庁は、こうした主張を却下する権利がある。省庁は私的な節約を昔から便益として計上してきたし、そうしてはいけないという決まりはない。その一方で、当該省庁は二つの課題をクリアしなくてはならない。まず、関係する市場の失敗を同定する必要がある。行動経済学を引用して、エネルギーパラドックス[27]に関連した行動経済学的な市場の失敗に頼る議論ができるだろう――省エネ面で、消費者たちは必ずしも自分の長期的な利益にかなう選択をしないと示唆されるのだ。[28] 省エネが購入時点では重要と思われていなかったり、消費者が近視眼的だったりするなら（つまり長期の影響を無視したり過小評価したりすれば）、消費者たちは自分に不利な決定を下しかねない。たとえば二〇一二年に発効した燃費ルールを説明するとき、交通省はこう述べている：

行動経済学の分野で観察された現象、たとえば損失忌避、長期的な節約に対する消費者の関心が不十分であること、購買判断をする時点で消費者たちに関連便益（たとえば燃料節約、あるいは燃料追加に関連する時間節約）の便益の重要性が見えないこと、といったものが挙げられる。理論研究も実証研究も、多くの消費者たちは省エネ投資がかなり短期で回収できる場合ですら、省エネ投資をしたがらないことを示唆している。この研究は、消費者たちがあまり大きくない費用便益や、未来にしか実現できない費用便益を過小評価しがちだという関連研究の結果とも整合する。*29

第二に、省庁はその省エネ要件があまり望ましくない冷蔵庫を増やす可能性を検討しなくてはならない。その可能性があれば、消費者の厚生損失が起きる。その損失は費用として扱うべきだし、これはかなり大きくなるかもしれない。たとえば、冷蔵庫の冷却性能が下がったり、外見が魅力的ではなくなったりすれば、これは省エネ効果を相殺する損失となり、それがかなり高ければ、省庁の基本的な分析について疑問が生じかねない。ＯＩＲＡレビューは、そうした可能性にかなり注目することになる。レビュー担当者たちは、大きな消費者厚生損失が起きないようにしたがるはずだ。

21　20番と同じだけれど、今度のルールは車両の燃費を高めるものだ。省庁は私的な燃料節約だけでなく、時間節約も便益に計上する。消費者たちはガソリンスタンドに払うお金を大きく減らせるだけでなく、ガソリンスタンドにでかける回数もずっと減るから、その分の時間が節約できるというのがその主張だ（そしてその節約分の時間を金銭化する）。省庁は、こうした（私的な）便益が大きいので、提案規制の費用が正当化されると述べる。でもそうした便益なしには、この規制はこのようにはなかなか正当化できない。

20番の場合と同じく、コメント者たちは燃料節約は計上すべきではなく、時間節約も計上すべきではない、消費者たちはどの車両を買うか決めるとき、そうした節約について考慮する能力が十分にあるからだ、と反対する。省庁はこうした反対を却下する権利がある。やはり20番と同じく、その場合には市場の失敗を同定し[30]、消費者厚生損失の可能性を検討する必要がある（あればまちがいなく費用として計上されるべきだ）[31]。

定量化困難または不可能な便益

22　ある規制の年間費用は2億ドルだ。規制は水質を改善するが、それで人間の健康によい影響が出るわけではないし、当該省庁は他の便益（たとえば審美的、レクリエーション的な便益）を定量化して金銭化するのに市場手段を使えない。当該省庁は、条件つき価値評価調査（時には「表明選好（選好意識）」研究と呼ばれる）ものに頼る。それによると、人々はこの規制に関連する水質改善のために多額のお金を支払う意志があると示唆される。こうした研究に頼ることは、OMB通達A-4では禁止されていない[32]。省庁間プロセスは、それに関する研究を慎重に検討し、それが信頼できるもので、適切な基準を確実に満たすようにする。でも十分に検討の範疇には入る[33]。

23　ある規制の年間費用は2億ドルだ。金銭化した年間便益は1・75億ドルだ。規制は、車椅子の人々が建物にアクセスしやすくするためのもので、省庁は便益が二五〇万ドル不足していても致命的ではない、なぜなら定量化できない価値が関わってくるからだと信じている。こうした価値は、この規制を正当化するのに十分かもしれないし、そうでないかもしれない（詳細は第3章を参照）。

24　23番と同じだが、規制の費用は2億ではなく10億ドルで、不足分は8・25億ドルだ。問題は、この不足分（明らかに巨額だ）が定量化不能な価値を理由に正当化できるか、ということだ。権威ある文書は具体的な答を挙げていない。この問題を解決するにあたり、多くの省庁はブレークイーブン分析と呼ばれるものを行うのが有益だとしている。これについては第3章で詳しく検討する。

25　24番と同じだが、こちらは身障者ではなくきれいな水を保護するための規制だ。省庁は条件つき価値評価研究に頼らず、定量化不能の便益が大きなものであり費用を正当化できると主張したとしよう。ここで問題となるのは、その水面はいくつあるのか？　どんな改善が生じるのか？　そうした改善で具体的に何が実現されるのか？　人間にとって役立つのか、そしてどんなふうに？　といったものだ。定量化できる便益が1・75億ドルほどなら、10億ドルの費用支出はなかなか擁護できない。省庁がその規制を先に進めるよう法律で決まっていない限り、このルールは深刻な質問を受けることになる。

でも仮に、詳細を検討してみたところ、このルールはかなりの成果を挙げることがわかったとしよう——たとえば、それが大量の水面を保護するとか、それに大きく貢献するとか、審美的、生態的な便益（魚類や野生動物保護も含む）がとても広範だとか。こうした問題を検討したら、真面目な議論を正当化するだけの材料が出てくるかもしれない。これに対し、保護される水面がかなり少なくて、その便益も大したことがなければ、巨額支出はなかなか正当化できない。

26　年間規制費用は1億ドルだ。簡単に金銭化できるような便益はない。主要な便益は動物への裨益で、動物たちが健康に長生きできるようになる（そしてずっと苦しみも少なくなるとしよう）。一つの可能性は、表明選好研究を使って金銭的に等価となるものを得ることだ。ただしこれは、そうした研究が頼りになる信頼性の高いものだと証明するのが課題となる。別の可能性は、ここでもブレークイーブン分析をすることだ。以前の例と同じく、金銭化はできなくてもある程度定量化できると役にたつ。ヒトへの便益はあるだろうか？　それはどんなもの？　動物たちはどんなふうに助かるのか？　助かる動物の数は多いのか？　どの程度助かるんだろうか？　かなりの支援になるのか？　こうした質問への答次第で、話がはっきりしてくることもある。

27　ある規制は金融システム安定化により、金融危機のリスクを減らすように設計されている。年間費用は4億ドルと予想されている。当該省庁は、この規制が危機の可能性を減らすと述べるが、どの程度減るかは定量化できない。規制影響評価（Regulatory Impact Analysis）で、当該省庁は危機が起こった場合の費用を挙げ、このルールでこうしたリスクがほんの数％（この数字は具体的に挙がっている）でも下がれば、その便益で費用は正当化されると論じる。こうした主張は、レビューの過程でかなりの精査を受けるだろう。こうした状況では、ある種のブレークイーブン分析をするのがせいぜいかもしれない（これも詳細は第3章参照）。

28　ある規制の年間費用は2億ドルだ。年間便益は1・8億ドルだ。便益を享受するのは低所得労働者で、かれらは深刻な安全リスクから保護される。その費用を負担するのは、主に金持ちが享受する製品を作る各種企業だ。その費用は消費者に転嫁されるとしよう。当該省庁は、便益が費用を「上回る」ことはなくても、分配上の影響が重要であり、便益が費用を「正当化する」という結論が支持されると主張する。当該省庁は、費用が社会全体で広く負担され、便益は特に脆弱な集団により享受されるのだと論じる。原理的に言えば、この議論は大統領命令13563の下で十分にあり得るものだ。この命令は明示的に「分配上の影響」に言及しているからだ（優先主義の発想を思いだそう。これは結果的に全体としての厚生が犠牲になっても、最も恵まれない人々を保護するのが重要だと強調する思想だ）。[34]

純便益

29　アプローチAでの帰省費用は2・5億ドルだ。便益は3・5億ドルから4億ドルまで幅がある。アプローチBだと、規制費用は一〇〇万ドルで、便益は2・5億ドルだ。アプローチBのほうを採用すべきだという強い見方ができる。アプローチBの便益はずっと小さいけれど、純便益はこちらのほうが高い。だいじなのは純便益だ。法でアプローチAの使用が義務づけられていたり、特別な考慮条件があったり（たとえばアプローチAに定量化できない便益があるとか）するのでない限り、アプローチBのほうがずっと注目されるはずだ。

30　アプローチAだと規制費用は10億ドルだ。便益は2億ドルになる。アプローチBだと費用は二千万ドルだが、便益はたった一〇〇万ドルだ。アプローチAの費用便益比率は5対1で、アプローチBの費用便益比率は20対1だ。アプローチBは、費用が便益を上回るから対象となる大統領命令の要件を満たしそうにないけれど、アプローチBよりははるかに望ましい。というのも（そしてこれぞ根本的な論点だが）重要なのは純便益の数字であり、費用便益比率ではないからだ。[35]この点を理解するには、費用1ドルで便益10ドルのルールを考えよう。そしてこれを、費用30万ドルで便益40万ドルのルールと比べてみよう。前者は費用便益比率が10対1で、後者はそれよりずっと劣る4対3の比率だ——でも社会厚生で見れば、純便益10万ドルのほうが、純便益9ドルよりずっといいし、費用便益分析の基本的なポイントというのは、どうやって社会厚生を高めるかについての知見を得ることなのだ。

気候変動

31　ある規制の年間費用は2億ドルだ。大気汚染削減の結果、この規制で生じる金銭化された健康便益は五千万ドルになる。また二酸化炭素排出も一千万トン削減される。炭素の社会費用の中央値は二酸化炭素1トン36ドルで、[36]ここから一千万トンの排出削減の価値は3・6億ドルになる。この規制の便益は費用を正当化しそうだ。この数字が信頼できるもので、法的に他に問題がなければ、この規制は先に進むはずだ。

32　ある規制の年間費用は4・5億ドルだ。この規制が生む年間健康便益は、大気汚染削減により三千万ドルとなる。また毎年一千万トンの二酸化炭素排出が削減される。炭素の社会費用の中央値は36ドルだから、一千万トン削減は3・6億ドルの価値となる。標準的な要件に照らせば、この規制の便益は費用を正当化しないようであり、省庁間レビューで深刻な疑問が提起されるはずだ。

でも当該省庁は経済学者や科学者の最新の成果を持ち出して、炭素の社会費用の数字が低すぎるのであり、実際は一トン80ドル以上であるべきだと論じる。この場合、便益は費用を正当化する。この主張は成功しないだろう。炭素の社会費用は、省庁間プロセスの産物であり、アメリカ政府の公式の立場を反映したものだ。適切なプロセスを通じて変更されない限り、この数字には拘束力がある。

33　32番目と同じだけれど、当該省庁は炭素の社会費用が幅を持っており、ある一つの推計値ではないことを指摘する。[*37] 幅の上限で見れば、関係する数字は58ドルと109ドルだ。そしてこうした数字を使うと、便益は費用を正当化する。当該省庁は、中央値を決定的なものとするべきではなく、先に進むにあたって裁量を使っていいはずだと主張する。この主張は議論の対象として適切なものだ。

割引率

34　32番と同じだけれど、当該省庁は気候変動問題では小さい割引率を使うのが正当化されると考えている人が多いことを挙げる。そして割引率が十分に低ければ——たとえば2％——規制は正当化されると主張する。この議論は成功しない。炭素の社会費用に関する公式の議論は、割引率問題についての議論も含んでおり、ある決まったアプローチに落ち着いている。これは省庁間プロセスの産物であり、アメリカ政府の公式の立場を反映したものだ。それが適切なプロセスを経て改定されるまでは、拘束力がある。

35　ある規制の費用は2億ドルだ。割引率7％だと、便益は1・2億ドルになる。割引率3％だと、便益は1・7億ドルだ。2％の割引率なら便益は2・05億ドルだ。当該省庁は、適切な割引率は2％だと主張する。世代間衡平の問題はない。主要な便益は今後15年で生じる。この規制は深刻な疑問にぶちあたる。ＯＭＢ通達 A-4は、割引率7％と3％を使えと支持しており、省庁がこの数字から逸脱するのは認めていない（ただし超長期の時間については条件がついている）[*38]。ＯＭＢ通達 A-4が改訂されるまではこの数字に拘束力がある。これはアメリカ政府の公式な立場を反映したものだからだ（低い割引率は、将来世代の利益になると思われることもあるけれど、実は将来世代にとって有害になりかねないことも考えよう。それにより生じる予防措置が低い経済成長につながり、将来世代に害を及ぼしかねないからだ[*39]）。

36　規制の費用は2億ドルだ。割引率7％だと便益は1・5億ドルだ。3％の割引率なら便益は2・1％だ。当該省庁は、割引率3％を使おうと提案する。これが認められる可能性はある。通達 A-4 に関連する指導が出ている[*40]。

デフォルトの立場としてＯＭＢ通達 A-94は、規制分析のベースケースとして実質割引7％を使うべきだと述べている。7%の率は、アメリカ経済における民間資本に対する税引き前の収益率だ。（中略）これは資本の機会費用の近似であり、ある規制の主要な影響が、民間部門の資本利用を置き換えたり変更したりするものである場合には、適切な割引率となる。（中略）

規制の影響は必ずしも資本配分にだけ関わったり、それが主要なものだったりするわけではない。規制が主に直接的に民間消費に影響する場合（たとえば消費者にとっての財やサービスの価格を上げたりする場合）、もっと低い割引率が適切になる。代替案として最もよく使われるのは、とくに「時間選好の社会的利子率」と呼ばれる。（中略）平均的な貯蓄者が将来の消費を割り引くのに使う割引率を、時間選好の社会的利子率として使うなら、その近似として長期政府債の実質利子率がそれなりに適切だろう。過去30年にわたり、この利子率は税引き前の実質で3%前後が平均となっている。

ここから、7%と3%の選択は、規制の費用が資本配分にかかるのか、それとも民間消費にかかるのかで決まることになる。実際には、各省庁はしばしば両方の数字を使っているし、一般論として7%と3%の選択は、その規制を先に進めるべきか、どう進めるべきかという最終的な決断を左右したりはしない。

見事な問題と制度的な制約

本章での私の狙いは、一部のかなり様式化された問題の一般的な扱いを示すことで、現実世界での費用便益分析に光を当てることだ。連邦政府の中で、中心的な決断は権威ある文書を参照し、そうした文書の影響下にある標準的な運用手続きにしたがって行われる――これが費用便益分析のコモンローのようなものとなるわけだ。

言うまでもなく、一部の既存慣行に対するまともな反対論や、かなり深刻な反論さえも行うことはできる。気候変動の問題はことさら頭の痛い問題をもたらす。いまの炭素の社会費用の根底にある分析を疑問視する人もいる[*41]。ここでの私の中心的な論点はむしろ制度的なものだ。内容的な判断は、拘束力のある文書や合意された慣行に体現されている。それを変えるなら、通常は長いプロセスを経る必要があるし、そのときには多くの公務員やときにはパブリックコメント期間が必要だし、それが結実するのは、何かコンセンサスが生まれてくる場合だけだ。第1章で見たように、そのプロセスは「議論による統治」の一形態を体現したものとなる。

確かに、この制約で本当の問題が生じることもある。このプロセスのおかげで、意志決定がかなりの期間にわたり不完全のままだったり、もっとひどいこととして、適切に変えられないまま残ってしまったりする羽目になりかねないからだ。一種の現状バイアス――行動経済学では有名なものだ[*42]――はまちがいなく、政府慣行の内実であり、その形式でもある。でもこの制約はまた、重要な安全策でもある。新しいイニシアチブに対する政府内部と外部からの検分を確保することで、それらの基盤が本当にしっかりしている場合にしか拘束力が生じない可能性も高まるのだ。

第3章　尊厳、金融崩壊など定量化不能なもの

問題、手法、謎

本章では、ある問題と、手法と、謎を検討する。問題は、規制の便益は定量化不能（当該省庁が、定量化を可能にするデータを持っていないという意味で）なことがあるというものだ。アメリカ政府内で広く使われる手法は、ブレークイーブン分析だ。[*1] 謎は、ブレークイーブン分析が適切か、あるいは適切な形で実施できるのか、少なくとも政府の作業に十分な程度の結果は出せるのか、というものだ。私の主要な目標は、ブレークイーブン分析がどういうものかを検討し、規制を進めるべきか、その方向性などを決めるにあたって省庁がそれをどう使うべきかを考えることで、この謎を解決することだ。

始める前に、手法を明確にしておくと有益だ。休暇をフロリダですごそうか、望ましい製品を買うのに隣の州まで車を走らせるべきか、スポーツクラブに入るべきかを決めたいとしよう。このすべての場

合、費用についてははっきりわかるけれど、便益に関しては漠然としかわからないし、それが定量化できるかもわからない。この場合、費用を正当化するには、便益はどんなものでなくてはならないだろうか、という考え方をするかもしれない。こういう形でのブレークイーブン分析は、日常生活でも大きな役割を果たす。

ブレークイーブン分析は、ビジネスでも活躍する。ある不動産投資会社が、自分の持っているアパートでいくら賃料が取れるかわからないけれど、同じ地域にある他のもっと質の低いアパートが月九〇〇ドルの賃料なのは知っているとしよう。またこの会社は、月八〇〇ドル以上でそのアパートを貸せれば投資の価値があるのも知っているとしよう。八〇〇ドル以上の賃料なら、話を先に進めるほうがいい。あるいは保険加入を考えている人が、悪い結果の起きる確率を定量化できないような場合に、保険に入るべきかという判断を考えよう。それを検討するとき、加入を考えている人は非公式なブレークイーブン分析を実施することは十分考えられる。

便益が定量化できないとき、ブレークイーブン分析は連邦政府の省庁実務でも大きな役割を果たす。省庁は、一種の条件つき費用便益分析をやることが多い。もしある想定が成り立ち、いくつかの条件が満たされたら、便益は費用を正当化する、という具合に述べるわけだ。一方で、このやり方はこれまできちんと分析されておらず、その使用と限界はまだはっきりしない——だからこれを謎と呼んだ。

この謎に答えるため、私の最初の基本的な示唆は、ブレークイーブン分析は省庁が規制便益の下限か上限を見極められないときにいちばん有益だというものだ。これはある一つの推計値を出す場合でも、期待値推計の場合でもいい。こうした場合、省庁はこの規制が年間2億ドルかかるけれど、定量化不能の便益があって、その便益の下限が少なくとも2億ドルだからこれは正当化される、と述べたりする。下限が指定できたら、省庁の直面する定量化不能も部分的なものになる。ブレークイーブン分析の使用はしばしば、こうした暗黙の理解に依存している。省庁は一般に、こうした理解を明示的には述べない。私は、明示的に述べるべきだと思う。

下限も上限もまったく指定できないなら、ブレークイーブン分析なんて単なる説明か山勘と大差ないか——または（その省庁が先に進めようとする場合は）その省庁としても用心する気はあることを宣言してみせるお手軽な方法でしかないという批判は出るだろう。でも上限や下限がない場合でも（そしてこれが私の二番目の示唆だ）、ブレークイーブン分析は、以前に金銭価値をつけた事例との比較を持ち出せるなら、もっと扱い易くなる。

すでに見た通り、統計的生命の価値はいまなら九〇〇万ドルくらいだ。定量化不能な便益を扱うとき、この価値は規制を先に進めるべきかという判断を方向付けるのに役立つ。というか、統計的生命の価値は、各種規制便益の詰め合わせ（たとえば死ぬほどではない害など）にとっての上限を提供してくれるかもしれない。そうすることで、この比較はブレークイーブン分析をもっと有益にしてくれる。各種省庁は、いろいろ他のものにも金銭価値をつけてきたので、こうした価値評価は、定量化不能の便益を扱うときにも有益な目安になるかもしれない。

こうした論点から、定量化不能な便益を扱うときの単純な枠組みが示唆される。定量化された便益が定量化費用を正当化するなら、もちろん省庁は話を進めるべきだ（法で許される限りにおいて）。定量化便益が定量化費用を正当化しなくても、定量化不能の便益があるときには、省庁はそうした便益を挙げ、可能な限りその上限と下限を見極めるべきだ。手持ちの問題について既存の情報があったり、比較できる事例から関連情報が得られることで、その見極めができるかもしれない。上限と下限が見極められたら、省庁はその情報を便益推計に加え、そして法で許される限り、便益が費用を正当化するようならその規制の成立に向けて話を進めよう（正当化しないならやめよう）。

でも一部の例では、省庁はどうがんばっても上限や下限を見極められず、ブレークイーブン分析はどんな情報が欠けているか、なぜ一部の例がことさらむずかしいかを説明するくらいの役にしか立たないこともある。こうした場合、ブレークイーブン分析の重要な特徴は、便益が実際に費用を正当化するためにどんな条件が必要かを指摘することだ。情報不足で、その条件指定が意志決定のための指針としても不明確だとしても、便益が費用を正当化するための前提条件を見極めるのには役立つし、それにより透明性とアカウンタビリティが促進されるうえ、将来的な情報収集も促進されるかもしれない。これから見るように、この種の条件つき正当化は現在の慣行で重要な役割を果たしている。

本書で私が一貫して注目するのは規制政策だけれど、これが持つ意味合いははるかに広いのも明らかであるはずだ。法と政策の多くの分野では、費用と便益を列挙して、便益が費用を正当化するか検討するのが重要だし、必須とすらいえる。不法行為の法律ではもちろん、無作為の判断はこうした検討に依存することもある。[*2] 予算上の決定もまた、費用と便益の計算に左右されるだろう。[*3] そうした計算が重要になる領域はいくらでもあるし、定量化不能の変数だってそこでは意味を持つ。ここで述べることは、そうした領域にも関係するはずだ。

定量化担当者の三つの課題

規制の便益を定量化するという仕事は多くの謎を投げかける。[*4] 省庁は昔から、生命の損失に対して金銭価値をつけてきたけれど、[*5] 懐疑派たちはそうしたやり方に意味があるのか、あるいは道徳的なのかと疑問視している。[*6] 第2章で述べたように（そして第4章と5章で詳述するように）、省庁は「人命を価値評価」したり生命に値段をつけたりはしない。むしろ、気にしているのは統計的な死亡リスクだ——たとえば、人々は十万人に一人のリスクを排除するのに90ドルは払うけれど、それ以上は払いたがらない、といった話を考えている。[*7] これが実証的に正しいなら、省庁はこの証拠を元にして、十万分の一のリスクを90ドルと値づけするだろう。この種の慣行は、広く行われている。行動経済学の影響を受けた人は、支払い意志額は受け入れ意志額と必ずしも等しくないと指摘するだろう。[*8] だから死亡リスクに直面するのを容認するためには、人々がいくらの支払いを要求するか、というふうに尋ねるべきなのかもしれない。でもこうした質問に対する答は、支払い意志額の質問で得られるものと差がないようだ。[*9]

規制による便益の一部が定量化不能という反対が出てくる場合、その中心的な主張は、役人たちが重要な数字（たとえば大気汚染規制により防げる死亡者数や、テロリスト攻撃のリスクを減らすための手法で防げる死者数）を見極められないということかもしれない。あるいは、見極められたとしても、そうした役人たちはそうした数字を金銭換算できないし、すべきではないということかもしれない。

たとえば、個人のプライバシー保護や、車椅子の人々が手伝いなしで公衆便所を使えるようにすることで生じる尊厳上の便益を考えよう。金銭化に対する反対は三つのちがう形を取り得る。まず、規制当局はこうした便益を金銭化するための信頼できるツールを持っていないかもしれない。そうした便益を得るために人々がどれだけ支払い意志額を持つか（あるいはいくら受け取ればそうした便益を放棄しようとするか）知らないかもしれない（規制当局は、人々がオンラインのプライバシーを保護するのにいくら支払う意志があるか、本当に知っているのだろうか？）第二に、規制当局はそうした数字を持っていたとしても、結果として出てくる数字は政策の根拠として不適切だと思うかもしれない。車椅子の人々へのアクセス提供を考える指標として、支払い意志額は適切だろうか？[*10]　第三に、規制当局は人間にとっての善は多様であって単一のものではないと強調し、人間の尊厳は表明された金銭額と「等価」ではないと結論するかもしれない。この三つの反対は多くのちがった問題に適用できるし、それぞれ独立に扱うべきだ。

確かに、信頼できるツールがないのは深刻な課題だろうし、実はそれこそがここでの私の中心的な論点だ。ごく単純に、関係する情報を持ち合わせていないがために簡単には金銭化できない、あるいはまったく金銭化できない便益をいろいろ検討しよう。二番目の反対は、かなりちがう課題をもたらす。車椅子の人たちが、一人で公衆便所を使えるようにしてくれるなら年間二〇〇ドル払うことがわかったとしよう。だからといって、政府はその便益を一人二〇〇ドルと値づけすべきだろうか？　答はとても明確とはいえない。支払い意志額だけでは不十分かもしれないし、[*11] 正しい問題に答えていないかもしれない。[*12] 一人で公衆便所を使えると、車椅子の人々は（あまり多額を支払う意志はなくても）厚生の面で多くのものが得られ、それに関わる金額を支払う人々は、厚生の面であまり失うものはないかもしれない。あるいは車椅子アクセスを義務づけると、身障者の機会平等促進という目標が推進されるので、その目標を達成すべきか、そのための手法は何かを決めようとしているときには、支払い意志額の数字を決定的なものと考えるべきではないのかもしれない。

こうした論点は、支払い意志額という基準の限界についてのものだ（第4章と5章を参照）。そうした限界にこだわる場合でも、尊厳保護には何らかの価値を割り当てねばならないという点には注意しよう。そうした価値割り当てから逃れることはできない。支払い意志額は、その下限か出発点ということかもしれない。[*13]

また、人間にとっての財は均質ではなく複数的だというのはその通りだし、これは重要な点だ。ベンサムについての偉大な論説で、ジョン・スチュアート・ミルはこの論点を挙げていて、これは長めに引用する価値がある。[*14]

かれが見落としているのは、ことばの厳密な意味で人間性の道徳的な面——完全性への欲望や、承認したり糾弾したりする良心の感覚——だけではない。かれは人間性の事実として、他のどんな理想目標であれ、それ自体として追求するというのをほとんど無視している。名誉や、個人の尊厳の感覚——他の人からの意見とは無関係に、あるいはときにそれに逆らってすら働く、個人的な高揚や不名誉の感覚、美を愛する心、芸術家の情熱、万物の中の秩序や調和、一貫性に対する愛と、目的への従属、力に対する愛、それも他の人間に対する権力という限られた形にとどまらず、中心的な力、意志を発揮させる力への愛、行動への愛、運動と活動への渇望という、その反対物である安楽性への愛に比べての、人間の人生に対する影響力不足の基本（中略）何より複雑な存在である人間は、かれの目からすると実に単純な存在となってしまう。

人間は単純ではなく複雑なので、そのときに注目している財を定性的にまったくちがった形で価値評価する。[*15] こうした多様な財の間で確かにトレードオフは行うけれど、[*16] それらを同じやり方で価値評価するわけではない。規制に関わる多様な変数を定量化し金銭化しようとする試みはすべて、人間の財ごとの定性的なちがいを消すものと見られかねない。あるルールが人間の健康を保護し、視認性を高め、動物へのリスクを引き下げ、失業を増やし、エネルギーの費用を上げるとしよう。もしそうなら、そうした影響を金銭的な尺度に沿って並べても、本当に意味があるんだろうか？

問題となる各種の価値について完全に理解を得たいなら、その答えが否定的なものになる可能性は高い。でもその答えは、定量化と金銭化に対する決定的な反論にはならない。そうした試みは、完全な理解を提供するものではなく、関連する各種の価値の間でトレードオフを十分にできるようにするための、努力なのだと考えればいい。定量化を進める主張はきわめて実務的なものだ（フランクリンの代数を思いだそう）。ある目標を達成するのに支出する価値のある金額が、十万ドルなのか、百万ドルなのか、五百万ドルなのか、二千万ドルなのかを知っておくのは重要だ。トレードオフを明示するにせよしないにせよ、その目標を達成するための具体的な支出金額はあって、支払う額はそれ以上でも以下でもない。

定量化はアカウンタビリティ、透明性、一貫性を促進するのに役立つし、厳格さの過剰や不足を抑えることもできる。規制当局が関連する善を定量化して金銭化するとき、その目標は筋の通った選択を促進することであり、定性的にちがう善の差を消すことではない。この論点は日常生活になじまないものでもないはずだ。人々は、子供の教育、健康保険、高速道路でのリスク削減（たとえば安全性の高い車を買うなど）、食べ物、住宅、休暇のためにいくら支出するかを決める。これらをはじめ、無数の多様な善の間でトレードオフを行っているのに、人々はそれが定性的に同じだなどと考えたりはしない。

情報不足

これまで見たように大統領命令13563の下、省庁は経済的に重要なルールについては詳細な規制影響評価分析を行うことが義務づけられている。[*17] そして確かに、その大統領命令は省庁が「予測される便益と費用をなるべく正確に定量化する」ことを求めている。[*18] またこの要件は、科学的な一貫性へのコミットメントと並び、定量化と金銭化双方の重要性を示すものだというのも見た。主な狙いは、規制が可能性の高い結果の公平な評価に基づくようにすることだ――直感やドグマや通説ではなく、証拠とデータに基づくようにするわけだ。[19] でもその大統領命令はまた、概念的、実証的な障害により定量化に深刻な課題が出る場合があることも認めている。だから「各省庁は平等性、人間の尊厳、公平性、分配上の影響といった、定量化困難または不可能な価値を検討（および定性的に議論）することもできる」とも書かれている。

　政府の中でも外でも、連邦規制の便益を定量化するのが、情報不足のせいでむずかしいか、不可能にすらなることはいくつか重要な例について認識されている。[20] この点はハイエク的なものとして理解できる。最も専門性が高く、やる気のある役人ですら情報は限られているという指摘だ。[21] テロ、金融改革、環境保護、市民権といった分野では、数字や金銭価値はなかなか創り出せないだろう。

　最も極端な（そして確かにまれな）例では、省庁は無知の状況で活動せざるを得ない。結果もその確率も見きわめられないような状況だ。[22] あるいは、省庁はリスクではなく不確実性の下で活動していることもある。[23] つまり可能な結果の幅は同定できても、そのそれぞれが起きる確率は決められないという場合だ。たとえばある規制がテロ攻撃の可能性を減らすのはわかっていても、そうした攻撃が起こる確率は定量化できず、またテロ攻撃で起こりそうな結果すらわからないかもしれない。影響の方向性はわかっても、その規模についてはよくわからないこともある。ある規制が金融危機のリスクを減らすことはわかっても、どこまでそれが貢献するかわからないこともある。[24] ルールが刑務所内の強姦件数を減らすのは知っていても、どのくらい減るかはわからなかったりする。

　場合によっては、省庁は便益の幅や、上限や下限は特定できても、確率推計は出せなかったりする。

あるルールが二千人から四千人の人命を救うのはわかっても、その数が二千、二千五百、三千、三千五百、四千になる確率はわからない。[*25] そして場合によっては、個人は確率や結果についての具体的な知識を持っている、またはそう思っているけれど、政府全体としてはそう思っていないこともある。つまり役人たちはそれにまつわる判断について合意できないということだ。例えば、政府内の一部の人は、そのルールが二千人の命しか救わないという調査を重視するけれど、他の人々は、その調査が信頼できないと考える――そして組織としての政府は、その範囲以外には何も合意できないかもしれない。

気候変動の分野で、政府は炭素の社会的費用を同定したけれど、二〇一三年の「中央値」（約36ドル）はある範囲（11ドルから１０７ドル）の一部だ。[*26] こうした数字が、根底にある科学や経済学（や倫理）について文句なしの結果だなどとはだれも思っていない。気候変動の害について「期待値」を見きわめるのはとんでもなくむずかしい。

省庁が規制の便益について何らかの形で定量化できても、その便益を金銭化はできないかもしれない。省庁は、あるルールが絶滅危惧種の一定数（または少なくともその一定の範囲）を救うことで、絶滅危惧種を保護できることはわかっていても、その便益を金銭的な等価物に換算するという試みについては、どれもあまり自信がないかもしれない。ある省庁は、水質汚染を改善するルールが、生態的な便益をもたらすと知ってはいても、そうした便益をどう金銭換算すべきかはわからないかもしれない。ある規制で予防される刑務所内の強姦件数は予測できても、そうした便益を金銭換算する活動には自信が持てないこともある。あるルールがテロ攻撃のリスクを減らすと知ってはいても、そうした攻撃について各種の潜在的な結果の幅について非金銭的な推計は出せる場合ですら、その金銭化にとても苦労することもある。テロ攻撃の間接費用（これは経済的なものも情緒的なものも含む）のため、金銭化はことさらむずかしい。

ある省庁は、ルールが経済面だけでなく尊厳面でも便益があると思ったりする——たとえば雇用者に対し、精神疾患を持つ人々をそれなりに受け入れるよう義務づけたりするルールだ。便益を受ける人々の数についてはは見当がついても、そうした便益を金銭化はできないかもしれない。確かに、こうした便益の一部を金銭化するためのツールはある（支払い意志額や条件つき評価研究など）。でもこうしたツールを使えない場合もあるだろうし、使えたとしてもその結果が信頼できないかもしれない。[*27]

ある省庁は、平等性や公平性や、分配上の配慮を重視したルール作りをする。例えばアフォーダブル医療法は、保険会社が既往症を理由に保険加入を拒否してはいけないと述べ、生涯保険金支払制限を禁止している。規制実施の便益が費用を上回るか、どうやって決めればいいだろう？　すでに述べたように、大統領命令13563は省庁が、平等性、公平性、分配上の影響を検討することを明示的に認めている。アフォーダブル医療法など、そうした配慮を重視する法制度は、かなり対処療法的なものだから、省庁は費用と便益がどうあれそれを推進するしかないのかもしれない。そうした場合、どんな分析をしようと最終的な決定には基本的に無関係だ——でもその場合でも、経済的に重要なルールかどうかは検討が必要だ（第1章参照）。省庁としてはどう進めればいいだろう？

あるいは省庁が裁量権限を持っているとする。自分の望むアプローチの便益が、公平性などの観点から見れば費用を正当化する、と言いたくもなるだろう。平等性を根拠に、省庁は優先主義を採用したくなることもある。これはすでに述べた通り、社会階層の底辺にいる人々を助けることを特に重視する立場だ。でも平等性の便益が、必要な正当化を行えるくらい大きいかどうか、どうやってわかるんだろうか？　省庁は、その規制の受益者を定量化し、そうした人々がどの程度の恩恵をうけるかを具体的に述べるかもしれない。助かる人が多くて、その人たちが受ける支援が重要なら（たとえば寿命が延びるとか）、その省庁としては手がかりがだんだんできてくる。最も重要な数字がわかってきたからだ。でもそれを金銭的な便益に変換できないなら、省庁としてはそうした数字を、たとえば5億ドルの費用といったものとどう対比させようか？[*28]

もちろん、こうした論点はすべて費用についても当てはまる。たとえば、空港でのスキャン技術を改善するルールは、身体画像を見る人に提供しかねないという点でプライバシー上の「費用」をもたらすかもしれない。人によってはそうした費用を負わせることに大反対する。でも省庁はそれを金銭等価物に変換できないかもしれない。でも定量化不能の問題は費用より便益面でずっと頻出するし、根本の分析はどちらの文脈でも同じなので、ここでは便益だけに注目しよう。

実務

すでに述べたように、ブレークイーブン分析の中心的な狙いはストレートなものだ。費用が正当化されるためには、便益はどのくらい高くなければいけないか、という質問を投げかけたいのだ。こうした分析を行う人々は、実に単純なものとはいえ、こうした質問が、手に負えない問題に省庁が答を出す役にたつと期待しているのだ。議論を方向づけるため7つの応用例を挙げよう。例はどれもかなり様式化してあるけれど、それぞれ実際のブレークイーブン分析使用例に密接に基づいたものとなっている（補遺Dを参照）。

1　ある規制は水質汚染をなくすためのものだ。2億ドルかかる。便益は生態面のもので、人間の健康には関係しないから、定量化できない。省庁は、便益がどんなものか正確にはわからない（かなりの一般論しか言えない）。現状の知識だと、それを特定はできない。もちろん、そうした便益を金銭化もできない。それでも、省庁としてはこの定量化不能の便益がかなりのものであり、費用を十分に正当化するはずだと考えている。ブレークイーブン分析を使えば、ここで問題になる点は、どのくらいの水面が影響を受けるのか？　どんな改善が期待できるのか？　そうした改善が具体的に何を実現するのか？それが人間にとって役にたつのか、そしてたつなら、どんな形で？　といったものになる。

対象となる水面が20ヵ所しかなくて、どれも小さめで、審美的にもレクリエーション面でもあまり重要性がなく、ヒトの健康がまったく関係しなくて、しかもそれぞれの水面の水質改善は実際に起きてもかなり小さかったとしよう。ブレークイーブン分析を使うなら、2億ドルの支出を正当化するのはむずかしい。問題は、どんな想定があれば、そんな小さい改善のために、水面一つあたり一〇〇〇万ドル使うだけの価値が生じるか、ということだ。この質問に対するまともな答がなければ、省庁はたぶんこの規制を先に進めようとはしないだろう。では、こうした水面が2万ヵ所あって、中にはとても大きなものもあり、水質改善もかなりのもので、それにともなう生態上の便益（レクリエーション面での大きな便益も含む）も大きい場合はどうだろう。こうした想定の下では、完全な状況を理解するには、ずっと多くのことを検討する必要がある。でも規制を先に進めてよいという主張は、通常使われているブレークイーブン分析の下では筋が通っており、省庁としては話を進めようとするだろう。

2　ある省庁が、自動車産業に対して新しい情報開示要件を課そうとしている。これは消費者たちが、燃費向上に伴う経済環境便益について確実に学べるようにするためのものだ。[*29] この要件の費用は一五〇〇万ドルだ。この省庁は（証拠に基づいて）この新しい要件により、市民はこうした便益をずっとよく理解できるようになり、もっと裏付けのある決断をしてお金も節約できるはずだと考えている。当該省庁としては、社会的な利得は相当なものになると考えている。特に、年間車両販売台数が一二〇〇万台以上と予測されているのでなおさらだ。一方で、この省庁はそうした社会的利得を明確にできない。この省庁は、こうしたもっと裏付けのある意志決定をどう金銭化すべきかわからないし、新しい要件で消費者たちがどれだけ節約できるかも知らない。でもこの省庁としては、何百万人もがこの情報を活用して節約するはずだから、この要件はブレークイーブン分析により正当できると主張しようとする。

3　ある省庁が、刑務所内の強姦件数を減らす規制を作ろうとしている。[*30] この規制の年間費用は4・7億ドルだ。この規制で刑務所内の強姦件数がどれだけ減るか、この省庁は明示できない。さらに、刑務所内の強姦の費用を金銭化しようとした試み――それによると防止された強姦件数一件あたり30万ドルから60万ドル――は推測の域を出ないし、仮のものでしかないと考えている。それでもこの省庁は、ブレークイーブン分析により規制を進めようと考える。毎年刑務所内の強姦は16万件以上起きているし、強姦1件が50万ドルの価値があるとするなら強姦を一六〇〇件（つまり総件数の1％）阻止できるだけで、この規則は十分正当化できると結論づける。このルールでこの目標が達成できる可能性はとても高い、とその省庁は考えている。

4　動物福祉法の下で定められる、ある動物福祉規制の年間費用は2億ドルになる。この規制は、簡単に金銭化できるような便益がない。主要な便益の受益者は動物たちで、もっと長く健康的な生活を送れるようになる（そしておそらくは、苦しみもずっと少なくなると思っていいだろう）。一つの可能性は、表明選好調査を使い、金銭的な等価物を得ることだ。でもそんな調査が信用できて、あてになるようにするのはかなり厳しい。そしてこの省庁は、そんな調査はどれもこの規制の便益を十分に捕らえるものではないと考えている（その便益は動物に裨益するのであって人間には裨益しないから）。別の可能性は、ここでもブレークイーブン分析をすることだ。前の例と同じく、金銭化までいかなくてもある程度の定量化ができれば有益だろう。人間への便益はあるのか？　あるならどんなものか？　助かる動物は何匹？　たくさんいるんだろうか？　どの程度助かるんだろうか？　かなり助かるのか？　省庁としては、こうした質問への答えで話がはっきりすると考えている。

5　ある規制は、金融システムを安定化することで、金融危機のリスクを減らすよう設計されている。その年間費用は2億ドルと予測されている。この省庁は、この規制で危機の可能性は減るけれど、どの程度の効果があるかまでは定量化できないという。分析の中で、この省庁は危機が起った場合の費用を述べ、もしこのルールでリスクがほんの少しでも減るなら（どのくらい少しかは明示される）、その便益は費用を正当化すると述べる。この省庁はまた、なぜこの規制がそうした低下をもたらすか説明する。こうした状況で、この省庁としては一種のブレークイーブン分析を行うのがせいぜいだろうと考えている。こうした分析をして、危機の費用を述べ、このルールがその根底にあるリスクをどのくらい減らす可能性があるかを示したことで、この省庁は規制を先に進めたいと考えている。

6　ある規制は、空港に高度なスキャン装置を必須にすることで、テロ攻撃が発生するリスクを減らすよう設計されている。この技術の費用は9億ドルだ。運輸保安庁（ＴＳＡ）は、その便益を定量化できない。でも、テロリストの攻撃一回の費用だけでも9億ドルをはるかに上回るものになりかねないことは指摘する。そしてブレークイーブン分析を適用し、要件が満たされていると判断する。テロ攻撃回避の可能性がとても小さくても、そうした攻撃はとんでもなく費用がかかるから、便益で費用は正当化されると述べる。そしてその結論を裏付ける大ざっぱな数字を出す。

7　ある規制は5億ドルかかる。その狙いは、建物を車椅子利用者にもっとアクセスしやすくすることだ。[31] この規制の金銭化便益は4・5億ドルだ。当該省庁は、この規制が人間の尊厳を高めるという――たとえば、車椅子の労働者たちがトイレに行けるようにするなどだ。省庁としては、この規制の尊厳面の価値は金銭化できない。この分野での支払い意志額調査はないし、そうした調査の結果が十分に参考になるかどうかについては疑念を持っているからだ。でもブレークイーブン分析を適用して、この規制が正当化されると結論づけた。尊厳の価値は少なくとも五〇〇〇万ドルはあるから、というのがその主張だ。*32

謎

確かに、いまの事例はそれぞれちがっている。そのすべてで定量化は困難か不可能だけれど、その根底にある理由は多種多様だ。問題の源がどこであれ、ブレークイーブン分析の魅力はわかりにくいものではない。標準的な費用便益分析はできないとここでは仮定している。そうした分析がない場合、省庁は、費用を計算して便益がそれを正当化するような条件についての判断を提示し、その判断についても説明する。日常生活で、ブレークイーブン分析の粗っぽいものをよく使うのを思い出そう。ビジネスでもよく使う。重要なのは、その分析の根底にある構造を理解し、それが有益かつ規律あるものにするための方法を把握することだ。

簡単な場合、むずかしい場合

その構造を検討する前に，基本的なアプローチの下では一部の例が本当に簡単に思えることをざっと見ておこう。10億ドルかかるルールがあり、定量化不能の便益が個別の例でもわずかなものでしかなく、しかも裨益するのはとても小さな受益者集団だとしよう――たとえば、ある省エネ機器による経済的な節約の可能性について、その人々に対する開示を改善するといった例だ。特殊な状況がない限り、そんな費用を支出するだけの価値はないと結論するのが妥当だろう。確かに、受益者の数は決定的ではないかもしれない（たとえばそれぞれが受ける恩恵が莫大だったりすることもある）。でも統計的な命の価値が九〇〇万ドルなら、とても小さな集団に便益をもたらすための10億ドルの支出を正当化するのはむずかしい。そのルールがたった1万ドルしかかからず、定量化不能の便益が本物で、しかもとても大きな集団が裨益するなら、それを先に進めるのは十分筋が通った話だろう。

むずかしい事例の場合、ブレークイーブン分析のいいところは、なぜそれがむずかしいかをずばり説明させてくれるということだ。あるルールが金融危機のリスクを定量化不能な分だけ減らし、費用は5億ドルかかるなら、なぜ判断がむずかしいかははっきりしている。そして、あるルールが車椅子の人々の洗面所アクセスを改善することで、費用は5億ドルかかっても金銭化できる便益4・5億ドルをもたらすなら、足りない0・5億ドルはむずかしい問題を提起することになるかもしれない。問題は、その差額を埋めそうな、定量化不能の便益とはなにか、ということだ。これから見るように、その答を出すことは可能かもしれない。

上限と下限

ブレークイーブン分析が役に立つときには、多少なりとも定量化が行われているのだと固執することは可能だろう。ある省庁は、便益を定量化はできなくても、上限と下限については感覚があり（これは直感的なものかもしれないし、もっとしっかりしたものかもしれない）、その感覚こそがブレークイーブン分析で本当に意義のある部分かもしれない。

点推計。あるルールが一〇〇万ドルかかり、最低でも刑務所内の強姦件数を20件防ぐとしよう。刑務所内の強姦一件防止あたりの（金銭的な）下限はどう見ても30万ドル以上だから、このルールは正当化される、という言い方はできる。ある省庁が、このルールはブレークイーブン分析に合格したというとき、それはそのルールの便益に下限があって、それがかなり高いところにある下限だと言っていることが多い。個人の生活やビジネス上での意志決定でも、ブレークイーブン分析はまさにそういう形で機能する。同じ事が政府でも言える。

これに対し、仮にあるルールが5億ドルかかって、比較的無害な水質汚染を数件防ぐだけだとしよう。この場合、上限を見てもルールは正当化されない。あるいは、金融危機の費用が1兆ドルで、そうした危機のリスクを減らすための規制の費用が50億ドルだとしよう。こうした数字があれば、その省庁はその規制が危機を回避させる確率が最低または最大でも1／nだと述べて、そのnを具体的に示せれば、その省庁としては先に進むべきかについてもっといい感覚がつかめる。

ある省庁が、このルールはブレークイーブン分析に耐えられないというとき、それはつまり便益に上限があるということだったりする。ルールの便益上限は、ルールを正当化できるほど高くないということだ。ここから、ブレークイーブン分析はその省庁が関係する便益の上限や下限を定量化し、金銭化できたら最も有益になるということがわかる。それができたとしても、どのアプローチが純便益を最大化するかの判断には苦労するかもしれないけれど、少なくとも便益が費用を正当化するかどうかを述べられる立場にはなる。

この枠組みの中で、知識や精度や正しさの度合いがいろいろちがう場合が考えられる。いちばんストレートな場合、省庁は、下限や上限について、点推計を本当に出せる。そうした場合、その結論——その規制が正当化される／されない——は信頼できるし、憶測に基づくものではない（その数字が信頼できる限り）。不確実性は、点推計を出したり、関連する範囲を越えた範囲を出したりするところにある。

期待値。他の場合だと、省庁は点推計ができず、便益の範囲を上限と下限で述べ、さらに上限と下限での期待値も言えるかもしれない。たとえばあるルールの費用が1億ドルで、便益の下限が0・8－3億ドルとしよう（この省庁が便益を定量化できても金銭化はできない場合、この例は現実的なものになり得る）。もしこの省庁が確率分布を出せれば[*33]、便益の中間や上限についてこの省庁としてまったく見当がつかない場合ですら、最終的な判断は筋の通ったものに成り得る。

確かに、期待値の評価は深刻な実証面での課題をもたらしかねない。特に私がこれまで概説したような事例だとその可能性が高い。ほとんどの事例だと、省庁はたぶん確率分布のようなものは何も持っていないはずだ。それでも、確率密度の問題は検討すべきだし、便益がどのくらいの頻度でブレークイーブン点を下回るかは考えたい。省庁として完全な確率分布を持っていなくても、期待値については大ざっぱな感覚を十分に持っていて、それにより先に進むべきか判断できることもある。

定量化不能と金銭化不能

金銭化せずに定量化。ある省庁が、便益を定量化できても金銭化はできなかったとしよう。たとえば、水質保全用とか、刑務所内強姦削減とか、プライバシー保護や車椅子アクセスをめぐる規制の影響についていろいろ知っているかもしれないけれど、そうした効果を具体的に示せても、それをどうやって金銭的な等価物に変換すべきかわからなかったりする。こういう場合、ブレークイーブン分析は役に立つだろうか？　さっきと同じで、一番簡単な問題は、金銭的な等価物に下限がある場合だ。仮に、強姦予防の価値の下限が30万ドルだとしよう。もしそうなら、便益が費用を正当化するか調べるためにはそれだけわかれば十分かもしれない。同じことが上限についてもいえる。統計的な生命が九〇〇万ドルなら、この金額か、それより下の金額が各種の傷害や病気についての上限になるだろう。定量化できても金銭化できない場合ですら、上限と下限は出せるかもしれない。そして出せない場合でも、上限や下限の期待値を生み出すのは可能かもしれない。

定量化なしに金銭化。もっと細かい話として、ブレークイーブン分析は省庁が便益を金銭化はできても定量化できないときに有益だったりする。ある省庁が事例一つごとに「便益単位」が五千ドルの価値があると知っていても、その規制が何単位を生み出すかはわからないとしよう。その場合でも、省庁は単位数について上限と下限を指定できるかもしれない。ある省庁は、規制が少なくとも一万便益単位を生み出すとか、最大でも五千便益単位しか生じないとか知っているかもしれない。あるいは、点推計はできなくても、便益単位の期待値は出せるかもしれない。この場合には、金銭化はできるのに定量化ができない場合でもブレークイーブン分析が使える。

比較

上限や下限がないと、ブレークイーブン分析はとらえどころがなくなってしまうだろうか? 一見するとそう思えるかもしれない。でも省庁は、分析をまとめるような一連の比較を行えるだろう。統計的な生命の価値という例から一般化して、確立した金銭等価物を検討し、それを目下の定量化不能便益と比較すればいい。

たとえば、水質のちょっとした改善を人命と同じ水準の価値があるとするアプローチは、なかなか擁護しがたい。またオットセイの命の価値を、人命と同じ価値だとするアプローチも擁護しがたい。省庁は、車椅子アクセスを通じて人間の尊厳を保護するのがどのくらいの金銭的価値を持つかは知らないかもしれない。でもそれに人命の価値よりも高い価値評価をするのは過大だろう。金銭化不能の便益を、すでに金銭化された便益と比べることで、省庁はブレークイーブン分析を使ってむずかしい事例について手がかりを得ることもできたりする。

実は省庁は、活用できる比較対象をかなりたくさん持っているし、健康分野では特にそれが顕著だ。たとえば環境保護庁（EPA）は、致死性でない心臓発作を十万ドルから二十万ドルと見積もる。心臓血管問題は四万二千ドル、慢性肺疾患は一千ドル、ぜんそくでの緊急受診は四三〇ドルだ[*34]。ブレークイーブン分析のためには、こうした数字を活用してもっとしっかりした判断が下せる（各種の価値評価については補遺Eを参照）。

知見の不足と条件つき正当化

省庁が上限も下限も期待値も出せず、定量化も金銭化も不可能で、比較もあまり役に立たない場合がいちばん面倒なのは明らかだ。こうした場合、省庁はブレークイーブン分析を使って条件つきの正当化を行う。これは話を先に進めるべきかという問題は解決しないけれど、何が足りないか、先に進める手がかりとしてどんな想定が必要になるかについての情報を提供してくれるという利点がある（もちろんそれでも省庁としては、費用便益分析の結果がどうあれ法律で定められていれば先に進めるしかない）。ある水質汚染規制があって、2億ドルかかるけれど、その生態的な便益は定量化も金銭化もできないとしよう。

この事例をもっと手に負えるものにするには、省庁として以下のことがわかるといい。（1）裨益する水面の数が少ないのか多いのか、（2）裨益する水面は（この文脈に関連した意味で）重要なものなのか、（3）水質改善はわずかなのかとても大きいのか。でも、こうした質問への回答がすべてはっきりしないなら（ありがたいことに、これはかなり非現実的な想定だ）、どうやって話を進めればいいだろうか？あるいは金融規制の場合に戻って、あるルールが5億ドルかかるけれど、それが金融危機の逓減に具体的には言えない形で貢献するとしよう（残念ながら、これは決して非現実的な想定ではない）。便益が費用を正当化するという理由で省庁がこの規制を先に進めることにする場合、その省庁は基本的に予防措置としての実施を訴えていることになり、山勘に頼っているか、結論ありきで話を進めているということになる。これがテロリスト攻撃のリスクに対する保護という例でも同じことだ。

批判者たちは、この種の事例だとブレークイーブン分析は役立たずだと反対するだろう。意味ある作業ができないし、省庁に対して話を先に進めるべきかを判断する手がかりも与えてくれないからだ。この反対論をもっとも極端な形で言うなら、省庁としては少なくとも追加の情報が得られない限り、コイン投げでもして判断するも同然、ということになる。でもブレークイーブン分析は、そうした追加情報を得る必要性を明らかにするし、その意味ではそうした情報入手を促進するのに貢献するかもしれない。でもその情報が手に入るまで、分析そのものは大して役に立たない。

この反対論はかなり強力なものだ。でもブレークイーブン分析の擁護者たちはこんな反論をするだろう。一部の事例はほんとうにむずかしいものだ。[*35] 省庁の手持ち情報からすれば、規制を先に進めることも、進めないこともはっきり正当化はされない。その理由は重要な情報がないことだ。確かに、省庁はそうした情報を得るために頑張るべきだが、それがないならその点については正直に言うべきだ。手持ちの知識を使い果たし、先に進めるべきか判断できないとき、ブレークイーブン分析は少なくとも不確実性がどこにあるかを同定し、その不確実性を減らすためにどんな情報が必要かを教えてくれる。[*36] さらに、重要な点として、条件つき正当化は透明性という利点を持つ。便益が費用を正当化するために必要となる、事実面での想定を具体化してくれるからだ。この具体化作業はきわめて重要だ。というのもこれは、各種想定のもっともらしさについての検討を促進できるし、新しい情報が入ってくるにつれて、検証と再検討を促進するので、アカウンタビリティも向上させるからだ。[*37]

ブレークイーブン分析にできること、できないこと

日常生活では、だれでもブレークイーブン分析をよくやる。政府では、定量化不能問題を扱うのに適した方法だ。特に省庁として上限や下限を指定できる場合には便利だ。この分析で、あらゆるもっともらしい想定の下で、あるアプローチが正当化できる／できないと示せたりする。ときには、上限や下限は点推計の形を取る。ときには期待値で示される。省庁は、こうした範囲の使用を明示的に示すことで、ブレークイーブン分析の使い方を明確にすべきだ。それが明確にできるなら、定量化不能の問題は部分的なものでしかないことは明らかだろう。

上限や下限がわからなければ、ブレークイーブン分析を使うのはずっと面倒になる。省庁としては比較を持ち出してもいいと示唆した。何よりも、金銭価値がすでに割り当てられた事例を参照すると有益だ。たとえば統計的な命の価値が九〇〇万ドルなら、死ぬほどではない病気や怪我は、どう考えても九〇〇万ドル以上の価値があるとは言えないし、各種の他の害にも、もっと低い価値を割り振るしかなくなる。有益な比較がない場合、ブレークイーブン分析は結論ありきだったり、直感だったりする以上のものにはならない。でも少なくとも、どんな情報が欠けていて、なぜ一部の事例が本当にむずかしいのかを示す役にはたつ。ブレークイーブン分析はときに、条件つきの正当化になる。そうした正当化は役立たずにはほど遠いものだ。それは透明性を促進し、その根拠となる仮定についての検討を可能にするからだ。

第4章　人命の価値その1――問題

費用便益分析を行うには、省庁は提案した規制により救われる人命に対し、金銭価値を割り振らなければならないというのを見た。使う数字をどうやって出すんだろうか？　死に方によって価値の差があるんだろうか？

どの省庁であれ、がんのリスクなど、大きな恐怖をもたらしたり特殊な苦痛を伴ったりする死亡リスクを、他のリスクよりも重視する（ひいては高目の金銭価値をつける）などということはしない。どの省庁であれ、飛行機事故による死亡、自動車事故の死亡、子供のオモチャの欠陥による死亡に、それぞれちがった価値をつけるべきだなどとは主張しない。どの省庁も、若者のほうが高齢者より価値が高いなどという扱いはしない。どの省庁も、貧しい人々の生命がお金持ちの生命よりも価値が低い（または高い）などとはしない。どの省庁も、白人と黒人や、男と女で差をつけたりはしない。統計的な人命を律する考え方として、どの生命もまったく同じ価値を持つ。費用便益分析では、論争の的となる点は多い。でも救われる生命の価値が均一だという考え方については、少なくとも規制の実務においては揺るぎないコンセンサスがある。

この評価は、かなり重要度が高い。費用便益分析が、提案された規制を認めるか却下するかという最終的な意志決定の根拠になるなら、統計的人命の価値（Value of Statistical Life：以下ＶＳＬ）をどう選ぶかで多くの話がひっくり返りかねない。ある省庁がＶＳＬとして一五〇〇万ドルを使えば、二千万ドルを使った場合よりもずっと多くの規制が正当化される。そして均一な数字が否定されたら、正当化される規制のパターンは劇的に変わる。既存の規制の一部は弱すぎることになり、もっと厳しくする必要が出てくる。またあまりに意欲的すぎるので、弱めたり、ヘタをすれば廃止すべき規制も出てくる。省庁が何らかの尺度（複数でもいい）に応じて変わるＶＳＬを使うようになれば、規制システムは今日とはかなりちがったものになる。

この章と次の章では、均一なＶＳＬを支持するコンセンサスを疑問視しよう。しかもその際に、人命の経済的価値評価についての根本的な問題を提起するような形を取ろう。要するに、均一なＶＳＬの根拠となる理論は、厚生と自律性の両方に関わるものだと示唆するのだ。この理論に基づくと、規制当局はリスクを評価するとき、自分の直感や抽象的な問題に基づくのではなく、実際の人々がリスクをどう評価するかで判断する。このアプローチは人々の厚生を高めると言える。というのも、みんなが実際に求めるより多くのリスク保護を買うように強制はしないからだ。また人々の自律性も尊重していると言える。リスク保護に対するかれら自身の判断に従ったものだからだ。実際の選択に基づくことで、政府は自分自身の情報不足の一部を補い、自由市場の利点の一部に頼れる。でもこの理論は確かに深刻な疑問題や反対に直面するものでもある。[*1] これについては第5章でまた触れる。

とりあえず一つの含意は明らかだ。現在の理論に基づけば、均一な価値評価はかなり鈍重なものだ。現在の数字を省庁が生み出すアプローチそのものに照らして、ＶＳＬは二つの次元に沿って変動すべきだ。ＶＳＬは人々があるリスクを回避するための支払い意志額（Willingness to pay：ＷＴＰ）に基づいていて、ＷＴＰがことさら高ければ、ＶＳＬも高くなる。二つの理由から、ＶＳＬは変動するはずで、それを考えれば均一の数字を使うのは意味がないはずだ。

まずＶＳＬはリスクに応じて変わるべきだ。たとえば一部の証拠を見ると、人々はがんを避けるためには大金を支払う意志があり、したがって人々のＶＳＬは、予測できない突然死よりもがんのほうが高いと考えるべき根拠がある。[*2] がんのリスクは多くの規制省庁の仕事に関係してくるし、まだ証拠が決定的にそろってはいないながら、人々は確かにそうしたリスクを特に気にしているようなので、高いＶＳＬが出てきそうだ――省庁がいま使っている数字よりかなり高いものになりかねない。[*3] また高い水準の苦痛や苦しみが伴うものも、かなり高いＶＳＬになるはずだ。人は実に様々な死亡リスクに直面する。それらを回避する価値を、人々がどれもまったく同じものとして評価するというのは、実に異様な話ではある。

2点目として、ＶＳＬは人によってちがうはずだ。これは単純な話として、人によってリスク回避に支払おうとする意志額がちがうからだ。[*4] リスク回避的な人物はリスク愛好者よりもっとたくさん支払うし、その分だけＶＳＬは高くなる。お金持ちは貧しい人よりも高いＶＳＬを示す。30歳の人は、70歳の人より高いＶＳＬを示す可能性も十分ある。[5] すると、人口集団によってもＶＳＬは多種多様ということになる。[6] 確かに、こうした論点の一部、いやすべてが広範な道徳的直感を逆なでするものかもしれない。それについては、後でまた触れる。

もしこうした2種類の変動性――リスクに応じた差と人による差――をあわせると、均一の数字を使うのがあまりに粗雑だというのは明らかだ。社会のそれぞれの人物は、それぞれのリスクを避けるために、かなりちがった金額を支払う意志を持つ。すると理論的には、それぞれの人がそれぞれのリスクごとに固有のＶＳＬを持つことになり、結果として完全に個人ごとのＶＳＬが出てくる。こうした完全に個人化されたＶＳＬを使うなら、たとえば省庁はがんリスクの回避を他の各種致死性リスクよりも高く評価するということになる――そしてある人種集団のＶＳＬは、おそらく他の集団より低くなるだろう。[7] でも後者のちがいは、人種的特徴を考慮しようと政府が決めたせいで生じたものではない。それどころか、政府として一切の集団的差別の産物ですらない。[8] その差は、個人ごとのＶＳＬを区別した結果として生じたものだ。

こうした差は今日、普通の消費者市場で見られるものだ。そうした市場は、煙警報器やとても安全な車など数々のものに伴う統計リスク削減について価格を確立する。人口集団がちがえば――男か女か、高齢者か若者か、ヒスパニックか黒人か――統計リスクを減らすのに支払う金額もちがってくる。これは不愉快な差別ではない。それは価値観や嗜好や状況（経済状況も含む）の差なのだ。

実際にはもちろん、完全に個人化されたＶＳＬは使えない。理由は二つある。まず政府にはそれを計算できるようなデータがない。規制当局は、各個人がそれぞれの統計的リスクを減らすための支払い意志額を知らない。だからカテゴリーを使って一般化するのが不可欠になる。２つ目として、多くの規制プログラムは集合的な財を扱い、多くの人々をまとめて保護する。たとえば大気浄化法は、ある地域にいる人々が10 ppb の汚染物質にしかさらされず、他の地方の人々は50 ppb にさらされる、などということは、そうそう簡単にはできない。通常、規制では集合財が問題になるので、この問題は至る所で見られる。政府が規制的な善を一度に多くの人に提供しているとき、実務的に考えて各種のＶＳＬを使うより均一なＶＳＬを使うことになるだろう。

実用性の問題はあっても、個人別ＶＳＬの根拠を理解するのは、二つの理由で重要だ。最初の理由は概念上の明晰さだ。あるＶＳＬ（たとえば九〇〇万ドル）を使うとき、それはその省庁が、ある具体的な規模の統計リスクを減らすのに、人々がある金額を支払う意志があると推計するからだ。もし本当の問題が、リスク逓減に対する価値の同定なら、均一のＶＳＬはなかなか擁護できない。理由は簡単で、そんな数字はないからだ。個人化支持の議論を理解すると、この理論の正当性と限界――実証的にも倫理的にも――の両方が明らかになる。この理論が、自律性と厚生の両方に関する配慮という裏づけを持っていることは強調しよう――そしてそうした配慮を見れば、ＶＳＬの計算に支払い意志額を使うのがまちがっている場合も示してくれることを強調しよう。

２つ目の理由は、完全な個人化に現実性がなくても、ある程度は個人化を高めるような方向に動く可能性をめぐるものだ。たとえばがんのリスクを減らす話だと、人々は追加の対価を支払う意志があると考えるべき理由がある。すると政府の現在のがんリスク評価は低すぎることになるので、人々の過少保護が生じている。同様に、航空機の死亡リスクに関するVSLは、統計的にまったく同じ高速道路のリスクよりも高くあるべきだと考えるべき理由もある。[*9]

ずっと困った問題は、人口集団同士の差に関するものだ。これは十分に検討を加える。とりあえずは、単純な事実に注目しよう。支払い意志額は支払い能力に依存するから、所得や富の少ない人々は低い支払い意志額を示す。[*10] ここから、貧しい人々のVSLは、支払い意志額に基づけば、お金持ちのVSLより低くなるということになる。これは単純に、貧しい人は貧乏だからだ。仮に、環境保護局が九〇〇万ドルという数字を使い、これが全人口標本の支払い意志額の平均値だったとしよう。リスクがお金持ちに偏った形で生じるなら、実際の支払い意志額に基づけば、VSLは九〇〇万ドルより高くなるはずだ。同じ見方からして、規制対象リスクに直面するのが貧しい人々に偏っている場合、VSLは低くなるべきだ。

人によっては、費用便益分析は「分配的な加重」（または「分配上の加重」と言われることもある）をつけて行うべきだと考える。これは、貧しい人々が、貧困のおかげで支払い意志額が低いことを考慮したものだ。[*11] 貧しい人がリスクを減らすための支払い意志額が低いのは、そのリスク低減がその人物に大量の厚生をもたらさないからではなく、貧困のせいだ。分配的な加重は、それを補正するように思える。皮肉なことに、個人化したVSLはお金持ちに貧しい人より高い数字を割り当てることで、正反対の方向に動きかねない。でも本当に支払い意志額を重視するなら、それこそが正しい結論になる。

貧しい国の人々が、豊かな国の人々より低いVSLを持つのは仕方ない。これは国際的なVSLのばらつきや、気候変動の害の評価にとって、強い含意を持つ論点となる。同様に、貧困地域に住む人々は、豊かな地域に住む人々より低いVSLを持つ。この論点は、国内での各種リスク評価に大きく影響するものだ。リスク同士や個人同士でのちがいが重要なら、個人化の問題は次世代の費用便益分析の中心的な課題になるはずだ――これはそうした分析をそもそもやるべきかという、第一世代の論争から一歩進んだものになり、もっと洗練された形で、選択や厚生や分配上の衡平という面での規制の影響をもっと細かく見るような形で分析を行う方向に向けて歩みを進めたものとなる。[*12]

もちろん、原理的に貧乏な人々がお金持ちより「価値が低い」などと示唆するのは不適切でまちがったことだ。貧しい人々が一万分の一のリスクに直面していたら、まったく同じリスクに直面したお金持ちと同じくらい、公共の関心を集めてしかるべきだ。それどころか、もっと大きな注目を集めてもいいはずだ。かれら自身が自前でリスクを減らすためのリソースが少ないのだから。「優先主義」信奉者は、政府は最も恵まれない人々をことさら重視すべきで、そのために全体的な厚生が下がってもいいと主張する。たとえば、二つの選択肢を考えよう。（a）全人口に2億ドルの補助金を与える。（b）経済的なはしごの最下層にいる人々に1・9億ドルの補助金を与える。厚生面だけで見ても（b）のほうが望ましい可能性は十分にある。経済的に最下層にいる人々は、全人口が（a）から得るよりも多くの厚生を得るかもしれないからだ。でも厚生面で（b）のほうがいいなら、優先主義の立場からするともっとよいことであり、そして優先主義を擁護する議論はとても強力だ。[*13]

でも本書で扱っているのは補助金ではなく規制だ。この二つを混同してはいけない。原理的には、政府は市民があまりに過大と思う金額で統計的リスクからの保護を買わせたりするべきではない。少なくとも一般論として、十万分の一のリスクを減らすのに、50ドルしか支払う意志がない人々は、70ドル支払うよう求められるべきではない。

均一VSLが本当に貧しい人に有利になるなら、均一VSLを使うべきだという強い論拠になる。でも（そしてこれが中心的な論点だが）均一VSLに基づく規制は、所得のもっと公平な分配につながるかはわからない。実はどんな再分配も歪んだものかもしれず、均一VSLは平等性を少しも促進しないかもしれない（均一VSLを根拠に選ばれた規制の主な受益者がお金持ちで、それを負担するのが市民全体であるなら、どんな再分配だろうと利益を受けるのは貧しい人ではなくお金持ちだ）。そして貧困者がリスク削減のために、支払い意志額を越える金額を負担するよう強制されたら、望ましい再分配は起きるわけがない。人々が自発的には拒絶するような条件の取引を強制するのは、恵まれない人々への富の再分配としてはいいやり方ではない（貧困者にボルボ車を買わせるのは、かれらへの支援策としていちばんまともとは言えない）。その一方で、均一VSLに基づく規制プログラムの一部は、受益者がほとんど何も支払わずにリスク削減が得られるなら、恵まれない人々を助けることになる――この問題は後で大きくとりあげる。

この議論からはもっと大きな教訓が得られる。法と政治の目的からすると、人命（もっと厳密には、統計的死亡リスク）の正しい金銭価値についての抽象的な質問に対しては、まともな答えはない。政府がある人口区分ごとに、高い／低いVSLを使うべきかという問題は単純に答えられるものではない。適切なVSLや、その個人化に関する判断は、きわめて実務的に下すしかない。それは各種選択が持つ、人間的な結果に基づくものであるべきだ。

重要な含意が出てくるのは、国ごとのVSL評価の差だ。貧困国は、富裕国より低いVSLを採用したほうがいい。中国やインドにとっては、アメリカやカナダ並みのVSLを採用したらとんでもないことになってしまう。でもこの論点を使って、援助機関は公的なものも民間のものも、富裕国でのリスク削減を、貧困国での同じリスク削減より優先すべきだというとんでもない議論支持の根拠にしてはいけない。ここにもまた実務的な論点がある。ドナーたちはもちろん、富裕国より貧困国に支援したいだろう。貧困国のほうが貧しいからだ。でもこの結論は、貧困国の規制当局が、富裕国の規制当局と同じVSLを使えということではない。そんなことをしたら、かれらの国はかえって貧しくなってしまう。

では詳細に入ろう。

支払い意志額――理論と実践

統計的リスクの金額を出すには、省庁は二種類の証拠に頼る。最初の最も重要なものは現実世界の市場で、実際のリスクに対する補償水準の証拠を与えてくれるものだ。職場や消費財の市場では、追加分の安全性には価格がある。市場の証拠を調べることで、その価格がつきとめられる。二種類目の証拠は、

表 4.1　人命価値についての労働市場研究

研究	VSL（米ドル）
Kniesner and Leith（1991）	70 万
Smith and Gilbert（1984）	80 万
Dillingham（1985）	110 万
Marin and Psacharopoulos（1982）	340 万
V. K. Smith（1976）	570 万
Viscusi（1981）	790 万
Leigh and Folsom（1984）	1170 万
Leigh（1987）	1260 万
Garen（1988）	1630 万

条件つき価値評価調査からのもので、人々に統計リスク削減に対する支払い意志額を尋ねるものだ。問題になるリスクは通常、一万分の一から十万分の一の範囲にある。VSL計算は、単純な算数で出る。仮に、労働者が一万分の一のリスクを受け入れるためには九〇〇ドルの支払いを求めるとしよう。それなら、VSLは九〇〇万ドルということだ。

省庁がずっと前から頼ってきた、基盤となる労働市場研究のいくつかについては表4・1を参照してほしい。

この手の労働市場研究の大きな優位点は、それが規制政策における「支払い意志額」や「受け入れ意志額」（WTA）の使用をめぐる活発な論争を避けられるということだ。[*15] 実験でも現実世界でも、人々はある財を最初に入手するときの支払い意志額よりも、それをあきらめるときにもっと多額のお金を要求する傾向がある――この不一致は、致死性や病気などに関する規制上の便益に金銭価値を割り当てようとする活動をややこしくするようだ。[*16] 人々が十万分の一の既存リスク排除に25ドルを支払う意志があるのに、十万分の一の別のリスクを負担するのに一〇〇ドルを要求する場合、リスクの金銭評価のためにどう進めるべきかはなかなかわかりにくい。省庁としては25ドルを使うべきか、一〇〇ドルか、それともその中間の金額を使おうか？

ありがたいことに、労働市場研究ではこうした問題は消え去る。一万分の一のリスクに直面する労働者が、それにより六〇〇ドル追加で受け取っていて、そうしたリスクに直面したがらない労働者への支払いが六〇〇ドル少なければ、省庁が支払い意志額で計算するか、受け入れ意志額で計算するかという問題はどうでもよくなる。そしてすでに述べた通り、こういう文脈だとこの両者には何も差がないようだ。[*17]

厚生と自律性

規制当局は、なぜ統計的リスクの市場評価を気にするんだろうか？　答は二つある。最初の一般的なものは、厚生を巡るものだ。二番目の、もっと興味深そうなものは自律性に関わる。

経済学的に言えば、市場価値評価は各種の結果が個人にとって厚生面でどんな結果をもたらすかについて、強いヒントを与えてくれる。仮に十万分の一のリスク削減に、人々が60ドルまでしか支払う意志がないとしよう。この場合、かれらの厚生はその金額を支払うよう求めることにより高まると想定できるだろう――そしてそれ以上払えと求めるのは、厚生を引き下げる。人々の予算はいろいろな使途がある。十万分の一のリスク削減に60ドル以上支払いたがらないなら、それはかれらがそのお金を食べ物、住居、娯楽、教育など各種の財に使いたいからかもしれない。死亡リスクの場合、人々の理解が不十分とか、何か限定合理性のようなものに苦しんでいる（行動経済学者の強調するものだ）ということも確かにあり得る。もしそうなら、かれらの判断を疑問視する理由もあるだろう。この論点は後述。でもそうした問題が出てこないなら、[*18] 厚生面の議論はとてもストレートなものだ。

規制政策は厚生に基づくべきではないのかもしれない。「厚生」とは本当は何を意味するのか、はっきりしないかもしれない。それでも、支払い意志額は個人の自律性を根拠に擁護できる。この見方からすると、人々は自分の生命に対する独立主権を持つべきだ。政府は限られたリソースの使い方をめぐる人々の選択を尊重すべきだ（ここでもまた、そうした選択がしっかりした理解に基づいている場合に限るが）。人々が、十万分の一のリスク削減に90ドルまでしか出したがらないとすれば、それは人々が自分にとってもっと望ましく思える方法でお金を使いたいからだ。規制当局が人々の実際の判断を使わないなら、それはかれらの尊厳を侮辱するものだ。

この点で、フリードリッヒ・ハイエクの名著『隷属への道』に関するアマルティア・センの示唆的な発言を考えて欲しい。[*19]「ハイエクは、市場を含むあらゆる制度が人間の自由をどこまで促進するかを元に判断されるべきだと固執する。これは経済的繁栄を促進するものとして市場を賞賛するというもっとありがちな評価とはちがっている」とセンは指摘する。[*20] センは、「市場などの制度を、個人の自由を促進するという役割から見ようという視点こそが、ハイエクが特筆すべき重要な点として指摘したものなのだ」とセンは述べる。支払い意志額はもちろん、市場の序列に基づくものだし、個人の自由にとって強力な基盤だとも主張できる。だから支払い意志額の使用は、功利主義と義務論的な主張の双方から同時に守られていると主張できる。

疑問、疑念

それでも、労働市場などの研究を連邦機関が使うことについては、深刻な疑念が出るかもしれない。すぐわかるのは、表4・1は重要な数字についてかなりばらつきがあるということだ。実はVSLデータをもっと広範に見ると、データはさらなる謎を引き起こし、もっと範囲が広がり、いくつか驚くようなパラドックスももたらす。

一部の研究は補償面のちがいがまったく見られず、VSLはゼロだと示唆する[*21]――政策目的からすれば、どう見てもあり得ないほど低い。また、労組のない労働者たちはリスクに対し、マイナスの補償費用を受け取っているとする研究もある――つまり死亡リスクに直面すると賃金がかえって下がるようなのだ。[*22]別の研究を見ると、黒人は大した補償費用を受け取っておらず、したがってかれらのVSLはゼロだとする。[*23]逆に、一部の研究ではVSLは表4・1に挙がった数字よりも高い。ある研究では、低水準リスクの仕事だと、VSLは最大二二〇〇万ドルになるという。[*24]

最も詳細なメタ研究、EPA自身の分析よりはるかに包括的なものを見ると、中心値はだいたい八〇〇万ドルくらいだ。そしてほとんどの研究では、VSLは三八〇万ドルから九〇〇万ドルだとされているという。[*25]この幅はかなり狭いので、範囲が怪しいほど広くはないという印象が出てくる。多くの規制にとって、費用便益評価による「最終的な結論」は、VSLが三八〇万ドルだろうと九〇〇万ドルだろうと変わらない。でもこの幅はそれでもかなりの裁量の余地を残しているし、これは政策や法律にとって意味合いを持ちそうだ。二〇〇人の命を救うプログラムの金銭化価値は、7・6億ドルから18億ドルまでの開きがあることを考えよう。またEPAのとても有名なヒ素規制は、かなりの論争のあげくにブッシュ政権が実施したものだけれど、VSLが三八〇万ドルならまちがいなく費用便益分析で落とされるし、九〇〇万ドルならまちがいなく通る、ということも考えよう。言いたいことは単純で、結果にかなりの開きがあるということは、どの数字を見ても信頼性に疑問があるということだ（専門文献を読み込んだ結果として、省庁は通常は、六〇〇万ドルから一〇〇〇万ドルという狭い範囲を使っており、九〇〇万ドル近くの数字でますますコンセンサスが固まりつつあることは指摘しておく）。

こうした数字に注目していいのは、それがこうした数字を生み出す選択を行っている人々の、情報不足の結果だったり、限定合理性の結果だったりしない場合だけだと述べた。たとえば、労働者たちは自分の直面するリスクを知らなかったり、その意志決定が利用可能性ヒューリスティクス（第6章参照）や非現実的な楽観主義の産物だったりしたらどうだろう。[26] いずれの場合にも、労働者たちが十万分の一のリスクを受け入れるのに60ドル支払われているという結果があっても、規制当局はそれを政策目的で使うべきではない。前提からして、この数字は情報を理解した労働者たちによる合理的なトレードオフを反映したものではないからだ。もちろん現在使われている数字は、あらゆる労働者や、ほとんどの労働者ですら情報を理解した選択を行っているなどという想定はしていない。でも市場プロセスが、各種の度合いの安全について正しい「価格」をつけるようにしていると想定はしている。石鹼、シリアル、電話の値づけと比べて見よう。ほとんどの消費者は、完全な情報なんか持っていないし、ヒューリスティクスに頼って見当外れの結果を招くこともある。でも市場の競争は、少なくともほとんどの場合には、それなりに筋の通った価格構造を創り出す。同じ事が統計的リスクについても言えるだろう。この問題については第5章でもっと詳しく検討する。

統計的リスクの価値

仮にいまの問題が解決できて、規制当局が人々の価値評価をきちんと表す数字を決められるとしよう。たとえばそれが九〇〇万ドルだったとする。これが成り立ったとしても、そこから「統計的人命の価値は九〇〇万ドルだ」と示唆するのはひどく誤解のもとだ。一万分の一のリスクについて、その対象人口群におけるメジアン支払い意志額は九〇〇ドルだというほうがずっと正確だ——あるいは十万分一のリスクの場合、メジアン支払い意志額は90ドルだ、という具合に。これが事実なら、こうした主張は後に検討する想定から、政策目的でとても有益なものとなる。でも一見するだけでも、こうした数字が確率とは独立したVSLを支持するものだと理解する必要はないのがわかる。

仮に人々が十万分の一のリスクを減らすのに90ドルを支払う意志があるとする。だからといって、人々が百万分の一のリスクを減らす支払い意志額が9ドルだとか、千分の一のリスクを減らす支払い意志額が9千ドルだとか、百分の一のリスクを減らすための支払い意志額が9万ドルだと結論する必要はない。人々の統計リスクを減らす支払い意志額が非線形だと考えることも十分可能だ。確率が100%に近づくと、人々はリスク削減のために支払う金額を非線形に増やして、富の100%に近づくようになるだろう。リスクがゼロに近づけば、支払い意志額も非線形にゼロに近づく。たとえば百万分の一のリスクの場合、十分筋の通った人でも、一銭も支払いたがらず、そんなリスクは考慮に値しないものとして扱うことだってあるだろう。

だからVSLが九〇〇万ドルという主張は単に、人々が一万分の一から十万分の一のリスクを減らすのに、九〇〇ドルから90ドル支払う意志があるというのを簡略化しているだけだ。ほとんどの省庁が扱うリスクはこの範囲なので、こうしたデータは少なくとも有益なものにはなる。目下の狙いにとって、この論点はきわめて重要だ。

個人化

私の基本的な主張の一つは、VSLがどうしてもリスクごと、人物ごとにちがってくるということだ。がんを避けるための支払い意志額が、予測不能の突然死を避けるための意志額よりも大きいなら、後者のリスクに関する調査を元にしたVSLを使うのは、がんのリスクにさらされた人々に対する保護としては不十分になる。リスクを負担について、職業ごとに人々が受け取る金額がちがうなら、均一なVSLの使用は本来あるべきような、実際の行動に沿ったものにはならない。お金持ちが貧乏な人より高い支払い意志額を示すなら、全人口平均に基づく均一支払い意志額は、お金持ちにとっては不十分な保護をもたらし、貧困者には過剰な保護をもたらしてしまう――これは双方にとって有害となりかねない。そして支払い意志額の使用が厚生と自律性を根拠に正当化されるなら、もっと個人化したアプローチだってまったく同じ根拠から正当化されるはずだ。

この節では、まずリスクごとのちがいを考え、それから人々の差を考える。それから理論的には、あらゆる人々にそれぞれの支払い意志額に基づいたリスク削減を提供するという完全な個人化こそが、現在主流の理論により要求されるものだという主張を説明し、それを肯定する。

そこから私は、完全な個人化に伴う問題を強調しよう。それは、それが実行不可能だということだ。でもそちらの方向に向かう中間的なアプローチは、かなり筋が通ったものになるはずだ。

リスク

現在の均一VSLの元となるデータはおもに、職場事故のリスクから来ていると強調した――そしてこうしたデータを一般化できるとしても、確率から独立したVSLを正当化するものにはならないことも述べた。でも、実務的にもっと大きな重要性を持つ問題がある。職場の事故で死亡する十万分の一のリスクは、大気汚染によるがんで死ぬ十万分の一のリスクとはちがう支払い意志額となり、テロ攻撃による飛行機事故で死ぬ十万分の一のリスクともちがい、スノーモービルの欠陥で死ぬ十万分の一のリスクの支払い意志額ともちがっている、ということだ。政府による現在のVSL使用の根拠となる理論はまさに、次の単純な結論を正当化するものでもある。VSLはリスクごとにちがうはずだというものだ。統計的に等価なリスクだからといって、VSLが同じであってはいけない。単一の数字を使うことで、規制保護の適切な量について大きなへまや、まちがった意志決定がほぼまちがいなく生じる。

1 データ。こうした問題をお手軽にざっと検証するため、小規模な条件つき評価研究をやってみた。シカゴ大学法学部生84人を対象に、以下の五つの十万分の一リスクについて支払い意志額を尋ねたのだ。こうしたリスクの最も単純なものは、欠陥ブレーキの結果として自動車事故で死ぬ、というものだ。残り四つは、もっと高い懸念をもたらすと思われた。肺がん、エイズ、アルツハイマー病、テロ攻撃による飛行機事故のそれぞれによる死亡だ。自動車事故による十万分の一の死亡リスクは平均支払い意志額156ドルだったのに対し、残り四つはもっと高かった（エイズのリスクは184ドル、アルツハイマー病は193ドルだった）。

さらに、個人同士でもかなりのばらつきが見られた。それぞれの質問に対し、回答者10人ほどは十万分の一のリスクを減らすことについての支払い意志額がゼロで、VSLもゼロだった。反対側の極では、それぞれの十万分の一リスクを減らすのに少なくとも500ドル払うつもりがあるという人がおよそ15人ずついた。するとVSLは五千万ドルになる。この小規模でおおざっぱな調査を見ると、かなり均質な集団（法学部生）ですら、統計的には等価なリスクを人々が同じようには扱わず、リスクごとだけでなく、人間ごとにも差があることが示唆される。

省庁が一般に頼るデータについて言えば、まずそもそも「職場のリスク」という分類そのものが、関係するちがいを隠してしまうことを認識しよう。アメリカ経済は多様な職業や産業を擁しており、それぞれから均一なVSLが出てくるとは考えにくい。実際、ある調査によると、職業ごと、産業ごとに大きなちがいが出ていて、[*27]ブルーカラー労働者は他より高いVSLを示す。[*28]機械のオペレーター、重役、営業担当、歯科技師、機器清掃、警備員、秘書などを個別に見れば、出てくる値が様々なのは当然だろう[*29]――そしてそれぞれのカテゴリー内でも、多様な値が出てくるのはまちがいない。

特に環境保護に目を向けると、EPAが統括するリスクは、EPAがVSL産出に使った職場リスクと死素敵にちがっているのもわかるはずだ。特に重要なちがいが二つある。まず、職場研究はがんを扱っていないけれど、がんのリスクは環境面の意志決定に関係してくるということだ。すでに述べたように、がんに関連するリスクは他のリスクよりも支払い意志額が高いという証拠がある。[*30]たとえばハミット教授とリュー教授によれば、台湾ではがんリスク排除に対する支払い意志額は、似たような慢性の退行性疾病リスクの回避に比べて三分の一ほど高くなるという。[*31]一部の条件つき価値評価研究によれば、人々は即死に比べ、がんによる死亡を回避するためには二倍の支払い意志額を持っている。[*32]人々はどうもことさらがんを恐れているようなので、突然の予想外の死を避けるよりはがんによる死亡や、心臓病による死を避けるために、もっと多くの金額を支払いたがるようだ。[*33]「がんプレミアム」を生み出しているのは、がんが引き起こす「怯え」の性質かもしれない。統計リスクが同じでも、怯えを生み出すリスクは特に社会的に重視されることがはっきりわかっている。[*34]

この点についての既存の証拠は、決して完全に白黒はっきりしたものではないことも述べた。ある職業的なリスク曝露についての調査では、がんリスクについて有意に高いVSLは見つかっていない[*35]。でもこの調査は、職業的ながんはあらゆるがんによる死亡の一－二割と見なしている――これはほぼまちがいなく高すぎる。職業的な曝露があらゆるがんの5%になるなら――このほうがずっと現実的な数字だ――がんリスクのVSLは最大一二〇〇万ドルになりかねない。これはEPAが現在使っている数字の倍ほどになる。目下の各種調査結果は確かに一致しない[*36]。でも原理的には、VSLの数字はリスクごとに固有であるべきだし、一部の証拠を見ればがんリスクは異様に高いVSLを生み出す。

職場のリスクと、EPAに関わるリスクとの二番目の差は、後者のリスクが極度に非自発的なものでコントロールできないということだ[*37]。職場事故のリスクとはちがい、(ほとんどの) リスクは何か補償をもらって自発的に受け入れるものではない[*38]。一部の研究によると、非自発的、怯え、コントロール不能、潜在的に大災厄をもたらすようなリスクは、異様に高い社会的懸念を引き起こす[*39]。この研究は、断言するにはほど遠い。でもそれが正しいなら、職場事故から導かれる数字はEPAなどの省庁が提供する規制便益についての支払い意志額を、かなり低めに出している可能性はある[*40] (ここでの話のややこしさについては、後で一部触れる)。

リスク別VSLの含意は、職場事故と環境リスクのちがいよりずっと大きい。たとえば、人々は高速道路での安全よりも、飛行機の安全に対してずっと多額の支払い意志を持っているようだ[*41]。この証拠が信頼できるなら、全米高速道路安全局が使うVSLより連邦航空管理局の使うVSLのほうが高くなるべきだ。病気によっても他よりVSLが高くなる。たとえばアルツハイマー病による十万分の一の死亡リスクは、心臓発作による十万分の一の死亡リスクより高いVSLを持つ可能性が高い。エイズによる五万分の一の死亡リスクは、自動車のブレーキ欠陥による五万分の一の死亡リスクと同じVSLにはならないだろう。ほとんどの人は、即死する発作による死亡リスクよりは、苦しみが長い緩慢な発作による死亡リスクを減らすほうに多額の支払いをするのではないか。航空機事故や、大気汚染によるがん、自動車事故、おもちゃの欠陥、水質汚染によるがんなどの死亡リスクについては、全人口で見ても平均VSLがかなり幅を持つはずだ。

実はシートベルトの使用、自動車の安全性、家庭用火災報知器などについて実施された研究を見ると、結果の数字は実に多種多様で、出てくるVSLは下は77万ドル（一九七〇年代のデータに基づく煙検出警報）から、九九〇万ドル（シートベルトやバイク用ヘルメットに関する死亡リスク）[*42]まで開きがある。そしてそれぞれのリスク分類内でも、さらなる差がまちがいなく出てくるだろう。あらゆるがん死亡が同じではない。情報を理解した人々であれば、苦しみの長いものと、短いものとで差をつけるはずだ。省庁が本気でVSLを支払い意志額に基づくものにしたいなら、あらゆる統計的に同じ死亡リスクを同じものとして扱う均一の数字は、粗雑すぎることになる。

2　実務。私がオバマ政権で働いていたころには、各種の死亡リスクで扱いを変えたりはしなかったし、OIRAの前任者たちでも事情は同じだ。でも少なくとも原理的には、こうした差を真面目に考える余地はある。たとえばヒ素の規制の場合、EPAはこうした差の一部についてよくわかっていた。だから、ヒ素についての独自の感度分析により、リスクの非自発性とコントロール不能性により、7%の上方修正が示唆された。実は人によっては、この補正ですら小さすぎると考える。法学教授リチャード・レイエスは「非自発的発がんリスクによる死亡回避の価値は、職場での即死リスクに比べて四倍大きいと見なされるべきだ」と示唆している。[*43] このアプローチからすると、ヒ素のVSLは六一〇万ドルから二四三〇万ドルに跳ね上がる。別に二四三〇万ドルが正しい数字だと言いたいのではない。単に支払い意志額に基づくなら、VSLがリスクごとにちがうのはまちがいないと示唆しているだけだ。

3 但し書き。 三つの但し書きが重要になる。まず、心理学研究で一部のリスクに対する人々の懸念が高いからといって、それが支払い意志額の高さにはつながらないかもしれない。社会科学者たちは、何らかの定性的な要因で人々は一部リスクについてことさら懸念するようになると示せるかもしれない。でもその支払い意志額が上がるか、またはどれほど上がるかというのは独立の問題だ。支払い意志額についての多くの研究は、少なくともこの問題について肯定的な答をしていて、VSLがリスクごとに大きく変わるはずだという可能性を示唆している。[*44]

第二に、非自発的/コントロール不能と、自発的/コントロール可能との間の境界線は、単純ではないしがっちりしたものでもないということがある。リスクがこの二種類にきれいに分類できると考えるのはまちがっている。ロサンゼルスの大気汚染によるリスクは、非自発的にふりかかってくるものだろうか？　答はイエスのようではある。でも人々はロサンゼルスに住むかどうか自分で選択できる。飛行機移動のリスクはコントロール不能だろうか？　そう考える人は多いけれど、飛行機を使うという意志決定はまちがいなく人間がコントロールできるものだ。隕石による死亡は文句なしに非自発的だとされているし、逆の極ではハングライダーによる死亡がある。でもその理由は？

リスクに非自発的に直面しているのか、それがその人個人のコントロールできるものなのかを決めるとき、その根底にある問題は、そのリスクに曝されている人が、わかって曝されているのか、そのリスクを回避するのが高価だったり困難だったりしないか、ということらしい。一般に、この問題はこの種の要因のせいで支払い意志額がリスクごとにちがっているのか、というものとなる。そしてこの点では証拠がとても重要だ。リスクをこういう形で検討すると、一部のリスクは害の確率が同じであっても、リスクによってはもっとひどいものとなる。この点だけでも均一なＶＳＬについて疑問を提起するものだ。

第三に、一部のリスクに対する極端な回避傾向は、ある主の限定合理性の反映かもしれない——そして限定合理性が規制政策に影響してよいのか、というのは疑問視できる。たとえば人々が、予想不能の突然死に比べてがんリスクに対し、本当に二倍支払う意志があるとしよう。条件つき評価研究が信頼できるとして、こうした数字が政策目的で決定的なものだというのは、そんなに明確だろうか？　もしこの支払い意志額の数字が人々の厚生を正確に計測していないと考えるべき理由があれば、これはそんなに明確とは言えないかもしれない。がんはもちろんとてもひどいものだ。でも支払い意志額の数字は、がんのリスクと、他の致命的または潜在的に致命的なリスクとのちがいが極度に大きいことを示しているのかもしれない。人々はある意味で、がんに対する恐怖症を抱いており、その恐怖症のおかげで、合理的な範囲を超えて回答が巨額になってしまっているのかもしれない。そして「がんプレミアム」が、死の費用を本当に二倍にしてしまうほど高いなんて、そもそもどう考えてもおかしくはないか？　がんによる死亡が、本当に予想外の突然死より二倍もひどいなんていう発想はまともと言えるだろうか？

確かに、がんにはある程度の痛みと苦しみが伴うのが通例で、その事実を考えれば予想外の突然死と同じ数字をがんリスクに当てはめるのがいかに鈍感かはわかる。でも、その苦痛や苦悶が死そのものと同じくらいひどいという結論をもたらすような、各種の（とんでもない）値を擁護するのは容易ではない。がんの場合に支払い意志額が厚生を正確に計測しておらず、がんによる死亡についての大きな数字が、がんという概念に対する直感的な反発や怯えの産物であるなら、規制当局としては、この想定だと非現実的に高い金銭価値であるものを使いたがらないだろう。

厚生よりは自律性を強調する人々から見れば、この論点は支払い意志額の使用に対する反対論にはならないかもしれない。もし狙いが人々の自律性を尊重することなら、規制当局は人々の判断がまちがっているときでも、そうした判断にしたがうべきだといえる。でも人々が、がんに対する生理的反発や、問題となっているものについての思索評価が不十分なためにとても高い支払い意志額をつけているなら、自律性の尊重のために規制当局が支払い意志額を重視すべきなのかははっきりしない。政府が人々の無理解に基づく選択にしたがうのであれば、それは人々の自律性を尊重していないことになり、この主張は政府の均一支払い意志額利用について疑念を引き起こす。

中心的な結論は単純なものだ。支払い意志額の利用として最も議論の余地のないものは、問題となる害の性質についての、反射的でないきちんとした判断に基づくものだ。きちんとした判断が、リスクごとにちがった価値を示すのであれば、規制当局としては使う値を変えるほうが筋が通る。注意が必要だという議論の最高のものは、別にその原理についてのものではない。それは、そうしたちがいを含めるほど十分な情報があるのか、という点についてのものとなる。

人々

リスクが同じ場合ですら、人々はその価値評価や選好の面でちがっている。職場だろうとどこだろうと、個人の支払い意志額にはきわめて幅があることはだれでも同意するはずだ。そうした幅の一部は、各種リスクに対する回避度が人によってちがうことからきている。人によっては、殺虫剤の危険性回避をことさら重視しているし、また他の人は航空旅行のリスクに注目する。こうしたちがいの一部は既存のリスク水準に関する信念の産物であり、また一部は嗜好や価値観のちがいから生じる。

さらに、背景リスクが高水準な人々は、低水準な人々に比べて、十万分の一のリスク追加に対する支払い意志額は低くなるはずだ。対象となる人口群が危険な状況で暮らしていて、年間死亡リスク一万分の一以上のリスク50種類に直面しているなら、安全な状況で暮らしていて背景リスクがそんなに深刻でない人よりも、追加の十万分の一のリスクについてのＶＳＬは低くなるはずだ[*45]。以前も触れた、富裕国のＶＳＬと貧困国のＶＳＬの差は、一部は貧困国のほうが一般にずっと高い背景リスクに直面していることからも生じている。支払い意志額は年齢に応じても変わる可能性が高い。他の条件が同じなら、高齢者は低い支払い意志額を示し、その分だけＶＳＬも低くなると予想していいはずだ。これは単純に、かれらに残された年数が少ないからだ。ある研究によれば、48歳の人物のＶＳＬは、36歳の人のＶＳＬより10％低い。別の研究では、45歳以下の人々のＶＳＬは、65歳以上の人々のＶＳＬの二十倍だという[46]。慎重な分析によれば、ＶＳＬは30歳頃にピークに達し、十年ほど横ばいのままで、そこからは低下するので、60歳の人のＶＳＬは、30歳から40歳の間の人々のおよそ半分だという[47]。既存の証拠を見ると、確かに人生最晩年の人々のほうが、余命数十年もある人々に比べてＶＳＬが低い可能性が高いことが示唆されている——そしてこの差は規制政策に反映させるべきかもしれない。

　こうした結果は、子どもの場合だと特に大論争を引き起こす。幼児期から15歳までの人々のＶＳＬが、単純にかれらがほとんどお金を持っていないからというだけで低い場合、政府はどう議論を進めるべきだろうか？　低すぎるＶＳＬを使うのはあり得ないが、どんな数字を使うべきだろうか、そしてその理由は？　政府の慣行だと、この問題については議論がほとんど進んでおらず[48]、省庁は、通常の均一の数字を、子どもだろうと大人だろうと使っている。でも一部の研究は、これがまちがいであり、子供たちはもっと高い価値評価をされるべきだと示唆している[49]。子どもが直面する統計リスク回避に対し、両親たちは大人が直面する統計リスクの二倍の金額を支払うという証拠がある。標準ＶＳＬが九〇〇万ドルなら、子どもの場合なら一八〇〇万ドルと考えていいかもしれない。実際、この数字は両親の支払い意志額に基づいており、それが子供たち自身の体験する厚生損失を含んでいないことを考えると低すぎる（それもかなり低すぎる）と思えるかもしれない。その一方で、これについての証拠は条件つき価値評価研究からきているので信頼性が不確実だ。こうした数字は九〇〇万ドルの数字の根拠となっている顕示選好調査よりは低めのVSLが出がちだ。

同じ話で、多くのアナリストは規制政策が統計的生命の価値ではなく、統計的余命の価値（value of statistical life years：VSLY）に注目すべきだと示唆している。[*50] それが正しいとしよう。この場合、若者の統計的生命は、高齢者の統計的生命よりも高い価値を持つはずだ。政府がVSLY重視に興味を示したところ、ある提案について批判者が「高齢者死亡割引」だと称したものについての広範な社会的反対が生じた。その割引によれば、70歳以上の人は一ドルに対して62セントの「価値」しかないことになる。[*51] 一見すると、高齢者に若者より低い価値しかないとするのは受け入れられないように思えるかもしれない。でも70歳以上の人々が、若者たちの支払い意志額に比べて平均で62％しか支払おうとしないと想定するなら、現在の慣行の根底にある理論はまさにこうした差を正当化する。理論が正しいなら（これについては後述）、高齢者と若者との差は、支払い意志額で正当化される限り、まったく筋が通ったものとなる。

すでに示唆した通り、お金を持っていない人々は、たくさんお金を持っている人々よりはるかに低いVSLを持つ。支払い意志額は支払い能力に依存するし、嗜好が一定とすれば、支払い能力が低ければその分だけ支払い意志額も下がる。この理由から、年収5万ドルの人のVSLは、年収15万ドルの人よりも低くなる。前者の人々は十万分の一のリスク回避に25ドルまでしか支払いたがらず、後者は一〇〇ドルまで支払う意志を持つかもしれない。この場合、政府はみんなに一〇〇ドルの支払いを要求すべきではない。そんな決定をしたら、それだけ支払う意志のない人々に対し、求める以上の金額を安全に対して支払わせることになるので有害となる。

政府がいま使っているような均一ＶＳＬは、「過剰保護」することで貧困者に害をもたらす可能性がある。かれらの限られた資源を他の財（リスク削減を含む）に使えなくしてしまうからだ。同時に、均一ＶＳＬはお金持ちを過少保護する危険もあり、これもかれらにとって有害となる可能性がとても高い。[*52] こうした論点を挙げるのは、別に最終的な結論を出そうとしてのことではない。富の差を無視した均一の数字は、深刻な問題を引き起こしかねないという論点を明確にするためだ。

表 4.2　各国の VSL

国と調査年	VSL（2000 年米ドル）
台湾（1997）	20～90 万
韓国（1993）	80 万
インド（1996/97）	120～150 万
香港（1998）	170 万
カナダ（1989）	390～470 万
スイス（2001）	630～860 万
日本（1991）	970 万
オーストラリア（1997）	1130～1910 万
イギリス（2000）	1990 万

単純な事実として、労働組合員はリスク負担について受け取る補償が多い——そして各種調査は労働組合加入労働者のほうがほぼ必ず高いＶＳＬを示す。[*53] その数字は一二三〇万ドルとか一八一〇万ドルとか、四四二〇万ドルとかになる研究もある。国ごとに大きな差があることも予想されるだろう。富裕国のほうが貧困国よりもＶＳＬは高くなるはずだ。実際、研究を見ると台湾のＶＳＬは20万ドル、韓国は50万ドル、インドは一二〇万ドルだ——でもカナダは二一七〇万ドル、オーストラリアは一九〇〇万ドルになっている。[*54] 比較のため、表4・2を参照してほしい。[*55]

ここから、アメリカ国内では富裕層は貧困層より高いVSLを示すはずだということになる。豊かな郊外住宅地の健康リスクに対処するプログラムなら、VSLは全人口平均より高いものを使うべきだ。もし保護される人口群がおおむね貧困地域にいるなら、VSLは平均より低くすべきだ。現在、省庁は、費用便益分析を行うとき、この可能性を完全に無視する。

人種や性別という議論の多い区分はどうだろう？　一部の研究ではかなりの差が見られる。一九九六年から九八年の職場データを使って、リース教授とルーサー教授は女性のVSLが八一〇万ドルから一〇二〇万ドルであり、男性のVSLがその金額の半分以下、二六〇万ドルから四七〇万ドルだったと述べている。[*56] リースとルーサーはまた、ヒスパニックの男性は白人男性よりちょっと高目のVSIを示すという（白人の三〇〇-四〇〇万ドルに対して五〇〇万ドル）。[*57] 最も衝撃的なのは、黒人が職場のリスクに対して何の補償も受け取っておらず、VSLがゼロだという結果だ。[*58] 一九九二年から九七年の職場データを使ったヴィスクーシ教授も、人種ごとにかなりの差を見いだしているけれど、その数字はリースとルーサーの結果とはかなりちがっている。[*59] ヴィスクーシの研究だと、VSLは白人男性が最高で、黒人男性が最低、白人と黒人の女性はこの両極の間におさまる。もっと個別に言うと、ヴィスクーシは白人全体としてのVSLは一五〇〇万ドルであり、黒人全体のVSLは七二〇万ドルだという。[*60] 白人女性の場合、全体としてのVSLは九四〇万ドルで、白人男性は一八八〇万ドルだ。黒人女性だとVSLは六九〇万ドル、黒人男性は五九〇万ドルだ。[*61] ヴィスクーシによる別の調査では、ブルーカラー男性のVSLは七〇〇万ドル、ブルーカラー女性のVSLは八五〇万ドルとなる。[*62]

こうしたいささか不思議な差は何が原因だろうか？　白人が全体としては黒人総体よりも高い支払い意志額を持ち、その分だけＶＳＬも高くなる、というのはそんなに意外ではないかもしれない。単に白人のほうが裕福だし、黒人は差別を受けているということから、白人の支払い意志額が高くなる可能性は十分にある。同じ事が全人口だけでなく、個別の職業分類についても言えないだろうか？　過去や現在の差別や出発点の差が、似たような仕事でもリスクに対する補償の人種的な差を生み出しているなら、答はイエスかもしれない。この差の正確な原因や水準ははっきりしないし、リース教授とルーサー教授の出した結果と、ヴィスクーシ教授の出した結果とのちがいは、相変わらず謎だ。男と女のどちらのほうが高いＶＳＬを持つかについて、アプリオリな根拠は存在しない。対象となる女性集団のほうが豊かなら、その支払い意志額も高いはずだ。そして女性のほうが男性より死亡リスク回避の傾向が強いなら、女性のほうが高いプレミアムを要求するから、支払い意志額も上がる。私のここでの目的からすると、中心的な論点はＶＳＬに人口群ごとのちがいがあるというのがまったく意外ではないということだし、そうした差はどちらの調査にも見られる。

理論と実践

これまでの論点をまとめると、ＶＳＬは一つではなく、とんでもなく無数のＶＳＬがあるのは明らかだ。実は私たちのそれぞれも、ＶＳＬは一つではなく数多く持っていて、直面するリスクごとにそれがちがっている。本当に支払い意志額をきちんと調べ、ＶＳＬを支払い意志額から導く政策は、万人に対しそれぞれのリスク削減について、各人が支払う意志のある金額分だけの保護水準を提供しようとするだろう。支払い意志額の追跡は、現在の慣行の根底にある目標だ。そして適用可能性の問題がなければ、これはきわめて高水準の個人化を求めるものだ。

思考実験。思考実験として、全知の規制当局が、人間の直面するあらゆる統計的リスクについて、コストゼロで個人ごとの支払い意志額を調べられるとしよう。そして、その支払い意志額と規制上の保護水準とを完全にマッチさせられるとしよう。この場合、規制当局は、各個人が直面するそれぞれのリスクについて、支払い意志額以上でも以下でもない保護を提供するべきだ（人々が貧困なので支払い意志額が低い場合、補助金も出すかもしれない。でもだれも、自分の支払い意志額を上回る金額での財の購入は強制されない。この論点についてはまた触れるが、ここでは補助金の話はしない）。このアプローチの下で、規制便益は安全自体を含め、市場で取引されるあらゆる商品と同じ扱いを受けるべきだ。

確かに、多くの人はリスク対応で深刻な問題に直面する。これは情報不足からも生じるし、限定合理性からも生じる。全知の規制当局はこの問題を克服し、そうした問題を人々が抱えていなければ、その人たちが求めるだけのものを提供する。省庁にこれができるなら、現在の理論は完全に実現される。ここから、完全な個人化により全体としての支払い意志額は貧困者についてはお金持ちより下がることになるし、黒人は白人より低いことになるし、（おそらく）女性よりは男性のほうが低くなる。

でもこの思考実験では、政府は集団についての差別はしない。たとえば、もっぱら白人に裨益するプログラムでは高いVSLを使うとか、黒人に主に裨益するプログラムでは低いVSLとかいう判断はしない。差が生じても、それは完全に個人ごとのVSL集約の産物となる。これは自動車や消費財などほとんどの通常市場が現在提供するものだ。支払い意志額の使用は、それが厚生と個人の自律性とつながっているから正当化されるのを思いだそう。それなら、まったく同じ根拠で完全に個人化されたVSLも正当化される。

もちろん、この思考実験を真に受けるにあたっては、二つの実務的な問題がある。まず省庁はあらゆる個人の支払い意志額なんか知らないし、実務的な問題として、それを調べる方法も（まだ）ない。第二の問題は、規制便益がしばしば集合財だということだ――これは一人にそれを提供するなら、他の多くの人にも同じものを提供するしかないような財のことだ。たとえば大気汚染で言えば、一部の人にだけきれいな空気を提供し、他の人にはもっと汚い空気を、というようなことはできない。大気汚染や水質汚染を規制する場合、個人化はそもそも選択肢にはない。

こうした問題は、完全な個人化にとって致命的な反論となる。でも個人化を拡大するという話であれば、致命的な反論にはならない。最低でも省庁は、感度分析のときに既往研究を考慮するよう奨励されるべきだ。そうなれば、たとえばがんリスクについては「上限」が引き上げられる結果となるはずだ。さらにVSLに見られる差を各種の省庁による推計にマッピングし、省庁ごとのVSLの差が恣意的ではなく、根拠あるものにもできるかもしれない。

たとえば、もし職場事故による死亡リスクが、消費財により死亡リスクよりも低い数字になるなら、職業安全衛生局は、消費者製品安全委員会より低いVSLを使うべきだ。リスクごとのVSLについての情報をずっと増やすための研究調査プログラムはすぐに思いつく。この方向への動きは、困った倫理的な問題を引き起こさなくてもすむ。

省庁が、対象となる人口群がことさら裕福とか、ことさら貧困といった理由でちがうVSLを採用したら、はるかに議論の的となるだろう。でも最低でも、省庁は国富の変化にあわせてVSLを調整し、インフレ調整だけから生じるよりも高い数字を出すべきだ。オバマ政権では、省庁はまさにこれをやり、根本的な再評価が一切ないのに、VSLを引き上げた。これは国富の変化を反映させた結果だ。

あるいは仮に、もっと議論を呼ぶものとして、ある規制が移民農業労働者を保護するよう設計されていたとしよう。かれらは低いVSLを示すはずだ。現在の研究によると、所得と支払い意志額の関係が推計されているので[*63]、省庁はVSLに適切な補正をかけられる。そして対象人口群が比較的豊かなら、省庁はもっと高いVSLを採用できる。ここではとりあえず、この種のアプローチが現在政府の使用している理論から導かれると示唆したいだけだ。こうしたアプローチで答えるべきもっと大きな問題については、すぐ触れよう。

最適な個人化：中間的アプローチ。もっと大きな問題は単純なものだ。生命の価値について、最適な個人化水準はどこだろうか、というものだ。その答は、一部はどこまでわかっているかによる。市場でも、個人は自分独自の支払い意志額を尋ねられないし、その金額の支払いを要求されることもない。不動産市場では、個人間での交渉が通例ではある。でも通常の消費財――シリアル、石鹸、本、雑誌購読

――の場合、需要と供給の力により標準的な価格が生じる。

また完全な個人化が実現不能なのも明らかだ。適切なアプローチは、二つのおなじみの変数に依存する。意志決定の費用とまちがいの費用だ。費用便益分析の初期だと、省庁としては均一の数字を使うのがせいぜいだっただろう。リスクごと、個人ごとのちがったＶＳＬについてよい情報が得られるにつれ、均一の数字の利用はますます支持困難になりそうだ。もしそうした差がかなり巨額なら、もっと細分化しろという主張が強化される。均一の数字は、費用便益分析が提起する問題への「第1世代」的な対応としては適切とみられる。でも第2世代がいまや十分進んでいるので、もっと細かい区別はますます抵抗しがたいものとなっているとも言える。

行政法。もっと個人化したＶＳＬの利用は、省庁活動の合法性に照らしてどうだろうか？　司法は規制の費用便益推計についての省庁の決定をレビューするための原理原則を構築しはじめた。[*64] 一部の条文は省庁に対し、費用に対する便益を釣り合わせろと明示的に要求している。そしてこうした条文によれば、ある省庁の価値評価価値選定は不当なものとか恣意的とか判断されかねない。[*65] もしある省庁が20万ドルのＶＳＬを使ったら、ほぼまちがいなく恣意的で、したがって違法に低い金銭価値を使っていることになるだろう。四千万ドルのＶＳＬを使ったら、それは恣意的に高い選択とされる。あらゆる場合に、省庁はなぜあの方法ではなくこの方法で進めたかについて、きちんとした説明が求められる。

ここまでの議論からすると、省庁の決定に対する訴訟はすぐに想像できる。仮にＥＰＡが職場調査をもとに、九〇〇万ドルのＶＳＬを使ったとしよう。するとＥＰＡの決定はいくつかの理由で訴えられかねない。まず、国民所得の上昇に照らして低すぎるかもしれない。さらに、公害リスクは特にがんが関係している場合には、職場リスクよりも高いVSLを生み出すのを考慮していない。第三に、これまで述べられた事実に照らし、保護された手段が職場研究の対象となった人々より、豊かだったり貧困だったりする可能性を考慮していない。こうした訴えはどれも、既存の法律に照らしてあり得ないものではない。新しくよいデータが出てくれば、こうした主張はさらに強力になる。十年後には、均一の数字の利用はあまりに鈍重と見られ、擁護不能とすらされる可能性も十分にある。

省庁として使える均一VSL擁護論はないのだろうか？　かれらの正当な主張として、既存の証拠はあまりに曖昧で反論の余地が多いため、現在の慣行変更を正当化できないというものがあるだろう。もっと最近のデータに基づくほとんどの研究は、確かにVSLが九〇〇万ドルくらいだとしている。がんについて言えば、EPAの科学諮問委員会（SAB）はことさら人々を怯えさせる病気に対するVSL引き上げを却下した。既存の文献がそんな改定を正当化しないというのだ。[*66] そして一部の証拠はSABの見解を支持している。[*67] 確かに、VSLが富に左右されると考えるのは十分過ぎるくらいもっともらしい。でもEPAは、均一の数字のほうが道徳的にも分配的な理由からも好ましく、既存の証拠からもそんなに大きくはずれてはいないと主張するだろう。いずれにしても、単一の数字は扱いが簡単という利点を持っている——そして一般には、そこから出てくる結果は考えられる差を考慮したものとだいたい同じになる。ほとんどの場合、省庁の選択はVSLとして六〇〇万ドルを使おうが一千万ドルを使おうが変わらない。こうした場合なら、均一の数字は容認できるように思える。

多くの場合、こうした反応が政策として十分に納得できるものかははっきりしない。でも省庁の行動に対する監督の面で、法廷の役割が適切に限られたものであることからすると、法的な問題としては納得できるものだ。法廷は省庁に対し、ここでかなりの裁量の余地を与えるべきだ。少なくとも均一VSLを否定する証拠が圧倒的になるまではそうすべきだ。こうした数字の採用を容認すると、重要な結果が生じる。省庁としては私が示唆したような調整を行うときに、しっかりした法的基盤に立っていることになるのだ。これは現在の証拠がそうした調整を文句なしに支持していない場合でもそうだ。根底にある問題は専門的でむずかしいものだ。それを解決するのは省庁であるべきで、連邦判事であってはいけない。

第5章　人命の価値その2——解決策

　これまでいろいろ議論してきたが、最も根本的な疑問が残っている。なぜ政府はＶＳＬをこんなに注視しつつ費用便益分析をしなければいけないんだろうか？　規制政策で人々の支払い意志額を使うべきだという議論はどこから出てくるのか？　そもそも政府はなぜ支払い意志額なんか気にする必要があるのか？　第４章で、私は厚生と自律性を掲げる議論をざっと示した。でもそうした議論が明らかに正しいとはとても言えない。

　そろそろこうした問題をもっと細かく見よう。まずは「楽なケース」と呼ぶものの議論から始める。このケースでは規制保護で便益を得る人がそれについての支払いをしなくてはならない。こうした例では、支払い意志額は通常はＶＳＬの正しい基盤だと私は述べる。というのも受益者は、自分の利益にかなわないと思う規制プログラムに支払いを強制されても、まちがいなく利益を得られないからだ。それが成立しない大きな条件は、情報の欠如と限定合理性で、これは潜在的に「行動経済学的な市場の失敗」の形になりかねない。でもこうした条件はあれ、「楽なケース」でのＶＳＬ使用、特に個人化ＶＳ

L使用を支持する議論は、厚生と自律性のどちらを根拠にしてもかなり強力なものだ。

もっとむずかしいケースになると、分析はこんなにストレートなものではなくなる。たとえば受益者は自分が受け取るものの費用をほとんど、あるいはまったく支払わない場合がある。こうしたケースでは、検討すべき事項は残念ながらややこしいので、それをここでまとめておくほうが有益だろう。

私が定義したようなむずかしいケースだと、受益者たちは規制により純益を得ている場合が多い。便益を受けつつも、それに対してほとんど何も支払わない。楽なケースとはちがい、厚生や自律性に基づく議論は何も明確な方向性をもたらさない。これから見るように（そしてこれはかなり細かい論点になる）、費用便益分析（VSLに基づくもの）で正当化されない規制であっても、厚生上の理由で正当化される場合はある。なぜかというと、厚生面で言えば純粋に得をする人々の得のほうが、損をする人の損の総量よりも大きいかもしれないからだ。貧困な労働者たちは安全面でかなり多くを得る一方で、（豊かな）消費者たちは、その労働者たちの生産する財について支払い額が増すとしよう。金銭化した費用が金銭化した便益を上回っても、労働者の厚生利得は、消費者の厚生損失よりも大きいかもしれない。

確かに、厚生利得や損失を直接計測するのは容易ではないし、この計測問題のため、規制当局は最終的にはこの点を無視したがるかもしれない。でも理論的には、この論点はそれでも成立する。こうした場合、この規制は再分配を理由に正当化されることも考えられる。助けを必要としている人々を、豊かな人々を犠牲にして助けているような場合だ。不当な格差に対する最高の対応は、再分配的な所得税であり、規制ではないということは十分に認識してほしい——規制はこれから見るように、再分配ツールとしては粗雑だし、むしろ害をもたらす可能性さえある。でも扱っているのがむずかしいケースで、その国に最適な所得税がなく、それでももっと再分配を進めたいとしよう。この場合、規制が正当化される場合もあるだろう（ただし不可欠とはとても言えない）——そして受益者の支払い意志額を上回るＶＳＬを使うことで、望ましい再分配が生じたり、厚生面からその規制が正当化されたりすることもあり得る。こうした結論が成り立ちそうな状況について概説しよう。

楽なケースでは、ＶＳＬ使用、それも均一でないＶＳＬを使うという議論は、それが支払い意志額に基づくものであっても、かなりしっかりしていると私は結論づける。むずかしいケースでは、もちろん均一ＶＳＬを使うのがいちばん簡単だし、第４章で述べた理由から、差をつけたＶＳＬの使用もかなりの魅力を持つ。問題は、そうした場合には、均一だろうと差をつけたものだろうと、ＶＳＬを使った費用便益分析が正しい方向を示さない可能性があるということだ。同時に、厚生を直接測るのは実にむずかしくて、規制は再分配ツールとしては、せいぜいが不完全なものでしかない。むずかしいケースでは、私は規制当局がＶＳＬに基づく費用便益分析の結果から離れてもいいと示唆する。ただしそれは、その規制が厚生の促進や、重要な再分配上の狙いを実現するという根拠から正当化されると考えるべき説得力ある理由がある場合だけだ。

楽なケース

話を単純にするため、ある社会では人々が各種の十万分の一のリスクに直面していて、あらゆる人がきちんと情報を理解し、そうしたリスクそれぞれを排除するのに60ドルちょうどしか支払う意志がないとしよう。そうした十万分の一のリスクを排除する費用はゼロから何十億ドルまで様々だとする。さらにリスクを排除する費用はすべて、その排除で利益を被る人々だけが負担するとしよう。たとえば、人々の水道料金は、飲料水に含まれるヒ素でがんにかかる十万分の一のリスクを排除する費用を完全に反映したものとなっている。その一人あたり費用が１００ドルなら、各人の水道料金はその分だけ増える。

厚生と自律性（再び）

この想定だと、ＶＳＬの計算に支払い意志額を使うという主張はストレートなものになる。規制は、取引の強制となる。人々に対し、ある便益をある金額で買えと強制するわけだ。どうして政府は、人々が求めていないものに対して支払いをするよう強制する必要があるのか？

厚生。まずは厚生から始めよう。この用語は広義のもので、選択者が気にかけるものを基本的にすべて含んでいるとしよう。人々は主観的な厚生にだけ留意するとしよう。これはその人個人の快楽状態かもしれない。人生に意義を求めるかもしれない。他人に奉仕したいかもしれない。もっと家族を重視するかもしれない。その人自身の目的がその人の厚生を定義づける。問題は、どのアプローチがその人の広義の厚生を促進するかということだ。[*1]

前提からして、人々が嫌う条件で取引を強制すると、その人たちは損をする。欲しくもないものを買わされるからだ。なぜ欲しくないかというと、まちがいなく何か他のものがもっとほしいからだ。十万分の一の死亡リスク解消にかかるお金を、食べ物や教育や医療を買ったり、お気に入りの慈善団体に寄付したり、二万分の一や一万分の一の死亡リスク削減に使いたいのだろう。一見すると、私が行っている想定では支払い意志額の使用に文句をつけるのはむずかしそうだ。人々の厚生を重視する自由社会では、まず人々に何が欲しいか尋ねるところからはじめ、人々がある財を求めないなら、その人は自分なりの優先順位がわかっているのだと想定すべきだ。強制取引はかれらの厚生を引き下げる。実際、強制取引はジョン・スチュアート・ミルの危害原理（他人への危害がない場合には私的な選択の尊重が求められる）を、明白な正当性なしに侵害することになる。[*2]

規制評価を考える場合、既存の所得分配が不正だろうと、貧困者が何か明確な意味で、ある種のリスクを負うよう無理強いされていようと（もしかれらが悪いか悲惨な状況に暮らしていて、持っている機会もわずかなひどいものしかなければ、そういう状態かもしれない）関係ない。不正な分配や、そうした無理強いに対する対処法は、人々が受け入れ難いと思う条件で規制便益を買うよう義務づけることなどではあり得ない。人々が貧しくて、十万分の一のリスクをなくすのに60ドルしか支払う意志がなく、所得が今の二倍になったらその支払い意志額も120ドルになるとしよう。政府としては、もっとお金があれば支払う金額を人々に無理に支払わせても、人々にありがたがられるようなことは何もしていない。むしろ危害を与えている。

ここから、楽なケースだと支払い意志額が支払い能力に依存するというのは事実ではあっても、話には関係ないということになる。一部の人が、十万分の一の死亡リスク解消にとても少額しか支払う意志がないのは、そのリスク解消で厚生があまり得られないからではなく、使えるお金が少ないからだとしよう。そして、支払う意志のある少額では、厚生利得が手に入らないとしよう。この考えをもとに、次の二つの質問をいっしょくたにしてはいけない。(a)政府は厚生利得がかなりのものだからといって、人々にその少額の支払い意志額を上回る支払いを強制すべきか? (b)厚生利得がかなりのものだからといって、政府自身が、消費者や納税者からの強制支出を通じて、リスク削減に対する貧困者の支払い意志額を上回る金額を支出すべきか?

(b)の答ははっきりせず、政府が厚生を重視するなら、イエスと答える可能性も高い(問題の一つは、そのお金は他にどんな使い道があったかというものだ)。でも(a)はまったく別の問題だ。情報欠如や限定合理性の問題がない限り、(a)への答えは明らかにノーだ。厚生利得は、厚生損失を正当化しない。これが支払い意志額アプローチのすばらしさで、規制の厚生的結果について自動的な検定を行ってくれるのだ。

自律性。第4章で、自律性の検討もまったく同じ方向に向かうと示唆した。十万分の一のリスクをなくすための支払いを拒否する人は、その資源をほかのものに使いたいのだろう——医療、子供、食べ物、娯楽、レクリエーション、貯金など。自由な社会の人々が、自分自身の生活実施についてある種の独立主権を認められているのであれば、そうした分配を好きに行うのが許されるべきだ。支払い意志額を正当化するのに厚生を根拠にすることが多いけれど、このアプローチは個人の自律性尊重手段としても同じく擁護できる。

人々が、十万分の一リスクをなくすのに60ドル以上は支払わないというのは、そのお金を自分がもっと望ましいと思うものに使いたいからだ。規制当局が人々の実際の判断を使わないなら、それはかれらの自律性への侮辱だ。自由な社会の人々が、自分自身の生活の営みについてある種の支配権を認められているとしよう。それなら、そうした分配も好きに行うことが認められるべきだ。支払い意志額を正当化するときには厚生を根拠にすることが多いけれど、このアプローチは個人の自律性尊重手段としても同じく擁護できる。

VSLを分解する

リスクや個人別に考えるとこの議論はどうなるだろうか。たとえば人々が、自動車事故で死亡する十万分の一のリスク回避には50ドルまでしか支払いたがらず、がんでの死亡の十万分の一のリスクを回避するには１００ドルまで支払う意志があるとしよう。政府が両方のリスクについての75ドルの支払い意志額を使ったら、自動車事故に関連するリスク回避には人々の求めるよりも高額を支払わせ、がんリスク回避については支払い意志額より少ない支払いしか求めないことになる。政府がそんなことをしていいんだろうか？　そしてこの議論がこの例で説得力を持つなら、これは支払い意志額、ひいてはＶＳＬが死亡リスクごとにちがう無数のケースにも当てはまるはずだ。中心的な問題は概念的なものではなく、実証的なものとなる。問題となるリスクの性質ごとに、ＶＳＬはどう変わるだろうか？

個人について言えば、中心的な発想は、人によって死亡リスク回避についての支払い意志額はちがっているはずだから、規制当局はできる限り「大くくりな」ＶＳＬを使わず、むしろ個人化を図るべきだということだ。*3 この議論はもっと論争の的となっている。たとえば、これだと子供は大人と扱いがちがってくるし、*4 高齢者は若者とちがってくるし。*5 まちがいなく貧困者はお金持ちより（そこで問題になっている意味で）価値が低いという扱いになるからだ。なぜかといえば、貧乏な人はお金が少ないから、お金持ちよりＶＳＬが低くなるせいだ（同様に、貧困地域や貧困国は豊かなところよりも低いＶＳＬを持つ）。*6 でも楽なケースを扱っている限り、この差はこの場合でも適切に思える。

理由は別に、貧しい人がお金持ちより価値が低いからではない。金持ちだろうと貧乏人だろうと、だれであれリスク削減についてはその人の支払い意志額よりも高い支払いを強制されるべきではないということだ。実はこの発想は、平等性の規範を体現したものだ（そして正しい）。貧困者が深刻なリスクの削減についての支払い意志額が低く、それでも政府が助けたいなら、適切な対応は無理に買わせることではなく、現金支給といった形での補助だろう。それどころかリスク平等性の正しい考え方の一部は、人々がリスク削減に対する支払い意志額以上に支払うよう強制されない（情報欠如や限定合理性の問題がない限り）ということなのだ、とさえ言える。*7

たとえば、年収3万ドル以下の、比較的貧しい人々の集団の各個人が、十万分の一のリスク回避にたった45ドルまでしか支払う意志がないとしよう。そしてこれが、全国民平均の90ドルの半分だとする。規制当局は、この比較的貧しい人々を含む全国民に対し、90ドル払えと要求すべきだろうか？　政府は、統計的リスクの解消について、貧困者に支払い意志額以上を要求してはいけない。この種の強制取引は、貧しい人々に何もいい結果を与えず、危害を加えるものだ。

お金持ちと貧乏人を区別しない均一ＶＳＬを、それこそがリスク平等性の正しい考え方であって、あらゆる人をそれぞれ平等に扱い、資源を貧困者のほうに再分配するものなのだと擁護したい気持ちはわかる。でもこれは誤謬だ。楽なケースでは、全人口平均からとった均一ＶＳＬは、貧困者に偏った再分配をもたらさない。これは他のどんな強制取引でも同様だ。ボルボ車にのると統計リスクが下がるからといって、政府は人々にボルボ購入を強制したりはしない。政府が万人にボルボ購入を求めたら、望ましい再分配をもたらすことにはならない。*8　均一ＶＳＬは、人々にボルボ購入を義務づける政策とおなじ特徴を持つ。原理的には、政府はもし本当に人々の厚生を気にかけているなら、万人に対し容認可能な条件でのみ取引を強制すべきだ。この原理こそが、リスク平等性の正しい考え方だ。

ここでも、支払い意志額の使用を支持する議論は、既存の富の分配がこのままでいいという話ではないことに注意しよう。強制取引の問題は、それが既存分配を変えるのにまったく役に立たないということだ。それどころか、貧困者にかえって損をさせ、その人たちの限られたリソースを、買いたいと思ってもいないものに使わせることになってしまう。

楽なケースは実在するのか?

楽なケースは非現実的で、ありえなさそうに思えるだろうか? 多くの文脈では、おそらく非現実的だろう。大気汚染規制の費用は、その受益者がすべて負担したりはしない。[*9] 大気浄化法の一部の条項では、比較的貧しい人々は、かなり多めの便益を受けるし、そうした便益の費用をすべて負担しなくてすむ。でも労働者の補償規制となると、状況はかなりちがう。労働者補償プログラムの施行で、組合に所属しない労働者たちは、便益とほぼ同額の賃金引き下げに直面した。その引き下げ額は、期待受益額とほぼ完全に一致している。[*10] 飲料水規制でも、似たようなことが起きている。規制費用のほぼ全額が、水道料金引き上げという形をとって消費者に転嫁されている。[*11]

だから楽なケースは、現実世界でも数々の対応例が見られる。そして受益者が得るものの費用を全額負担しない場合でも、相当部分は負担することもあり、そうした場合には楽なケースが、少なくとも分析の出発点にはなる。

反対論

楽なケースの場合ですら、ＶＳＬの計算に支払い意志額を使うことについては、いくつか筋の通った反対論がある。それらはここまでの議論について重要な制限をつけるものだし、実証面でも概念面でも検討を続けるに値するパズルを示唆している。

「欲求ミス」

最初の反論は、人々が「欲求ミス」の問題に苦しんでいるかも、というものだ。[*12] かれらは、自分の厚生（それが何かは理解できている）を高めないものを求め、高めるものを求めようとしない。多くの状況で、人々の決断はその当人たちを幸せにも豊かにもしないように思え、別の決断のほうがそれを実現しそうに思える。[*13] 予想される厚生、または意志決定時点での厚生は、経験される厚生、あるいは人生を実際に生きるにあたっての厚生とはまったくちがっていることもある。[*14] もしそうなら、支払い意志額はその根底にある正当性の相当部分を失ってしまう、人々の選択は、その人々の厚生を本当に促進するものではない。[*15] もし政府として、人々が大いに便益をもたらす財に対して支払いをしたがらないと確信できるなら、政府としては支払い意志額を放棄したほうがいいのかもしれない。

もっと具体的な懸念として、人々の選好は欠乏状態も含めた既存の機会に適応したものになっている可能性がある。[*16] だからトクヴィルが書くように「人々を極度の悲惨に対して鈍感にし、そうした運命を引き起こしたものに対する、一種の悪性の嗜好を与えることも多い魂の傾向は、神の恵みと呼ぶべきか、あるいは少なくともその怒りの呪いと呼ぶべきだろうか」。[*17] 人々が健康改善も含む環境財について低い支払い意志額を示すのは、健康リスクも含め環境の悪い状態に適応してしまったせいかもしれない。人々の支払い意志額は、リスクが実際より低いという結論を通じて認知不協和を減らそうという努力を反映したものかもしれない。[*18] 自分が深刻な危険に直面していると考えるのはあまり楽しいことではなく、一部の人はまちがいなく実際の状況についての不当に楽観的な見通しを発達させるようになる[*19]（この問題についても後述）。

一部の文脈で、欲求ミスという発想は新古典派経済学において深刻な問題を引き起こすし、選択の自由に対する文句なしの熱狂にとっても深刻な課題となる。[*20] ダニエル・カーネマンとキャロル・ヴァレーが示唆したように「人々が自分の経験効用を知らなかったり、その時点の選好が知識を正確に反映していなかったりする場合、効用計算においては選好ではなく経験効用を使うべきだという主張ができる」。[*21] 支払い意志額使用の根拠が厚生なら、ここには本当の困難がある。支払い意志額の使用は、人々の厚生促進とのつながりが不完全かもしれないからだ。

こうした主張を行うにあたり、厚生の性質そのものを疑問視するような立場を採るものではないことは思い出そう。人々は人生がうまくいってほしいと思っている。でも生活がうまくいくという意味の理解は多様だし、そこには各種の財の詰め合わせが含まれる。快楽状態は重要だけれど、それ以外に重要なものはいろいろある。楽しかったり喜ばしかったりしなくてもそれを選択するのが正しいことで、意義深いことだから選ばれる活動もある。人々は人生に目的を求める。楽しいだけの人生を送りたいとは思わない。[*22] 人々は単純な意味ではまるで「好き」ではないものを、適切に、立派なとすら言える形で選ぶ。[*23]

たとえば、人々は楽しくなくても他人を助けたがることもある。気に入らないことであっても、道徳的にやるべきことをしたがる。重要な調査によれば、人々が実際に行う選択は、一般にはその人たちが主観的な厚生を促進すると思うものに基づいている——でもときには、人々は自分の幸福を犠牲にして、各種の他の目的を促進するような選択をする。そうした目的としてはたとえば、（1）家族の幸福促進（2）自分の人生に対するコントロールを増強（3）社会的地位の向上（4）人生の目的感の改善などがある。[*24] ここでの論点は、人々が狭い意味での厚生を促進したがらない、ということではなく、その選好概念がどうあれまちがいはするし、そうしたまちがいは支払い意志額の使用にも影響を与えるということだ。

こうした論点は、自律性にとっても意味を持つ。自律性の発想は、人々がたまたま持っているあらゆる選好についての尊重を必要とするだけでなく、本当に情報を持ったうえでの選好や、無理強いや不正に基づかない形で選好が発達するのを可能にする社会条件についても尊重を必要とする。[*25] 一部のリスクについて言えば、それに関わる選好は自律的なものではない。多くの女性は、男性によるハラスメントや支配（ときには暴力すら）のリスクに直面し、その状況のおかげで女性たちはそれがどうしようもないと思ってしまう――そして適応する――という事実を考えよう。[*26]

普通の規制政策の場合、「欲求ミス」に基づく反対論はおそらく、実務的なものというよりは理論的な関心に基づくほうが大きいだろう。通常、規制は低水準（たとえば十万分の一）の死亡リスクについてのものだ。抽象的には、人々の支払い意志額（たとえば90ドル）が適応選好や欲求ミスの産物だと信じるべき理由はない。確かに、支払い意志額が本当に適応選好や欲求ミスから生じている場合には、楽なケースに関する判断は改訂が必要になる――でも現実世界の規制慣行では、その問題がそんなにしょっちゅう登場すると考えるべき理由はまだないし、規制当局がＶＳＬを使うときの証拠を「弾劾」するのに十分とも思えない。

情報や行動的な市場の失敗

欲求ミスと密接に関連する反対論は、情報の欠如と限定合理性を指摘するものだ。これは行動経済学を含む行動科学からの多様な知見を含む包括的な概念となる。[*27] 非現実的な楽観論、近視眼、自制問題など、市場の働きを不完全にする一連の問題について「行動的市場の失敗」という用語を使おう。

この論点はこんなふうに示せる。ある人口母集団を考えよう。これをシンプソンズと呼ぼう（同じ名前のテレビ番組の登場人物ホーマー・シンプソンにちなんだものだ）。[*28] シンプソンズは選択をするけれど、その選択は系統的なまちがいを含んでいる。これは、それが非現実的なほど楽観的で、長期を無視していて、無謀だという意味だ。シンプソンズたちは死亡リスク（およびその他リスク）回避について、ある支払い意志額を持っている。その支払い意志額に対応するＶＳＬは低いものとしよう。でもそれが低いからといって、政府が規制政策で低いＶＳＬを使うべきだということにはならない。重要なのはこの人口母集団の厚生であり、シンプソンズたちの厚生は、シンプソンズたちの支払い意志額で適切にとらえられてはいない。規制当局は情報に基づいた理性的な選好、しかもその人の人生史にまたがるものを使うべきだ。シンプソンズたちの選好はこうした基準を満たしていない。[*29]

シンプソンズの国はないけれど、行動経済学者たちが示したように、人々は低確率事象への対応にしばしば苦労する。[*30] 人々が自分の直面するリスクに気がついていなかったり、そうしたリスクについての理解が乏しかったりすると、市場の証拠から得たその人たちの支払い意志額は低すぎるかもしれない。仮に労働者たちが十万分の一のリスクに対し、90ドルの賃金プレミアムを受け取るとしよう。これは具体的にはどういう意味だろうか。労働者たちは本当に、リスクと金銭をトレードオフしているんだろうか。関連する確率についてそもそもわかっているのか？　こうした質問にはっきりした答がないなら、市場の証拠は信頼できないかもしれない（これはＶＳＬを情報に基づく支払い意志額から引き出すことについての反対ではないことに注意。単に、既存の証拠を見ても、それが情報を理解したうえでの支払い意志額に基づいているのか確信できないという懸念だ）。

あるいは、利用可能性ヒューリスティクスで人々が死亡リスクを過小評価するかもしれない。もし人々が、ある活動で病気や死亡が生じた事例を思い出せなければ、そのリスクが些末でなくても些末だと結論づけてしまうかもしれない。市場で得られる証拠はこうしたまちがいを反映したものかもしれない。あるいは同じヒューリスティクスと、おそらくは無視により[*31]、人々はリスクを誇張して、現実に照らして過大な支払い意志額が生じるかもしれない。そして人々が「五万分の一」といった概念の意味を理解できなかったり、そうした概念に理性的に反応できたりしなければ、条件つき価値評価調査に基づく支払い意志額の算出については深刻な問題が生じる。

また、人々の支払い意志額が将来の健康便益についての過剰な割引を反映していることも考えられる。労働者が将来を無視したり、あり得ないほど高い割引率を適用していたりしたら、少なくとも短期では生じないような死亡リスクについては、かれらの支払い意志額に頼らないほうがいいという議論も十分に成り立つ。たとえば若い喫煙者たちは、まちがいなく喫煙にともなう長期的な健康リスクを十分に考えていない[*32]。偏食と運動不足を選ぶ人は、しばしばその行動の長期的な影響を考えていない。自制問題は限定合理性の重要な一部だ。低い支払い意志額が、将来に対する適切な関心の欠如を示すなら、支払い意志額を使わない理由が出てくる。

確かに、明日の1ドルは今日の1ドルよりも価値が低い。今日の1ドルは投資して増やせるからという理由もある。お金については、ある種の割引率はかなり筋が通っている。そして合理的な理由から、人々は明日の厚生より今日の厚生を選好するかもしれない。たとえば、今夜死ぬリスクはゼロではないから、今日の厚生を重視すべきという議論になる。合理的な人々がお金ではなく厚生をどう分配するかという問題は、簡単に答が出るものではない。でも人々が将来の自分についてあまり気にかけず、現在のわずかな便益と引き替えに、将来の大量の苦しみを引き受ける意志があるなら、何かがどうもおかしくなっている可能性が高い。[*33] 厚生主義者的なアプローチとして魅力的なものは、完全に情報をふまえた完全に合理的な選好を強調し、しかもそれが人生史にまたがって広がっているような選好であることが求められる。[*34] 人々の選択がこうした制約を満たさないのであれば、それは厚生の観点からは「弾劾」されている。行動的市場の失敗が登場する場合、支払い意志額には適切な補正を加えるべきで、支払い意志額から出てくるVSLもそれにあわせて補正すべきだ。もちろん、労働者をたくさん集めれば行動的市場の失敗は深刻な問題ではないことも考えられ、だから既存の数字が信用できるとも言える。指摘した通り、シンプソンズの国は存在しない。でもこの問題については、もっと多くの概念的、実証的な研究が必要だ。

権利

かなりちがった反対論として、人々の権利を指摘するものがある。人々は、ある規模のリスクにさらされない権利があるのかもしれない。そして支払い意志額の使用はその権利を侵害するかもしれない。支払い意志額がどうあれ、人間はある水準以上のリスクにさらされない権利があるという発想は魅力的だ。たとえば、貧しい人々が水質汚染での死亡確率二〇分の一のところに住んでいるとしよう。このリスクは容認できないほど高いように見える。政府や国際社会ですら、対象となる人口母集団が貧乏であり、支払い意志額がリスク回避に支払う意志額が1ドルで、一人あたりの費用が10ドルだった場合でも、そのリスクを減らすための手段を検討すべきだというのは筋が通っている。

人々の権利に関する抽象的な主張として見る限り、この反対論は正しいかもしれない。人々が深刻なリスクに直面しているのに、人々の支払い意志額のおかげで何も対処できないというのは、何かがひどくおかしい。支払い意志額が、政府資源の適切な使用を決める決定的な要因だと示唆するのは愚かだ（政府が貧しい人々に100ドルの小切手を切るのは、人々がその小切手に対して100ドル支払う意志がある場合だけだというのは筋が通っているだろうか）そして多くの場合、人々は確かに権利を侵害されるほどの規模のリスクにさらされている。でもいくつかの理由から、この論点は楽なケースに関する私の結論に対してあまり力がない。

この反論で最初の問題は、ここで扱っているケースではこの種の権利がふつうは出てこないということだ。[*35]問題になっているのは統計的に小さなリスクだ。この最初の回答に説得力がなく、権利が本当に関係しているとしよう。それなら、もっと根本的な回答がある。権利が関わっているなら、適切な対応は人々にほしくもない保護を強制的に買わせることではなく、そうした便益を無料で与えたり、かれらにとって受け入れ可能な価格でそうした便益を受けられるようにするための補助金を与えることだ。ここでの話は、政府がある種の財を補助金を通じて提供するべきだとか、ある水準以上のリスクへの曝露が人権侵害だとかいう可能性を否定するものではない。むしろ問題は、ここで述べた想定の下での規制についてのものだ。それが問題である限り、支払い意志額の使用はだれの権利も侵害していない。

まったく別の反対論として、人々が市民であり単なる消費者でない点を強調するものがある。この反対論では、規制的な選択は市民たちがお互いに、その選好と価値について議論を重ねた上で行われるべきだと述べる。[*36] 強制取引への反対論は、人々を消費者として扱うものだ。それは安全についての彼らの意志決定を、他のあらゆる商品に関する意志決定と同じように扱う。[*37] 一部の意志決定について、このアプローチはひどくまちがった発想となる。よく機能する憲法システムは熟議民主主義であり、[*38] 最人化マシンではない。多くの社会的判断はお互いとの熟議を行う市民によってなされるべきであり、消費者の個別の選択を総和することで決めるべきではない。

いくつか例を考えよう：

- 人種差別や性差別の容認される水準は、人々が差別する（あるいは差別から逃れる）ためにいくら支払う意志があるか、といった市場の証拠や条件つき価値評価調査で決まるものではない。そうした差別は、差別者たちが人気のない集団のメンバーとつきあうのを回避するために大金を支払う意志があっても禁止される。民主的なプロセスを通じ、市民たちはある種の差別が、人々の支払い意志額がどうあれ違法だと決めている。
- セクハラをめぐる禁止は、人々の支払い意志額を見て決まるものではない。多くの潜在的なハラスメント者は、ハラスメントを行う特権のためにお金を支払うだろうし、それがかなり大金かもしれない。ハラスメントをする人の支払い意志額が、それを避けるための被害者たちの支払い意志額を上回ることも十分考えられる。それでもハラスメントは禁止されている。理由の一つは、市民権法の一つの目的が既存の選好や信念を永続させることではなく、変えることだからだ。

- 動物虐待を禁じる法律や、積極的に保護を行うよう人間に義務づける法律は、支払い意志額から出てくるのではなく、道徳性によりそうした法律が正当化されるという信念からきている。法律で、動物たちを残虐行為や苦しみから保護するよう決まっているとき、規制される側がその規制を回避するために大金を支払い意志があっても、それで話は左右されない。もちろん規制の費用はそうした規制をかけるべきかどうか決めるときに重要な役割を果たすかもしれない。でも根底にある道徳的な判断は、苦しみの防止という信念に根ざしたもので、基本的には支払い意志額に左右されない。

「選好」を規制政策の基盤とするアプローチすべての限界を強調したアマルティア・センは、「議論と対話や、政治的な議論すら、価値観の形成と変化に貢献する」[*39]と述べる。かれは、環境保護という具体的な文脈だと、規制当局は「既存の個人選好を最大限に反映するものや、そうした選好に基づく選択を行うための受け入れ可能な手順を探すだけにとどまってはならない」[*40]と述べる。

センの主張は根源的だし正しいものでもある。支払い意志額の使用についての深刻な制約も示している。でも、こうした反対論をあまり深読みしないことも重要だ。私的な生活で安全と健康をトレードオフするとき、人々は静的な価値観や選好を持つわけではない。ほとんどの場合、人間の選択は思索の産物で、それはその選択者が消費者としてだけ動いている場合にも当てはまる。思索と熟慮は、他人との話し合いで行われる場合も含め、市場の領域から決して抜け落ちていない。確かに、道徳的な問題を解決するのに、私的な支払い意志額を総和するだけではいけない。ときには人々の選好は、支払い意志額の裏付けがあっても、道徳的に容認できない（セクハラの場合を参照）。だから政策もそれを考慮すべきではない。さらに、人々は道徳的な正当性の強い財に対して大金を支払いたがらないかもしれない。動物福祉はその一例かもしれない。こうした状況なら、市場モデルは適用できないし、支払い意志額でわかることもほとんどない。

でも楽なケースではどうだろう。こうした議論は政府が、低水準リスク排除のためにいくら支払うかという個人の選択（それが情報を理解したものであっても）をオーバーライドすべきだと示唆するものだろうか。環境保護全般については、確かに「既存の個人選好を最大限に反映するもの」を越えることが重要だ。でもこの論点は、人々が十万分の一のリスク排除について、75ドルしか支払う意志がないのに100ドル支払うよう求めるべきだということにはならない。人々の支払い意志額が情報不足や限定合理性や、熟慮不足の反映であるなら、政府その他の人々がその問題を指摘することが重要だ。そして場合によっては、低い支払い意志額はそれが事実関係その他に関する錯誤に基づくという理由でオーバーライドされるかもしれない。でもこうした論点は、楽なケースに関する私の結論に対する一般的な反対論だと考えるべきではないし、政府が人々に対し、統計的なリスク削減について、当人たちが過大と判断するような費用を強制すべきだという議論として理解してもいけない。

きわめて低い確率のカタストロフ的なリスク

仮に、アメリカ人全員が千万分の一の死亡リスクに直面していて、このリスクがもし実現した場合にはアメリカ人全員が死亡するとしよう。年間死者数の期待値は30人強にとどまるし、VSLを九〇〇万ドルとすれば、これは年間費用2・7億ドル強ということだ。でも政府が千万分の一のリスク回避についての各個人の支払い意志額を調べたら、かなりゼロに近い数字が出てくることも十分に考えられる。あなたなら、千万分の一のリスク回避にいくら支払いたいだろうか。「ゼロ」と言った人はほとんどの人々と同じだ。そしてほとんどの人々がそうなら、アメリカ人全員に適用される千万分の一のリスクは、期待年間死者数が30人ほどであり、年間費用はほとんどゼロになる——単にアメリカ人それぞれが死亡する千万分の一のリスクがあるというだけでなく、アメリカ人全員が死亡するリスクがあるのだという事実から見て、これはかなり変な結果だ。

この結果は確かに異例に思える。そもそも、30人の死亡を防ぐのが無価値かゼロに近いと結論づけるのは本当にまともなことだろうか。人々のきわめて低い確率のリスクを避けるための支払い意志額に完全に基づく観点からすれば、イエスという答が出てくる。でも何十人もの死亡を防ぐ価値をゼロとするのは、かなりあり得なさそうだ。この種の場合、リスク回避の便益を計算するのに支払い意志額を使うのは深刻な問題がある。

この結論は実際には問題を過小に述べている。ここでの考えているケースだとリスクは潜在的にはカタストロフ級だ。その千万分の一の確率が実現してしまったら、アメリカ人は全員死ぬと述べた。その規模のリスク回避に人々がゼロに近い支払い意志額を示したとしても、それを防ぐために国がほとんど何も支出しなくていいというのはおかしい。この論点は、カタストロフ的な低確率リスクの予防に関する一般的な意味合いを持つ。支払い意志額の数字で正当化されなくても、何らかの予防措置はとられるべきだ。こうした数字の一部は、個人の行動が「カタストロフプレミアム」「絶滅プレミアム」を反映していないことだ。そうしたプレミアムは、直接的に検定してみれば必ず生じるはずだ。人々は、自分個人だけが直面するものなら、千万分の一のリスク回避に何も支払いたがらないかもしれない。でもあらゆる国民がこのリスクに直面すると言われたら、ずっと高い数字が出てきそうだ。質問のやり方次第で数字は高くなる。問題のもう一部は、支払い意志額はカタストロフに対する社会的な対応についての適切な指標ではないということだ。これは、人々がその種のリスクについて選択を行うのに慣れていないからかもしれない。

私の見たところ、これはカタストロフ的なリスクの文脈で、低いまたはゼロ近くのVSL（支払い意志額からそんな数字が出てくるとしても）を使うことに対する、強い反論だ。リチャード・ポズナー判事が示したように、[*41] これは政府がカタストロフ的な害をもたらす小さなリスクへの対応を考えるときに重要な論点となる。でもこの反論が当てはまる文脈は（幸運なことに！）とても少ないことも見よう。だからこの反論はかなり限られたものだ。VSLが使われる圧倒的多数のケースには当てはまらない。こうしたケースでは、問題のリスクは一万分の一から十万分の一で、大規模なカタストロフも出てこない。つまりここには支払い意志額の使用についての制約はあるけれど、その反論の領域はきわめて小さいということだ。

第三者の影響

最後の反対論は、第三者への影響を指摘するものだ。あるリスクの過小評価により部外者が損失を受けて、その厚生が考慮されていない場合、支払い意志額の計算はかなり不完全になってしまう。この論点は、現在使われている支払い意志額について、一般的で黙殺されている問題を実証している。省庁は、統計的リスク排除に対する人々の支払い意志額を検討するけれど、他の人――特に家族や友人たち――もそうしたリスク排除に多少の支払い意志を持つという事実を考慮していない。

ジョンは、自分の十万分の一のリスク回避に25ドル支払う意志があり、その妻のジェーンはジョンのリスクをなくすのに25ドル支払う意志があるとしよう。ジョンが危害を受けたり死んだりすれば、その代償を支払うのはジョン一人ではない。規制当局がジョンのための支払い意志額を、ジョンの友人や親戚から集めて合算したら、総支払い意志額はすぐ100ドルを超えるかもしれない。これは支払い意志額の今の使用について本当に問題となる点だ。原理的には、規制当局は被害を受ける人々すべてを考慮すべきであり、そのリスクを受ける当人だけを考えるべきではない。[*42] この問題についてはかなりの研究が必要となる。[*43]

これは確かに正当な論点ではある。でも今までの議論は、第三者への影響はないと想定している。楽なケースでは、支払い意志額の使用を正当化する主張は、ここで述べた想定に基づけば、政府は当人たちにとって十分な価値のない財を買うよう人々に強制してはいけない、というものになる。少くとも一見したところでは、この議論は私がいま問題にしている統計的リスクについては、しっかりしたものに思える。

もっとむずかしいケース

ここまでの想定は、明らかに不自然なところがあった。一番重要な点として、人々は必ずしも自分が受け取る規制便益の社会的費用を完全に負担したりはしないのだ。ときには、その一部しか負担しなかったり、ほとんど負担しなかったりする。この場合、分析はずっとややこしくなる。[*44]

構成と分配

大気汚染規制の場合、複雑な分配的影響の集合があり、全体として貧しい人々とマイノリティ社会の人々は、純利得を得られる可能性が高いことを見た。仮に、大気汚染規制のおかげで貧困社会での人々の健康が改善され、そうした便益を受ける人々は、費用のごく一部しか負担しないとしよう。また厳密に厚生だけで見ればかれらは、病気が減ったり寿命が延びたりすることで、多大な恩恵を受けるとしよう。そして費用のほとんどは、それを楽に負担できる（つまり支払いにあまり苦労しない）人々が支払うものとする。支払い意志額に基づく費用便益分析は、大気汚染規制の厚生的な効果について適切な説明をもたらさないかもしれない。その理由は、厚生利得を得る人々は、損失をうける人々の損失よりも大量に利得を手に入れるかもしれないからだ。支払い意志額の採用、つまりはＶＳＬの使用は、規制が純損失になるという結果を出すかもしれない——でも厚生で見れば、この分析は適切ではないかもしれない。示す方向がまちがっているのだ。

貧しい人々とお金持ちの例はいちばんはっきりしているけれど、単なる例示でしかない。支払い意志額に基づく費用便益分析が、厚生を促進しない場合はいろいろ考えられる。労働者保護のための安全規制は、費用便益分析では損失になるという結果になっても、厚生を高めるかもしれない。これは、支払い意志額が情報に基づく合理的な生涯にわたる選好を捉えていない場合だけの話ではなく[*45]、厚生面の影響が金銭額で十分に捉えられていない場合もそうなる。もちろん、プラスの純便益を持つ規制が、厚生促進の観点からは有害だという場合もあり得る。つまり、四種類の場合が考えられるわけだ。（1）純金銭便益と純厚生便益、（2）純金銭便益だが純厚生費用（3）純金銭費用と純厚生費用（4）純金銭費用だが純厚生便益。ここでの目的のためには（2）と（4）が興味深いものとなる。

いずれにしても、厚生面の影響はどうすべきかについての問題解決にはならないかもしれない。分配上の利得が重要な検討事項だからだ。大統領命令13563が明示的に「分配上の影響」を重視していることを思い出そう。貧しい人々がたくさん利得を得ていて、お金持ちがそれより少し多めの損失を出しているなら、規制は分配的な根拠で正当化できるかもしれない。優先主義の発想では、社会の目標は全体としての厚生を高めることだが、最も恵まれない人々が優先されるべきだと示唆される[*46]。

楽なケースとむずかしいケースを分けるのはこの部分だ。楽なケースでは、人々が支払いたがる金額以上を要求するのはあまり筋が通らない。でもむずかしいケースでは、人々は自分の受ける便益についての費用を全額支払っていない。この場合、支払い意志額が規制費用より大幅に低くても、かれらが平均ではその規制で利得を得ることは十分にあり得る。もっと重要な可能性は、純益で見れば社会も厚生面で利得を得るということだ。[*47] この論点は、規制の受益者がそれに対する支払いをしない場合に支払い意志額を使うのは深刻な制約がある可能性を示唆している。こうした場合、均一VSLですら厚生を重視するのであればまちがった結果を生み出しかねない。そして、貧しい人々のVSLを低く設定する、分解型VSLは、貧しい人々が厚生面で大量の利得を手にする場合にはことさら誤解を招くものとなる。

実際こうした場合には、分解型VSLではなく均一VSLを使い、貧しい人々が支払い意志額以上に得られるようにするのが正当化されるかもしれない。だからW・キップ・ヴィスクーシは「ちがった人口群について均一VSLを使うことで、省庁は暗黙の所得再分配を行っている。貧困者への便益は、そのVSLで正当化されるより重みが大きく、お金持ちへの便益は過小評価されるからだ」[*48]と述べている。均一VSLの使用は必ずしも望ましい再分配を促進するとは限らない。でも貧しい人々が費用以下の支払いで便益を享受していて、損失は裕福な人々が負担しているなら、そういう結果になることも十分にあり得る。

費用便益分析の擁護論として、最も直感的にわかりやすいものはカルドア＝ヒックス基準（潜在パレート優位性と呼ばれることもある）を使うもので、勝者の勝ち分が、敗者の負け分より大きいかどうかを尋ねる。[49] 中心的な考え方は、勝者が敗者に補償できて、それでも余剰があるなら、カルドア゠ヒックス基準を満たせば厚生の純利得があることになる、というものだ。この基準は多くの疑問点や謎を引き起こすので、[50] こうした厚生利得を生み出すならその規制は通常は正当化されるというだけにとどめよう。問題は、状況によっては費用便益分析面での純損失が起こり、それが厚生面での純利得と共存するということだ。厚生のほうが主要な概念だし、金銭化された数字は単なる代理指標なので、代理指標のほうが主概念に道を譲るべきなのは明らかだろう。

省庁が費用便益分析を使えば、全員とは言わないまでも大多数が長期的には便益を受けるのだという主張もある。ヒックスは、カルドア゠ヒックス基準についてそう論じ、「その社会の全住民が、その社会が別の原理に基づいて組織されていた場合に比べ、必ずよい状態になっているとは言えないものの、十分に時間がたてば、ほとんど全員がよい状態になっているという可能性はとても高い」と述べている。[51] この議論は厚生の分析についてのもので、費用便益分析についてではない。だから省庁が意志決定基準としてVSLに基づく費用便益分析を使えば「十分に時間がたてば、ほとんど全員がよい状態になっている」という見方を納得できるものにするにはかなり作業が必要だということは指摘しよう。もっと一般的に言えば、ヒックスの議論それ自体を疑問視すべき正当な理由もある。[52]

むずかしいケースだと、費用便益分析の使用が自律性を促進すると論じるのはずっとむずかしい。貧しい人々が、便益をもたらすプログラムの費用をすべて負担しないなら、支払い意志額使用を支持する自律性に基づく議論は大幅に弱まる。貧しい人々は無料で便益を（すべて、または部分的に）享受している。人々に、受け入れ可能と考える条件で財を与えるのは、人々の自律性への侮辱にはならない。

規制が分配上の影響に動機づけられている限り、再分配が狙いならばそれは規制を通じて実現するのではなく、税制を通じて行うべきだという反応が自然となる。税制のほうが、助けの必要な人々に資源を移転する方法としてずっと効率的だからだ。[*53] 一般に、この論点は正しい。でもその再分配が税制を通じては不可能だったとしよう。それなら、むずかしいケースでの規制の利用も無視はできない（非効率ではあっても）。確かに、規制が最も恵まれない人々に有益だという事実は、その規制を支持する決定的な理由にはならない。最も恵まれない人々への便益を、他の人々への費用と対比して計測する手法が必要だ。規制が最も恵まれない人々をごくわずかしか助けず、その他の人々に巨額の費用負担を引き起こすなら、それはほとんど支持できない。でも、すべてはその影響の規模次第だ。最も恵まれない人々に大きな利得をもたらすプログラムは、支払い意志額の面で便益よりちょっと高い費用をもたらす場合でも十分正当化されるかもしれない。これまで見た通り、それが正当化されるのは、それが社会全体で純厚生利得をもたらすからか、あるいは分配面の影響がてんびんを傾けるに十分だからだ。

最適課税と実行性

こうした課題はあっても、規制当局は厚生を直接検討したりはしない。そして大統領命令13563で分配面の影響を検討していいとされているのに、そうしない場合が多い。なぜだろう？

一つの答えは実行性をめぐるものだ。あるいはもっと具体的にいえば、意志決定費用と錯誤費用を最小化するのにいちばんいい方法をめぐるものだ。現実世界のケースでは、支払い意志額なしでの厚生の直接検討は、きわめて運用がむずかしいか、不可能だと規制当局が考えることも十分ある（これは私がこれまでずっとやってきたように、厚生に関する個人同士の比較問題を脇に置いておいた場合でもそうなる）。[*54] 規制当局が支払い意志額に頼るのは、それが厚生の代理指標として完璧だからではないし、それに近いものだからですらなく、何よりも直接的な厚生の検討は手に負えないからだ。[*55] 規制当局は厚生を測るメーターなんか持っていない。この点だけから見ても、かわりに標準的な費用便益分析を使いたくもなるだろう。標準分析からはずれる代替アプローチは、省庁に大きな情報収集負担をかけるし、その情報収集そのものが独自のまちがいを引き起こしかねない。[*56]

この点は強調に価する。公共部門で働く人々はどうしても不完全な情報に基づいて活動しているし、費用便益の枠組には実行性と実施可能性（さらには確立した実績）がある。代替アプローチも慎重に評価して、こうした長所を持つかどうか見る必要がある。いかに胸躍るもので、有望ですらあっても、公的な使用には向かないかもしれないのだ。厚生の直接的な評価はいまだにかなり深刻な問題を投げかけている。もちろんいずれそうした問題にも対処できるかもしれないのだが。

規制当局が、分配上の配慮が重要だと決めた場合、一部の規制当局はその結果として、助けを特に必要とする適切な人々に利益が分配されるどころか、利益団体同士の戦争が起きるのではと恐れる。もっと大きな論点として、貧困者が明らかに受益者で、その費用を負担するのがお金持ちという規制はなかなか見つからない。規制の費用も便益も広く配分されていることが多いので、様々な人口集団がその便益を享受し、費用を負担する。この問題については、これまで行われてきたよりも精度の高い分配上の影響を示すための、さらなる大量の研究が必要だ。

現状では、規制当局は意志決定の基盤として支払い意志額を使い、おおむね費用便益の釣り合いを取るような結果に従うのが筋の通ったやり方だ。そしてどうしても必要があれば、厚生や分配に深入りしよう。金銭化した便益が金銭化費用よりほんの少ししか高くないけれど、費用が裕福な人々に負担され、便益を最も享受するのが苦しい立場にある人々だとしよう。規制当局は、こういう場合に先に進もうとするかもしれない。実は、これが一般に正しいアプローチだ。原理的に正しいものだし、規制当局にも不当な情報収集負担をかけないからだ。でも手に入る情報が増えれば、厚生や分配上の結果をもっと直接、正確に評価できるようになり、そうしたものの役割も高まるかもしれない。

個人化VSLにとっての意味合いは？　省庁の価値評価の根底にある理論に基づけば、ここでももっと個人化を高めたほうが望ましいことになる。またリスクについて言えば、価値評価が検討中のリスクの性質によって変わるのであれば、個人化が適切となる。これについての大きな但し書きは、均一VSL——恵まれない人々に、その人の支払い意志額を上回る規制保護を与えるもの——はむずかしいケースでは、幸運な分配上の影響をもたらすかもしれないということだ。これは重要な点ながら、規制当局は扱いに注意しよう。必ず成立するわけではないし、必要としている人々への支援を増やすのが狙いなら、均一VSLは決してそれを達成する最善の方法ではないのだから。

世界的リスク規制と国別の価値評価

ここまでの分析は、世界的なリスクの規制や、文化ごとの支払い意志額やＶＳＬの開きにとって、重要な意味を持ってくる。こんどはそうした意味合いに目を向けよう。[*57] 中心的な主張は、貧困国は富裕国より低いＶＳＬを使うべきだし、アメリカや国際機関がもっと高いＶＳＬを使うようこだわったところで、貧困国の人々は何も得るものはない、ということだ。でも、問題にしているのが援助機関や援助国の行動なら、分析も変わってくる。最も恵まれない国は、支払い意志額が低くても助けてあげるべきだ。規制のためであれば、高いＶＳＬにこだわってもそういう支援はもたらされない。援助する側の慣行と政府規制の区別から初めて、国ごとの価値評価という実務的な問題を検討しよう。

インド人の命はアメリカ人の命より価値が低いのか。気候変動など

第４章で、貧しい国の人々が富裕国よりも低い支払い意志額を示すので、結果として富裕国の人々よりＶＳＬも低くなると示唆した（表４・１を参照）。貧しい人々はお金持ちよりお金を持っていないので、この知見は何ら驚くことではないはずだ。この種の証拠をもとに、気候変動の影響に関する一部の評価は、富裕国の人々の死亡による金銭費用が、貧困国の人々の死亡からの金銭化費用よりはるかに大きい結果となっている。[*58]

たとえば気候変動に関する政府間パネル（ＩＰＣＣ）の一九九五年第二次報告書では、工業国の人命は１５０万ドルの価値があり、途上国の人命はたった15万ドルと計算されている。[*59] こうした評価はかなりの論争を呼んだ。哲学者ジョン・ブルームは、このアプローチを使うとアメリカ人の人命は、インド人10-20人分の価値を持つことになり、これは「ばかげた」評価だと述べた。[*60] このためＩＰＣＣを含む一部のアナリストは、全世界のＶＳＬが１００万ドルという数字を使うことにした。この選択は、かなり恣意的だし、富裕国の人々にとっても貧困国の人々にとっても有害となる可能性がある。

この問題は重要なジレンマを引き起こす。国際機関は人命の金銭価値をどう評価すべきか。気候変動により全世界で（たとえば）一万人の死者が出て、そのうち（たとえば）八千人は貧困国民で、二千人が富裕国民だったら？　ここまでの議論からすると、こうした問題には明確な抽象的回答はない。特にその答えがどう使われるのかを知る必要がある。特に文脈なしに一般論として二〇五〇年の死者数の金銭価値を尋ねられたら、答を控える（そして笑ってごまかす）のがいちばんいい。ＶＳＬの適切な評価と、国ごとの開きは、それをどう使うかによって変わる。開きのある数字が、本当に人命の金銭価値を決めるものとして使われ、カナダの人々がアルゼンチンの人々よりずっと「価値が高い」とか、貧困者がお金持ちより「価値が低い」とか言うために使われるなら、こうした数字は馬鹿げているし、腹立たしいものとなる。

もっと先に話を進められる。もし開きのある数字を使うのが、援助機関が死亡リスクを減らすためにいくら使うべきかを決めるためなら、これもほとんど筋が通らない。貧困国の貧困者が一万分の一のリスクを除去するのに1ドル支払う意志があり、富裕国の豊かな人は100ドル支払う意志があるからといって、国際機関はそのリソースを貧困国より富裕国に割くべきだなどという見方は擁護されない。この点を例示するため、次の二つのプログラムでどちらを選ぶか考えよう。

- A　プログラムAはコスタリカの貧困者50人が直面する一万分の一のリスクを（500ドルの費用で）除去するが、その人々はそれぞれそのリスク除去に2ドル支払う意志がある。
- B　プログラムBは、フランスの豊かな人々50人が直面する一万分の一のリスクを（500ドルの費用で）除去するが、その人々はそれぞれそのリスク除去に350ドル支払う意志がある。

原理的には、支払い意志額を見るとフランス人のほうがコスタリカ人よりはるかに高いからといって、援助機関がフランス人を助けるべきだなどと考えるべき理由はない。それどころか、プログラムAのほうがずっと優先度が高くなるだろう。それは極度の欠乏に直面している人々を助けることになるからだ。個人レベルで正しいことは国で見ても正しい。プログラムAはプログラムBに比べ、厚生主義的な理由からすればよいものとなる。でも厚生主義的な根拠で両者が同じだったり、Bのほうがその見方で優れている場合ですら、プログラムAを支持する優先主義的な性格の強い議論が存在する。

でも今度は別の問題を考えよう。貧困国の政府が、職場リスクを削減するのに適切な政策を決めようとしている。どのVSLを使うべきだろうか？　少なくともここまで私が挙げてきた想定だと、こうした政府は自分の市民たちの、確かに低い支払い意志額から出発するのがいちばんいい。その国の市民たちが、十万分の一のリスク除去に対し、2ドルの支払い意志額を示したら、政府はその保護のためにかれらに50ドルとか10ドルとか支払わせるようにしても、何も恩恵を施していない。VSLが国ごとにちがうのが適切だというのはまさにこういう意味でのことだ。これなら、貧困国の市民が富裕国の市民よりVSLが低いと言ってもかまわない。

この論点は、国際労働基準にとって強い意味合いを持つ。たとえば中国やインドなど、貧困国の労働者もアメリカの労働者と同じ保護を受けるべきだと示唆したい気持ちはわかる。北京の労働者が、ロサンゼルスの労働者たちよりはるかに保護が薄くていい理由があるだろうか。答はイエスだ。世界の所得分配が現在のような形であるなら、インドの労働者にアメリカと同じ保護を与えるシステムは、その保護費用を負担するのが労働者自身だというここでの私の想定を使う限り、インド人労働者の利益にはならない。

インドの労働者に、アメリカ人と同じ保護水準を与えるよう要求するのは、インド人労働者が拒絶する条件での強制取引でしかない。こうした状況だと、貧困国の労働者たちの健康と安全保護改善を求めて最も大きな声をあげることが多いのが、貧困国労働者ではなく富裕国労働者だというのも、驚くことではない。こうした規制の主な受益者となるのは、豊かな国の労働者のほうで、そうした保護が実現したら、富裕国の労働者は貧困国からの競争から保護されることになるからだ（貧困国の労働者は、低水準リスクの排除にそんなにお金を払う気はなく、それならむしろお金をくれと思っている）。貧困国の労働者が富裕国の労働者と「同じ」保護を受けるべきだという発想は、人命の等価性に関わる「道徳的ヒューリスティクス」に根ざす誤謬だ。このヒューリスティクスはうまく機能することもあるけれど、ときには見当ちがいのものとなる（第6章参照）。本当の問題は、各種の数字が実際の人間に対して現実にどんな影響を持つかということだ。

もしインド政府が、自国民が富裕国の人々よりも価値が「低くては」いけないという理屈で900万ドルのVSLを使ったら、インド国民はまちがいなく被害を受ける。楽なケースだと、強制取引は助けるはずの人々にとって有害だ。むずかしいケースでは、受益者は費用のごく一部しか支払わず（大半の費用は、同じ国の他の人々が負担する）、その国はリスク削減（またはもっと厳密に言うと、規制アジェンダにたまたま載ったリスクの削減）にあまりにお金を使いすぎている可能性が高い。極度に高いVSLの非効率性は、成長低減や物価高、雇用減少といった形で様々な形で切実に感じられる（分析は、アメリカが非効率なまでに高いVSL、たとえば2100万ドルを使った場合と同じだ）。

これに対して、リスク除去の費用を負担するのが第三者——たとえば富裕国——なら、貧困国の人々はリスク削減が高いVSLに基づくものであっても、助かることになる。もちろん貧困国の市民は、現物便益ではなく現金をもらったほうが、ずっと助かるだろう。でも現金再分配ができないなら、無料または費用のごく一部の負担で提供される規制便益は、やはりありがたいものだ。たとえば国際機関が全世界で500万ドルというVSLを使い、その金額が貧困国の人々の国内VSLより高いなら、リスク削減のリソースが富裕国に提供してもらえる場合、貧困者たちは大いに利益を得る。でも、もう一度論点を繰り返して置こう。規制は補助金ではない。もし貧困国が高いＶＳＬを使い、その費用を負担するのもその国なら、その国自身の国民を助けている可能性はたぶんとても低い。

政策と実務

本章と前章で、私の最大の狙いは現在の実務の背後にある理論を検討し、それが厚生と自律性についての納得できる考え方に根ざしていることを示すことだった。また、現在の主流理論の限界も指摘しようとした。最後に、規制当局が分配問題とむずかしい問題にどう対処するにしても、その理論は現在行われているより強い形での、ＶＳＬの個人化を求めるものだというのも示した。

ここで言ったことはどれも、既存の富や資源の分配が問題ないと主張するものではない。もちろん貧しい人々が豊かな人より「価値が低い」わけはないし、政府として貧困者にリソースを直接提供したり、規制便益の提供に補助をつけたりするほうが適切な場合も多い。でも貧しい人たちを支援するのに、強制取引はよい方法ではないことは見たし、均一ＶＳＬは不平等に対する対応としては倒錯しているかもしれないことも見た。

もちろん完全な個人化は実践不能だ。政府は個人のリスク選好について必要な情報を持っていない。何かの分類に基づく判断は不可欠だ。いずれにしても、規制が提供する便益の多くは集合的な性格のものだ。規制当局は、ある人に保護を提供したら、同時に多くの人にも保護を提供しないわけにはいかない。それでも、原理として現在の理論が何を言っているのかを見ておくのは重要だし、その制約は実務的なものであって、その一部は知識が進歩するにつれて克服されるかもしれないということも理解しておこう。実務的な制約があっても、均一ＶＳＬはますます正当化しにくくなっている。

第6章　リスクの道徳性

　認知におけるヒューリスティクスの使用についての現代研究の先駆として、エイモス・トヴェルスキーとダニエル・カーネマンは「人々は確率を推定して価値を予測するという複雑な作業を、単純な判断操作に還元するような、少数のヒューリスティクス原理に頼る」と主張した。[*1] ヒューリスティクスの良し悪しについては多くの論争が生まれ、そのほとんどは「すばやくお手軽」で、多くの分野で役割を果たしている。[*2] 人々が単純なヒューリスティクス、または心的なショートカットを使うとき、それは一般によい決定を可能にしてくれるという意味でうまく機能するからだ。でもヒューリスティクスがいつもはうまく機能するにしても、大きなまちがいにつながることもある。確率について人々が不正確な評価を行うのは、単純なヒューリスティクスのために迷子になっているせいかもしれない（詳細は第7章参照）。

　道徳や政治の領域でも人々は単純な経験則に頼り、それはうまく機能することも多いけれど、時には失敗するという可能性は、関連研究でも検討が始ったばかりだ。実は中心的な論点は自明に思える。日常的な道徳性の大半は、単純でとても直感的なルールで構成されており、一般には筋が通っているけれど、場合によってはそれが失敗する。盗んだりウソをついたりするのはまちがっているけれど、人命を救うためのウソや窃盗なら、たぶん必要だろう。すべての約束を守るべきでもない。

本章での私の大きな目的は、特にリスクの領域で事実面だけでなく道徳的な判断にも影響するヒューリスティクス群を指摘することだ。そして広く受け入れられている慣行や信念が、こうしたヒューリスティクスの産物だということを実証することだ。リスク関連のヒューリスティクスはしばしば、実際にうまく適合する各種問題からの一般化の産物であり、だからほとんどの場合、そうしたヒューリスティクスはうまく機能する。それは、通常当てはまる文脈について、筋の通った判断を生み出すという意味で「生態的合理性」を持っている。それにより人生は単純で、簡単で、よいものとなる。

問題が生じるのは、その一般化が文脈から無理に引き離され、自立した、あるは普遍的な原理として扱われ、その正当性がもはや機能しない状況にも当てはまるとされる場合だ。そうした一般化が、自立した普遍的なものとして扱われるので、それを適用するのは当然に思える。それを否定する人々は道徳的に鈍重で、ときに化け物のように見える。私としては、見かけは誤解のもとだし、道徳的なまちがいを生み出しさえすると主張したい。根拠のないような状況で、一般化した話を適用しないのは、鈍重でも化け物じみたことでもない。

カーネマンとトヴェルスキーが確率判断について扱っていた範囲では、ヒューリスティクスがときにはまちがいにつながることを示せた。残念ながら、それはここでは容易に実証できない。道徳と政治の領域では、まちがいがきわめて直感的に分かりやすく、考えて見れば文句なしのものであるような、明確なケースを思いつくのはむずかしい。それは、人々が最終的に自分の直感について恥じ入ることになるようなケースとなる。それでも、私としてはその人の道徳的なコミットメントがどうあれ、道徳的ヒューリスティクスが実在し、いたるところにあることを示せればと思う。そしてそれが、ときには個人や社会の反応に対し、残念な影響を与えてしまうのだ。

通常のヒューリスティクス、確率、頑固なホムンクルス

ヒューリスティクスとバイアスに関する古典的研究は、道徳問題ではなく事実関係、それも通常は確率判断の領域を扱う。むずかしい事実関係の問題に答えるとき、正確な情報を持たない人は、単純な経験則に頼る。長編小説四ページで、「ing」で終わる単語はいくつあるだろうか。その同じ四ページで、最後から二番目の文字が「n」の単語はいくつあるだろうか。ほとんどの人は、後者より前者のほうに大きな数を答える[*3]——でも一瞬でも考えれば、これがまちがいなのはわかる。人々がまちがえるのは、すぐにわかるヒューリスティクス——利用可能性ヒューリスティクス——を使ってむずかしい質問に答えるからだ。

人々がこのヒューリスティクスを使うと、確率の問題に答えるとき、すぐに頭に浮かぶ例は何かを考える。洪水、飛行機事故、交通渋滞、テロ攻撃、原発事故の確率はどのくらいだろうか。統計的な知識がなければ、人々は例示を考えようとする。統計的知識がない人にとって、利用可能性ヒューリスティ

クスを使うのは何ら不合理なことではない。問題は、このヒューリスティクスは事実関係の深刻なまちがいをもたらしかねず、小さなリスクに過剰に怯える一方で、大きなリスクを無視するようにしてしまいがちなのだ。

あるいは、確率に関する判断が、どのくらい似ているかという評価に影響される代表性ヒューリスティクスはどうだろうか。代表性ヒューリスティクスは、リンダという名の架空の女性がどんなキャリアになるかという質問への人々の答えによくあらわれている。彼女は以下のように説明されている。「リンダは31歳で、独身、はっきり物を言い、とても頭がいい。哲学専攻で、学生時代は差別問題や社会正義に深く関わり、反核デモにも参加した」[*4]。人々は、可能性の高い順に、リンダの将来として考えられる8つの道をランク付けするように依頼された。そのうち6つは埋め草（たとえば心理療法のソーシャルワーカーや小学校の先生）だ。二つの重要なものは、「銀行の窓口係」と「銀行の窓口係でフェミニズム運動に積極的」というものだった。

ほとんどの人は、リンダはただの「銀行の窓口係」よりは「銀行の窓口係でフェミニズム運動に積極的」になるだろうと言った。これは明らかにまちがっている。「連言錯誤」というもので、特長AとBのほうが、特長A単独よりも可能性が高いと思われてしまうのだ。この錯誤は、代表性ヒューリスティクスから出てくる。リンダについての説明は「銀行の窓口係」よりは「銀行の窓口係でフェミニズム運動に積極的」にずっとよく当てはまるように見えるのだ。この例についての楽しい啓発的な思索で、スティーブン・J・グールドは「私は［正解が］わかっているが、頭の中の小さなホムンクルスが絶えずぴょんぴょん跳ねて、私にこう叫ぶ。『でもただの銀行の窓口係のはずがない！　説明を読んでごらんよ』」グールドのホムンクルスは、道徳の分野で特に声高にわめきたてるので、こいつの話はまた後で繰り返そう。[*5]

主要なヒューリスティクスは、知覚の二重過程理論に照らして理解すべきだ。[*6] こうした理論は、二種類の知覚操作群を区別する。この二つはときに、システム1とシステム2とも呼ばれる。システム1は直感的だ。素早く、自動的で、何の苦労もなく出てくる（そしてそこにグールドのホムンクルスもいる）。これに対してシステム2は、思索的だ。もっと遅く、自覚的で、計算高く、帰納的だ。システム1は判断問題に対してすばやい答えを出し、システム2はモニターとして働いて、システム1の判断を裏づけたりオーバーライドしたりする。

たとえば、飛行機事故があった翌月にニューヨークからロンドンに飛ぶ人を考えよう。この人物はシステム1に根ざす、素早いほどんど意識されない判断をして、飛行機の旅行はかなりリスクが高いと思うかもしれない。でもそこにシステム2のオーバーライドが働いて、もっと現実的な評価が勝ちを収めるだろう。システム1はしばしば感情的な部分を持つけれど、必ずしもその必要はない。たとえば確率判断は、大した感情や情動がなくても、かなり急速に実施できる（詳しくは第7章参照）。

人々がしばしば自動的に、ほとんど何も考えずに道徳的判断を行い、それについてきちんと説明できないこともある、という証拠がだんだん増えている。[*7] ここでもシステム1が作用していて、それがシステム2のオーバーライドを受けることも受けないこともある。近親相姦タブーを考えよう。人々は、このタブーを持ち出す根拠がないような場合ですら、近親相姦に道徳的な嫌悪感を抱く。そういう人は「道徳的絶句」[*8]にさらされている。つまり、がっちり抱いた直感について説明できずにいる。システム1がその判断を左右していて、システム2による訂正を受けていないのだろうという考えは十分に成り立つ。同じ事が、リスクに関係した法的、政治的な文脈でも言える。

ヒューリスティクスと道徳性

ヒューリスティクスが道徳の領域でも作用すると示すためには、道徳的真実を測るための、何かベンチマークを特定する必要がある。こうした問題では、あまり議論の多い主張は避けたい。道徳と政治的な判断の基盤をどう見るにしても、道徳的ヒューリスティクスはおそらく作用しているのだ、と私は示唆する。

多くの人々は功利主義者だし、哲学者のジョン・スチュワート・ミルやヘンリー・シジウィックを含む功利主義者の多くは、通常の道徳性は単純な経験則に基づいていて、それは一般には効用を促進するけれど、ときにはそれが外すと主張している。[*9]この見方からすると、通常の道徳性は実は功利主義だけれど、でもそれが不完全なのだ。たとえばミルは、人間が「経験の傾向について経験を通じて学んできた」[*10]から、「功利原理からの自然な結果」がだんだん通常の道徳にも含まれるようになったのだ、と強調する。通常の道徳というのは、本当に大事な効用のためのヒューリスティクス群なのだろうか。功利主義者たちはそう考えがちだ。

義務論者は、これに同意しないどころではない。かれらとしては、道徳というのは人々に正しいことをさせるためのものであって、正しいことが効用を促進するとは限らないと固執する。功利主義的にはウソをついたりインチキをしたり苦しみを与えたりするのが正当化されても、通常はそういう行為はまちがっている。義務論者たちは、通常の道徳は一般には正しい方向に向くけれど、ときにはそれが外すのだと主張するだろう。[*11] この見方からすると、通常の道徳というのは義務論的だけれど、でもそれが不完全なのだ。

功利主義者たちは、義務論者たちの見方は道徳が何を必要とするかについてのヒューリスティクスなのだとこだわるだろう。道徳が必要とするのは、効用の促進なのだ、と。義務論者たちはその議論を逆転させ、その正反対こそが正しいと言うだろう。こうした大論争は解決がむずかしい。功利主義者も義務論者も、自分たちを定義づけるコミットメントが単なるヒューリスティクスだと言われても、ほぼ納得するはずがないからだ。ここには、道徳的ヒューリスティクスと、関連する心理学研究で解明されたヒューリスティクスとの間に大きなちがいがある。心理学研究のほうなら、事実や単純な論理で、人々がまちがったかどうかきちんと検定できるからだ。同じ文章の中で、人々が「ing」で終わる単語のほうが、最後から二番目が「n」の単語より多いと思うなら、明らかに何かがおかしい。人々がリンダについて「銀行の窓口係」になるよりは「銀行の窓口係でフェミニズム運動に積極的」になる可能性が高いと思うなら、これも明らかに変だ。道徳的な領域だと、事実面でのまちがいや単純すぎる論理について、こうした簡単な検定手段を与えてくれない。

ここでの私の狙いは、別に道徳やリスクについての正しい一般理論をめぐる、何か論争を招くようなことを言うことではない。もっと慎重に、多くの個別ケースを見ると道徳的ヒューリスティクスが機能していると示唆したいだけだ——そしてこの論点は様々な一般理論を持つ人や、そうした一般理論のどれが正しいかについて心底迷っている人々にも受け入れられるはずだ。以下に羅列するケースでは、特に論争を呼ぶような道徳上の主張を受け入れなくても、道徳的ヒューリスティクスが機能していると結論することは可能だと示す。いくつかの例だと、この主張は特に議論を呼ぶ道徳理論を何も認めなくても容認できるものだ。他の例だと、私が「弱い帰結主義」と呼ぶものの受け入れが必要となる。これは、法体系の社会的な帰結は他の条件が同じであれば、法や政府がやるべきことに関連しているという発想に従ったものだ。

もちろん一部の義務論者は、あらゆる形の帰結主義をすべて拒絶する。でも弱い帰結主義は私から見れば、特に何らかの派閥に肩入れする必要もないし、十分に多様な人々にとっても魅力的なものであって、道徳的ヒューリスティクスがここでのケースに大きな役割を果たしているという考え方が納得できるものにしてくれるように思う。そして弱い帰結主義を拒絶する人々にとっても、その人自身の観点からして、リスクに関する一部の道徳的判断はヒューリスティクスを反映したものであって、それがときには深刻なまちがいを引き起こすのではと考えて見るのは生産的かもしれない。

アジア病気問題と道徳的フレーミング

ヒューリスティクス研究と密接につながった分野として、カーネマンとトヴェルスキーは「道徳的フレーミング」を発見している。これが登場する文脈は「アジア病気問題」と呼ばれている。[*12] フレーミング効果にはヒューリスティクスは登場しないけれど、道徳的な直感の性質と合理性に関して明らかに疑問を引き起こすので、有意義な背景を提供してくれる。

問題の最初の部分は次の通り：

アメリカが、アジアからの変わった病気の大流行に備えているとしよう。これで六〇〇人が死ぬと予想されている。この病気に取り組むための二つのプログラムが選択肢に挙がっている。それぞれのプログラムの結果について、正確な科学的予想は次の通りだとしよう：

- プログラムAが採用されたら二〇〇人が助かる。
- プログラムBが採用されたら、確率三分の一で六〇〇人が救われ、確率三分の二でだれも救われない。

さてあなたはどっちのプログラムがいいだろうか？

ほとんどの人はプログラムAを選ぶ。

でもここで、問題の二番目の部分を考えよう。ここでは同じ状況が与えられるけれど、プログラムの選択肢の説明は次の通りだ：

- プログラムCが採用されたら四〇〇人が死ぬ。
- プログラムDが採用されたら、確率三分の一でだれも死なず、確率三分の二で六〇〇人が死ぬ。

ほとんどの人はプログラムDを選ぶ。でも一瞬考えるだけで、プログラムAとプログラムCは同じだし、プログラムBとプログラムDもまったく同じだとわかる。単に、同じプログラムの説明を変えただけだ！　純粋にフレーミングのための表現を変えただけで、ちがった結果が生じるわけだ。

どのプログラムのほうがいいかについての人々の判断は、明らかにその結果が「救われる人命」で描かれるか、「死者数」で描かれるかにより変わってくる。この差はどこから生じるんだろうか。いちばん筋の通った答えは、人間がきわめて損失を回避したがるという事実から始まる（このせいで、損失回避という認知上のしっかりした発見が出てくる[*13]）。利己的なギャンブルにせよ、根本的な道徳判断にせよ、損失回避は人々の意志決定に大きな役割を果たす。でも何を利得や損失と考えるかは、その計測を行う出発点次第だ。純粋に表現上のフレーム見直しだけでも、その出発点は変わってしまい、おかげで道徳的な直感も変わる。

道徳的フレーミングは、将来世代への責務という重要な文脈でも実証されている。[*14] これは道徳、政治、法律の分野で大いに論争となっている問題だ。まだ生まれていない人々にとっての適切な割引率が何かについて、ほとんどの人は考えたこともないだろうし、だからその判断はフレーム次第で大きく変わる。各種調査にもとづき、モーリーン・クロッパーらは人々にとって、今日一人助けるのと、百年後に45人の命を救うのとが無差別だと示唆している。[*15] これを示唆するにあたり、クロッパーらは人々に対して、「いま百人救う」プログラムと、「百年後に」それより圧倒的に多くの人数を救うプログラムと、どっちを選ぶか尋ねた調査を根拠にしている。

でも、人々の回答は、未来の人々がそれをしないと死亡が遅くなるか（技術進歩で寿命が延びるかもしれない）についての不確実性に左右される可能性がある。同じ問題を別の形でフレーミングすると、まったくちがう結果が出てくる。[*16] たとえばほとんどの人は、来年に公害で一人死ぬのと、公害で百年後に一人死ぬのとが「同じくらいよくない」と考える。この結果は、現在世代のメンバーのほうを重視するという選好がまったくないということを示唆している。その理由として考えられるいちばん単純なものは、人々の将来世代に対する責務に関する道徳的判断というのが、おおむねフレーミング効果の産物だということだ。

もちろん懐疑論者たちは、リスク関連問題についての論理的に等価な説明についての判断がちがっているのは本当に錯誤なんだろうかと疑問視することもできる。論理形態Aから、論理的に等価な形態Bへの変化は、その問題の中身についての被験者の理解を変える効果を持っているのかもしれない。その効果のおかげで、倫理的な差が生じるのかもしれない。もしその変化がコミュニケーションの実務面を変えてしまうなら、確かにそれはあり得る。ここでは、真理値と発話行為とを区別すべきかもしれない。医師が、ある手術をすれば五年後に「90%の患者は存命中だ」というとき、その発話行為は、その医師がある手術をすれば「患者の10%は死ぬ」と言うのとはちがってくる——真理値は相変わらず同じではあっても。「90%が存命中」というフレームだと、医師はこの手術をやるだけの価値があるという信念を示しているわけだし、「10%は死ぬ」フレームは、ある程度の悲観論を示唆する。こうした説明が、フレーミング効果の説明として適切とは思わない。でもそれを拒否するか以前の話として、道徳的な直感はフレームに大いに左右されるとは言える。

さらなる例としては、政府が規制介入を使うときには「人命」の数だけでなく、規制で助かった「人生年」の数も検討すべきかどうか、という問題を考えよう。この差はかなり問題になるかもしれない。一部の規制は、驚くほど多くの人命を助けるけれど、助かる人がかなり高齢だから人生年数はそんなに救えないかもしれない。規制によっては、救われる人命は比較的少なくても、人生年数は大量かもしれない。支援を受ける人々がかなり若いならそうなる。政府が人生年数に注目したら、子どもを救うプログラムは、高齢者を救う似たようなプログラムよりずっと価値が高くなる。これは不道徳なことだろうか?

人々の道徳的な直感は、質問がどうフレームされているかに大きく依存する。こんな問題を考えよう。高齢者の命が若者の命より価値が低いような評価を支持しますか。人々は、予想通り、高齢者がすべてあらゆる若者よりも価値が「低い」とするアプローチは拒否する。でもこんな問題を考えよう。(a) 80歳以上の人々一〇五人を救う規制と(b) 10歳以下の人百名の命を助ける規制があったら。高齢者一〇五人を救う規制と、若者百人を救う規制で選べと言われたら、多くの人は後者を選ぶから、明らかに、かかっている人生年数にかなり注目した支払い意志額が示唆されるわけだ。

少なくとも、道徳をめぐるなじみのない問題については、人々の直感はフレーミングに大きく左右される。リスクの領域だと、一部の結果を現状からの「損失」とフレーミングするほうが効果が高い。損失をそういうふうにフレーミングすると、人々の道徳的な配慮は大幅に高まる。だからこそ、政治的なアクターたちはしばしば、各種の提案について何らかの社会的進歩について「時計の針を戻す」という表現を使う。問題は、多くの社会変化の場合、フレーミングは社会的現実を反映するのではなく、単なる口先での操作でしかないということだ。

こんどはもっと議論を招くような例を考えよう。

費用便益分析

ある自動車会社が、何らかの安全装備を車につけるか決めようとしている。それを判断するにあたり、同社は費用便益分析を行い、ある種の予防策は正当化されないと結論づける——費用がたとえば1億ドルかかるのに、四人しか人命が救われないからで、その会社は救われる人命一人あたり1500万ドルという「天井」を設けているからだ（この天井は、これまで見たようにアメリカ環境保護局が統計的人命につかう900万ドルよりも大幅に高い）。この決定について、一般人はどう反応するだろうか？

答えは、あまり肯定的な反応はしない、というものだ。[*17] それどころか、費用便益分析に基づいた決定をする企業には、人命に高い価値が置かれている場合ですら、罰を与えようとする傾向がある。これに対し、定式化したリスク分析で喪失人命と費用を計測し、それを比べたりはしない企業に対しては、その企業が人々に「リスク」を負わせている場合ですら、それほどの厳しい罰は与えない。[*18] ここで奇妙なのは、不法行為法の下では企業がきちんとした費用便益分析に基づいて行動していたら、そもそも処罰対象にすらならないかもしれないということだ。そうした分析があれば、企業は無作為の訴えからは守られることさえある。実際の陪審員判断にも反映される、人々の道徳的判断の根底にあるのは何なのだろう。[*19]

人々がお金と人命を交換するのを非難するのは、通常はしっかりして重要でもある道徳原理群から話を一般化した結果なのかもしれない。この原理群は場合によってはあまりうまく機能しないということだ。以下の道徳原理を考えて見よう：人の死を意図的に引き起こしてはいけない。一般生活では、結果として何人かが死ぬと知っているような行動はとるべきではない。スポーツをしたり庭で働いたりしているとき、その行動で他人が死ぬと思ったらそれを続けるべきではない。この発想を持ち出して、人々は死者が生じると十分に知ってるのに改善策を講じようとしない企業を非難する。これに対し、「リスク」があっても確実に死亡が生じるかわからない場合には、安全策を講じなくても非難しようとはしない。人々が費用便益分析の後で行われる高リスク活動に反対するのは、その分析自体が予想される死者数をきっちり「俎上に載せる」ことも理由の一部らしい。[20]「リスク」があると知っていてもこうした分析をしない企業は、自分自身に対しても他人に対しても、死者が生じてもそれが自分の行為の確実な結果だったと明確にはしない。人々は何よりも、知ったうえで死亡を引き起こす企業を非難する。ここには一種の「冷酷ヒューリスティクス」があるのかもしれない。自分が死亡を引き起こすと知りつつそれをやる人間は、冷酷な怪物だと思われるのだ。[21]この見方からすると、費用便益分析の批判者たちはシステム1に訴えていて、ホムンクルスに直接話しかけていると考えればいい。かれらの質問は次の通り：この企業や公共機関はリスクを削減するにあたり、統計的人命あたり900万ドルだけしかかけなかったことで、罪を許されるべきだろうか？[22]かれらの答は文句なしの「ノー」だ。私はこの答えが、道徳的ヒューリスティクスに基づくものだと言いたい――通常はうまく機能するけれど、失敗することもあるのだ。

確率を確実性として語りなおすこともできるし、その逆も可能だというのに注意しよう。私が正しいなら、そのフレーミング変更は大きな影響を持つはずだ。二つのケースを考えよう。

- A　企業Aは、その製品が10人殺すのを知っている。それを知りつつ、一千万人にそれを売る。そのリスクをなくすための費用は1億ドルだ。
- B　企業Bは、その製品が百万分の一の死亡リスクを持つのを知っている。その製品の利用者は一千万人だ。そのリスクをなくすための費用は1億ドルになったはずだ。

実際にデータを集めてはいないが、両者には何のちがいもないのに、企業Aのほうが企業Bより絶対にひどい罰を受けるだろうと私は予想する。道徳的ヒューリスティクスが働いているので、人の死をもたらすような行動を、それと知りつつ行う人々に対しては、道徳的な糾弾を与えるのだ。

もちろんこのヒューリスティクスはかなりのよい影響も持つ。問題は、それと知りつつ死亡を引き起こすのは、必ずしも容認不能ではないということだ。少なくとも、その死がかなり少なくて、一般的に望ましい活動の意図せぬ副産物であるならば容認できるはずだ。政府が新しい高速道路の建設を許可するとき、その高速道路で人が死ぬのは政府も知っている。政府が新しい石炭火力発電所の建設を認めたら、そこから出る公害で死ぬ人が何人かは出ると知っている。企業がタバコ製品を作って、政府がそうした製品を禁止しないとき、何十万人もが死ぬ。同じ事がアルコールについても言える。もちろん、こうした分野すべてでリスク削減に追加の手だてを講じるのは筋が通っている。でもだからといって、道徳的観点からして死亡が予測できるときにはあらゆる行動を非難すべきだというあり得ない主張は支持されない。

原理的には、費用便益の釣り合いを取る活動に対する、広範な社会的反発を正当化するのはむずかしいと考える。でもここでも「頭の中の小さなホムンクルスが絶えずぴょんぴょん跳ねて、私にこう叫ぶ」。企業の費用便益分析が、お金と既知の死者数とを交換するというのは、道徳的に受け入れ難いというのだ。このホムンクルスの声は思索によるものではなくシステム1の産物で、粗雑ながらかなり頑固な道徳的ヒューリスティクスだと私は示唆したい。

裏切りと裏切りリスク

どう控えめに言っても、人々は裏切られるのが好きでない。信頼の裏切りはかなりの怒りをもたらす。ベビーシッターが子供を放置したり、警備員が雇い主から盗んだりすれば、人々は信頼を寄せていない人物が同じ行動をした場合よりも腹をたてる。ここまでは、まあいいだろう。信頼が裏切られると、その被害は信頼を受けていない人が同じ行為をやった場合よりもひどい。そして、人々は同じ悪行を他人がやった場合よりも大きな処罰を求めるというのも、驚くべきことではない。*23

この落差は、信頼の裏切りは独立した危害であって、もっと大きな抑止と懲罰を必要とするものだという理由から正当化されるかもしれない――この論点は、いったん失われた信頼は容易に回復できないという事実からも裏付けを得ている。ベビーシッターに盗みを働かれた一家は、泥棒に盗みを働かれた家族よりも深刻に傷つくかもしれない。お金の喪失は、信頼関係の侵害により何倍にもなり、ひょっとしたらむしろお金なんかどうでもいいほどかもしれない。侵害の結果はもっと深刻かもしれない。その一家は、その後あらゆるベビーシッターが信用できなくなってしまうのでは？　不実な伴侶はよくないものだが、その不実の相手が親友ならなおさらひどい。というのもその種の不倫は将来、友人たちとの信頼関係を抱くのを困難にするからだ。

ここからして、どうして裏切りが特別な道徳的非難を創り出し、そして（法が侵犯されたときには）処罰を増すのか理解しやすくなる。でも、ずっと説明しにくい事実を考えよう。人々は、安全を促進するために設計された製品（たとえばエアバッグ）が引き起こす死亡リスクに対してはことさら忌避的だ。[*24] この忌避はあまりに大きいので、人々は衝突のときにエアバッグの動作不良で死ぬというはるかに小さな確率よりも、自動車事故の結果としての死亡という高い確率のほうを好むのが実証されているほどだ。

これを明らかにした研究は、二つの主要条件をもとにしている。最初のものでは、人々は同じ値段の車二つ、車Aと車Bのどちらかを選ぶよう言われる。衝突テストによると、車AにはエアバッグAがついていて、衝突のときに深刻な事故で死ぬ可能性が2％ある。車BにはエアバッグBがついていて、死亡確率は1％だけれど、追加でエアバッグ作動の結果として死ぬ確率が一万分の一（0・01％）ある。同じ種類の研究が、ワクチンや煙警報器についても行われている。

実験の結果は、ほどんどの参加者（三分の二以上）は、リスクの低いほうに「裏切りリスク」が伴うときには高いリスクを選ぶというものだった。対照条件を使った実験を見ると、人々は数字に混乱したのではないことがわかる。2％のリスクと1・01％のリスクでなら、人々は裏切りリスクさえなければ1・01％のリスクを選ぶ。言い換えると、人々の裏切りへの忌避はあまりに大きく、安全を高めるはずの装置からくる（小さな）ハザードに自分を曝すより、自分自身のリスクを高めようとする！「明らかに、人々は裏切りの可能性でしかないものすら避けるためなら、自分が保護されたいと思っているまさにそのリスクですらもっと大量に負担したがる」[*25]。驚くべきことに、「裏切りリスクは心理的にあまりに耐えがたいので、人々は安全装置の裏切りによる死という小さな可能性を避けるためなら、自動車衝突、火災、病気による死のリスクを倍増させてもいいと思っている」。

この一見すると異様で自滅的な選好はどう説明されるだろうか。私はヒューリスティクスが働いているのだと思う。信頼の裏切りは処罰すべきで、報酬を与えてはいけない、というヒューリスティクスだ。これは通常はうまく機能する。でも一部の例ではダメな結果となる。それを持ち出した人物自身が直面するリスクを高めてしまう場合などがそれにあたる。エアバッグは、保護するために雇われた存在を危険にさらす警備員やベビーシッターとはちがう。それは、全体としてのリスクを減らす場合に限って選ばれるべき製品だ。エアバッグが人々を全体として安全にするなら、他に存在しなかったリスクを創り出す可能性がごくわずかあっても、それを使うべきだ。

もちろん、ある種の死が他の死亡よりひどいと思われるのは正当なことだし事実だ。でも裏切り忌避は、こうした形では適切に説明されない。実験研究によれば、人々はヒューリスティクスをもとに一般化しているのだ。

懐疑論者なら、裏切りリスクに対する特別な反発は、道徳的ヒューリスティクスによるのではなく、嗜好の問題だと反論するかもしれない。製品を選ぶとき、人々は純粋な道徳判断をしているわけではない。自分がいちばん好きなものを選んでいるのであり、たまたま裏切りへの反発を含む道徳的判断が、かれらの一番気に入るものの一つだったというだけだ。でもなぜだろう。どんな根拠でこれが筋の通った選択になるのか。確かに、道徳的な判断についてのさらなる検定を設計すると有益だろう。自分自身の安全についてではなく、他人の安全について尋ねればいい――たとえば、人々は友人や家族のために安全装置を買うとき、裏切りリスクを忌避するだろうか。どう考えてもそれは、いま述べた実験と基本的に同じ結果を生み出すはずだ。

密接に関連した実験を見ると、この予想は裏付けられる。[*26] 深刻な病気のリスクから守るために子供にワクチン接種をすべきかを決めるにあたり、人々は「不作為バイアス」の一種を示す。多くの人々は、ワクチンで保護を得られる病気からのリスクよりも、ワクチン接種そのもののリスクにもっと敏感だ――それがあまりに強いので、かれらはワクチンからのリスクよりも、「自然」からのずっと大きなリスクに子供たちを曝そうとする（不作為バイアスと、自然への信頼と「神の役目を演じる」ことに対する反発には明らかな関連がある。これは以下で述べる）。不作為バイアスは、私から見れば、裏切りに対する人々の特別な反発と密接に関連している。それは道徳的な錯誤につながる。たとえばワクチン接種についての判断など、一部の親が自分自身の子供たちの直面する死亡リスクを高めてしまう場合にそれが出る。

排出権取引

規制当局は、社会的リスクを減らそうとするとき、どんな仕組みを使うべきだろうか。ここ数十年で、環境法の施行と実施に関わる人々は「排出権取引」の仕組みで経験している。こうした仕組みは、汚染者たちは一定量まで汚染するライセンスを与えられ、そのライセンスを市場で取引できる。排出権取引の長所は、うまく機能すればそれが最低限の費用で排出削減を確保できるということだ。

排出権取引は不道徳だろうか。これは公害に関連するリスクを減らす手段として道徳的に容認できないものだろうか。そう考える人は多い。たとえば政治理論家マイケル・サンデルは、取引システムが「環境で人々が育もうとすべき倫理観を台無しにする」[*27]と主張する。サンデルはこう述べる。

公害を売買される商品にしてしまうのは、それに対して適切に結びついている道徳的な烙印を取り除いてしまう。もし会社や国が大気中に過剰な公害物質をはき出すことで罰金刑を受ける場合、それは汚染者が何かまちがったことをしたという判断を社会が伝えていることになる。手数料は、これに対し、公害を賃金や福利厚生、賃料といった事業の単なる費用の一つにしてしまう。

同じ発想で、サンデルはカープール車（訳注：何らかの乗合制で複数の人間が必ず乗車するようにする制度。輸送人数に対する車の総台数を減らす効果が期待される）専用レーンを、一人乗りでも料金を支払うドライバーには開放するという提案に反対している。ここでも、環境の文脈と同じく、道徳的にまちがったことを、それに対してお金を払う気があるからというだけで許容するのは容認し難いように思えるわけだ。

私は、排出権取引プログラムについての他の批判者同様、サンデルは道徳的ヒューリスティクスを使っているのだと指摘したい。実はかれは、自分のホムンクルスにだまされているのだ。そのヒューリスティクスは次の通り。「人々は、道徳的によくない行為でも料金さえ払えばやっていいなどと認められるべきではない」。人を攻撃する権利にお金を払う気があるからといって、それが容認されることはない。強姦や強盗や殴打のライセンスの取引などはない。理由は、こうした悪行の適切な水準というのがゼロだからだ（法執行のリソースが限られているという事実はおいておこう。それが無限にあれば、こうした違法行為を減らすだけでなく、完全になくしたいと思うはずだ）。

でも公害だと話はまったくちがう。少なくともある程度の公害は、自動車や発電所といった望ましい社会的活動や製品の副産物だ。もちろん、ある種の公害行為は道徳的にまちがっている。でも同じことを公害すべてに当てはめることはできない。サンデルが排出権取引に反対するとき、かれは公害を犯罪に等しいものとして扱い、他の文脈でなら筋の通った道徳的直感を過剰に一般化している。排出権取引そのものには道徳的な問題はない。排出権取引へのしつこい反対は、道徳的ヒューリスティクスから生じている。

残念ながら、サンデルの反対論は多くの人に説得力あるものと見なされていて、多くの場合には手に入る最高のものである公害削減ツールの使用を遅らせ、減らす結果となっている。つまりここには、道徳的ヒューリスティクスが政治的な失敗につながった例があるわけだ。高い費用を課しつつ本当の利得は何もない政策がとられてしまっている。

予防原則と損失回避

多くの国で、リスク規制は予防原則を強く参照しつつ実施されている。[*28] 予防原則には、絶対的な権威となるような表現はないけれど、その最も強く明確な形では、あらゆる意志決定に「安全マージン」を入れて、ある活動やプロセスを推進しようとしている人々に、それが「安全」だという証明責任を負わせる、というものになる。こういう形での予防原則は、重要な帰結を持っている。たとえばこの原則は、DDTの使用、遺伝子組み換え生命、原子力、電磁場、温室ガス排出について深刻な疑問を提示すると考えられている。

でも考えて見れば、この強い形での予防原則には一貫性がないことは明らかなはずだ。それはまさに、自分で要求している手法を糾弾している。その理由は、リスク規制はしばしば独自のリスクを導入してしまうということだ。そうなるのは、予防を強制する活動に伴うリスク削減便益を、予防原則の適用が減らしてしまうからだ。たとえばDDTの規制はマラリアのリスクを高めてしまうので、予防原則に違反してしまう。別の文脈だと、予防措置のための手段が代替リスクをもたらす。例えば原子力規制は、社会が化石燃料に頼る可能性を高めかねず、これは大気汚染を作りだして温室ガス排出をもたらす。いずれにしても、予防のためのステップはときに、その費用だけでリスクを創り出してしまう。たとえば、オゾン層を破壊する物質を排出するぜん息薬を規制すると、ぜん息患者が安い効き目の高い薬を見つけられない可能性を高めるかもしれない。そのそもそもの性質からして、高価な規制は失業と貧困を増しかねず、このどちらも死亡リスクを高める。

予防原則について本気なら、こうした費用によりリスクを高める手法を糾弾するべきであり、したがって予防原則が必要とする手段そのものを糾弾する必要が出てくる。明確な例は、予防的な戦争に伴うリスクだ。ジョージ・W・ブッシュ大統領は、イラク戦争を予防的な理由で正当化した。サダム・フセインがもたらす危険を取り除くのだと言って。問題は、戦争にはそれ自体のリスクがあるということだ。最終的にあの戦争が正当化されるかどうかはさておき、どんな予防原則もあの戦争を支持する理由として十分とは言えない。

だったら、なぜこの原則は目安となるものと広く思われているのだろうか。二つの仕組みが働いているのだと私は思う。最初のものは利用可能性ヒューリスティクスだ。ときには、予防が必要とされるある種のリスクが認知的に利用可能なのに対し、規制自体から生じるような他のリスクは、そうした利用可能なものがない。予防原則が目安になると思われる多くのケースで、関連するリスクの一部は利用可能なのに、他のものはほとんど目に見えない。ある国がテロのリスクを懸念し、別の国が懸念していない場合、おそらくその理由の大きな部分は利用可能性だろう（第7章参照）。

作用する第二の仕組みは損失回避だ。すでに述べた通り、人間は損失を回避したがるのが普通で、利得を好むよりも同じ量の損失のほうを嫌う。予防原則が一貫性を持つように思える場合、それはしばしばその作用のベースラインとして現状が使われるからだ。損失はことさら問題あるものとして「コーディング」され、これに対して機会損失はそういう描かれ方をしない。ここから、遺伝子組み換え生命や食品に対する、一部の人々の強い反対が説明できる。遺伝子組み換えの潜在的に大きな社会的便益は、多くの人命を救えるかもしれないけれど、世間の意識にはあまりのぼらないのだ。

予防原則が一貫性のある形で再構築できる可能性を否定するつもりはないし、またそのあらゆる可能な形において、この原理が機能するのは利用可能性ヒューリスティクスや損失回避だけのせいだなどと主張するものでもない。でもほとんどの場合、すべての面で予防的になれるという筋の通らない発想がまともに見えるのは、人々が選択的に目隠しをして活動し、関連するリスクすべてのうち、ごく一部にだけ注目するからでしかない。

この背景にはずっと広い論点がある。予防的な発想はしばしば、一種の行為・不作為の区別を含んでおり、そこには道徳的ヒューリスティクス、それも潜在的に破壊的なものが関連しているようなのだ。規制当局も一般人も、潜在的に危険で死亡を引き起こし兼ねないプロセスや活動や製品（薬など）を許認可したことで責められるのではと心配することがよくある――その一方で、潜在的に有益なプロセスや活動や製品を許認可しなかったことで、死亡を防げなかった失敗については、ほとんど懸念を示さない。ときにその結果として生じるのが予防的な態度であり、それが命を救えるプロセスや活動や製品に不当な障害をもたらしてしまう。

確かに、行為・不作為の区別は、少なくとも日常生活の多くの文脈では帰結主義や義務論的な根拠で擁護できるかもしれない。でもリスク規制当局からすれば、この区別は一種のヒューリスティクスとして機能するらしく、多くの場合にそれはよくない結果をもたらす。リスク削減という一般的な文脈では、潜在的に有害な活動についての強い懸念と、比較的有害な無作為の影響に対する相対的な無関心は、ときには規制当局とその支持者たちの内部におけるホムンクルスの騒動と考えていい——代表性ヒューリスティクスにおけるグールドの場合と同じだ。

ルールと失敗

本章では、リスクについての道徳的な判断は、確率判断と同じく、しばしばヒューリスティクスの産物であり、それがしばしば失敗することを論じてきた。道徳的ヒューリスティクスがルールとして機能する限り、それはあらゆるルールと同じ形で擁護できるかもしれない——想像できるケースで錯誤を生み出しかねないにしても、他の方法よりはまし、というものだ。すでに述べた通り、道徳的ヒューリスティクスは一種の「生態的合理性」を示すかもしれない。つまりほとんどの現実世界の文脈ではうまく機能するのだ。[*29] 人間は、善良に保ってくれる単純なヒューリスティクスに従って生きているという可能性を思い出そう。

私が示唆したいのは、道徳的ヒューリスティクスが、その最も硬直した形においては、筋の通った代替案よりひどいということではない。この問題は抽象的に解決するのはむずかしい。私は単に、そうしたヒューリスティクスがリスクについて考えるにあたり、本当のまちがいや多くの混乱を引き起こすということを指摘したいのだ。結局のところ、規制当局は一般人とは立場がちがうし、限られた時間や単純な経験則の必要性に縛られてもいない。通常はかなりのリソースを持ち、かなりの時間もあり、ヒューリスティクスに頼るよりずっといい手法を使えるということだ。

事実の領域に比べて道徳の領域でヒューリスティクスが作用していると実証するのが難しいのは、事実のまちがいがどんなものかについてはだれでも同意できるのに対し、道徳的なまちがいとは何かについてはなかなか合意できないせいもある。道徳性に何が必要かに関する最大級の論点についていえば、片方がヒューリスティクスに基づいた主張で、もう一つが基本的に正しいと論じるのはあまりに偏っているかもしれない。でも、一部の具体例では、単に確率判断だけでなく、道徳的な評価においても、筋の通った経験則が目に見えるまちがいにつながることは示せたことを願う。

第7章　人々の恐怖

恐怖が広まっている場合、人間心理の三つの特徴のどれかが効いていることが多い。最初の二つは有名だ。三つ目はそれほどでもない。そして私が主に強調するのもその三つ目となる。この三つの特徴は相互に関連しているので、それをまず冒頭で明示しておこう。

行動科学者たちが実証し、第6章でも見た通り、人々は各種ヒューリスティクス、特に利用可能性ヒューリスティクスを使って確率を推定する。つまり、確率を判断するときに、すぐに利用可能な事例を思いつくか考えることで、それに応じた確率を割り当てるわけだ。[*1] たとえばテロ行為の後なら、その活動がすぐに利用可能だし大きく頭に浮かぶから、そうした活動が続いて起こる可能性がきわめて低い場合でも、人々はテロの再発を恐れる。恐ろしい事件——飛行機事故、環境的な大災厄、犯罪——が一つ二つ起こると、思考と行動の両方に大きな影響が起こりかねず、そうした事件についての大量の報道の結果として、リスク認識が過剰となってしまう。

洪水、地震などの災厄は、同じ出来事が続くリスクが低くても、人々の行動に対して大きく即座の影響を与えることが多い。要するに、きわめて多く報道されたできごとは、非現実的なほどふくれあがった恐れを引き起こす可能性が十分にある。不完全な情報を持つ人々にとって、利用可能性ヒューリスティクスの利用は合理的な学習と一貫性を持ち、どの結果として生じる恐怖もときには正当化される。でも、利用可能性ヒューリスティクスが考えられる被害について、ひどく誇張された判断を生み出しかねないことについては、疑問の余地はない。

　第二の論点は、人々が馴染みのない、コントロールしにくそうなリスクについては、不釣り合いなほどの恐怖を示すということだ。[2] こうしたリスクは、数字だけ見れば正当化できないほどの大量の注目を集める。実際、法律そのものですら新しいハザードを古いハザードよりはるかに厳しく規制しがちだ。[3] だから、台風、洪水、テロ行為など恐ろしい出来事は、民間や公共の活動に大きな変化をもたらしかねない。リスクの規模からしてそんな変化が正当化されず、統計的に同じリスクの例が、ほとんどまったく懸念されない場合でもそれが起こる。そしてリスクがコントロールしにくそうなら、人々はとくにそれを懸念し、ときには怯えきってしまう。たとえばテロの目的と影響は、人々が「どこにいても安全ではない」と感じさせることだったりする。このため、ごく少数の人々しか関係しない、孤立したテロ行為でも、統計的なリスクで正当化されるよりはるかに大きな混乱を生じさせかねないのだ。

　第三の問題で、私がここで主に主張したいのは、人々は私が確率無視と呼ぶものに弱いということだ。特に感情が強く作用しているときにはそうなりがちだ。人々の反応が、危害の可能性の大きなちがいがあってもあまり変化しないとき、そしてその限りにおいて、人々は確率無視の犠牲になっている。確率無視が作用しているとき、人々の関心は悪い結果そのものに集中していて、それが起こりそうにないという事実は無視される。確率無視は、どんな恐ろしい出来事の後にも生じかねない。同時に、民間部門や公共部門の人々は、そうした無視の形態を補うような手だてを講じることもできるだろう（二〇一三年ボストンマラソンの最後に起きた爆破の後ではそれが行われた）。

確率無視については大量の証拠をこれから示し、少なくとも人々が感情的になっていると、確率が大幅にちがっても人々の判断にはあまり影響しないことを示そう。確率無視を理解すると、法と政策にもいくつか影響が出てくる。たとえばひどいテロ攻撃の後には、社会は行動を変えるし、政府による強い対応を求めるかもしれない――リスクの規模からしてそんな対応が正当化されず、危険が人々の気にかけない他のハザードによるものよりもずっと小さい場合ですらそうなる。

だからひどい出来事は大量の「波及効果」を持ち得る。リスクを減らさず、事態をかえって悪化させかねないような法的介入の要求などもそこには含まれる。たとえば、空港での過剰なセキュリティ措置で、人々が飛行機を使うより車を運転するようになる可能性を考えよう。飛行機のほうが運転よりずっと安全なので、こうした措置は全体でみると、ずっと多くの人命を犠牲にしかねない。

確率無視で社会がテロ関連リスクを過剰に心配するようになった場合、政府は対応すべきだろうか？一見すると、答はノーに思える。社会の一部が行動を求めているからといって、民間や公共のリソースを小さな問題に割いてはいけない。でもノーという答はあまりに単純にすぎる。恐怖は、合理的であろうとなかろうと、それ自体が費用であり、波及効果というかたちで各種の他の費用につながりかねず、それが飛行機利用の回避や公共的な場所に出たがらないといった形をとるかもしれない。政府が確率無視で生じる恐怖の水準を減らせるなら、少なくとも便益が費用を上回る限り、そうすべきだ。

確率無視――理論と実践

ここで私が述べているような確率無視は、他の三つの現象とは区別されるべきだ。そのどれもかなりよく知られていて、どれもテロ攻撃の後で法規制を求める声に影響するものだ。すでに示唆した通り、利用可能性ヒューリスティクスはテロリストを含め多くの人が戦略的に利用している。[*4] 実際「利用可能性ビジネスマン」たちは、特定のリスク関連事象を創り出したり報道したりして、自分の望む法制を求めたりするし（環境活動家たちはこれをやる）、あるいは利己的または博愛的な目標を促進しようとしたりするために、利用可能性ヒューリスティクスを活用する。

利用可能性ビジネスマンの極端な例がテロリストだ。かれらは統計的現実をはるかに上回る恐怖を生み出そうとしている。社会的相互作用のせいで、テロ事件の知識は人々の間で急速に広まり、恐怖を大幅に煽るような社会的カスケードを創り出す。また、人々が低確率では大幅な確率差があってもあまり敏感ではないことがよく知られている。実に示唆的な研究で、経済学者ハワード・クンロイサーらは、人々の保険料支払い意志額が、十万分の一のリスクについてだろうと、百万分の一のリスクだろうと、一千万分の一のリスクについてだろうと変わらないことを示した。[*5] また六五〇分の一のリスク、六三〇〇分の一のリスク、六八〇〇〇〇分の一のリスクでも支払い意志額はほとんど変わらないことがわかった。これは驚くほどの確率無視だ。でも低確率でのリスク差に対する鈍感さは、私がこれから強調するもっと極端な鈍感さとは別物だ。

プロスペクト理論は、人々がリスク状況で行う意志決定に関する説明として影響力が強く、そうした意志決定が一種の確率無視を示すことも明らかにできる。[*6] プロスペクト理論についてここで最も重要な点として注目したいのは、それがギャンブルと保険の併存について説明を提供してくれるということだ。低確率リスクについての重要な知見は、ほとんどの人々はもしギャンブルで大災厄が生じる小さな可能性がある場合、期待値X以下のギャンブルよりも、Xの確実な損失のほうを好むということだ（だから保険を買うわけだ）。プロスペクト理論は、人々は悪い事象の小さな確率に過剰に反応すると予測している。そしてプロスペクト理論のこの側面を強調するなら、連邦リスク規制の一部の側面も理解できるかもしれない。これは時に、低確率カタストロフに対する過剰な反応とも思える場合があるのだ。[*7] 人々が低確率リスクに対して高価な保険をかけたりするのと同様に、規制当局は高価につく場合ですら、一種の規制保険を採用するわけだ。

同じ理解で、テロなどの低確率リスクに対する公式反応も理解しやすくなる。プロスペクト理論からすると、人々は莫大ながらきわめて起こりにくいリスクを阻止するために、規制を一種の保険として求めると示唆する。この論点からすると、カタストロフ級の攻撃という小さなリスクに対する保護要求も説明しやすくなる。でもこの記述的な主張をするにあたり、プロスペクト理論は感情に何ら特別な役割を与えないし、人々が感情的に強い反応を抱くリスクについてだろうと、そんな反応は引き起こさないけれど統計的には等価なリスクについてだろうと、同じ反応を予想する。プロスペクト理論は、ここで私が指摘したい現象よりは、ずっと特化し、ずっと一般化されたものなのだ。

電気ショック

確率無視がどう作用するかを見るために、人々が電気ショックを避けるための支払い意志額を考えて見よう。[*8] この研究の中心的な狙いは、きわめて感情的な（または「情動豊か」な）意志決定について、確率の差がどのくらい影響するかを見ることだった。最も重要な実験は、強い感情を引き起こす状況と比較的感情とは無縁の状況とを比べて、危害の確率を変えた場合の影響が大きいか、小さいかを調べるものだった。[*9]

比較的感情とは無縁の状況だと、参加者たちはその実験が、20ドルの罰金を引き起こす可能性があると伝えられた。一部の参加者たちは、悪い結果（20ドルの損失）は1％の確率で生じると言われた。他の参加者は、その確率が99％だと言われた。参加者たちは、その悪い結果を避けるためにいくらなら支払う意志があるかを尋ねられた。現金の罰金の場合、1％の損失確率に対する平均支払い額と、99％の損失に対する平均支払い額は、予想通りかなり大きく、標準的な経済モデルに沿ったものとなった。1％の確率を避けるためなら1ドル、99％の確率を避けるためなら18ドルだ。ここまでは結構。

「強い感情」状況だと、参加者たちは「短く、痛いが危険ではない電気ショック」の可能性がある実験に参加したと想像するよう依頼された。ここでも、一部の参加者は、悪い結果（電気ショック）の確率が1％、他は99％と告げられた。でもこの状況だと、確率の差は平均支払い意志額に驚くほど影響を与えなかった。1％を避けるために7ドル、99％の確率を避けるためには10ドル！　つまり感情を伴わない危害に対する人々の反応は、確率に大きく左右された――これに対し、もっと強い感情を引き起こす危害の場合、反応は確率条件を変えても驚くほど変わらなかった。感情的な状況だと、確率は影響しない。人々の回答は、悪い結果に左右され、それが起こる可能性には左右されなかった。

これは確率無視の実態に関する衝撃的な実証だ。悪い出来事について観察された反応は、よい出来事についても見られる。同じ研究の中で、お気に入りの映画スターに会ってキスするという機会についてのものだと、人々は確率にあまり注意を払わないことがわかっている。みんなが注目するのは結果であり、それが実現する統計的な可能性ではない。宝くじを売る人々も同じ現象を使い、「大儲け」の可能性を強調しつつ、確率の話はあまり強調しない。

洪水、地震、テロといった、感情的に強い反応を持つ他の証拠の場合、その意味合いは明らかだ。たとえばテロ攻撃に関連するリスクは、強い感情を引き起こす可能性がとても高い。その理由は、ひどい結果が実に赤裸々だし、それに伴う怒りや恐怖も高い水準になるからだ。ここから、テロ攻撃の可能性がきわめて低くても、人々はそれを避けるためにかなりの行動を採ったり支払いをしたりするかもしれないということになる。二〇〇二年一〇月、ワシントンＤＣ地区の市民が狙撃手攻撃の可能性に対してとった、きわめて大規模でかなり高価なものも多い対策を見ると、赤裸々なひどい結果に直面したときの確率無視の現象はよくわかる。

がん

確率無視の現象を検討するため、ハーバード大学の経済学者リチャード・ゼックハウザーと私はいくつか実験をしてみた。[*10] 被験者たちは、ハーバード・ロースクールの行政法講義の2年生と3年生だ。全員が参加必須だった。参加者たちはランダムに四つのグループに分けられ、リスクの説明と確率を変えた2×2の実験が行えるようにした。最初の条件だと、みんなは百万分の一のがんリスクをなくすための最大支払い意志額を尋ねられた。二番目の条件では、人々は十万分の一のがんリスクをなくすための最大支払い意志額を尋ねられた。

第三の条件では、参加者は最初の質問と同じもの（百万分の一のがんリスクをなくすのにいくら支払うか）を尋ねられるけれど、がんの描写がもっと赤裸々で「きわめて陰惨で、がんが内臓を徐々に食い荒らすにつれてひどい苦痛をもたらす」と述べられる。四番目の条件では、人々は二番目の質問を尋ねられる（十万分の一のリスクをなくすのにいくら払うか）が、がんの描写が三番目の場合と同じ赤裸々な表現で語られる。

それぞれの条件で、参加者たちは以下の選択肢の中から支払い意志額を選ぶように言われた：0ドル、

25ドル、50ドル、100ドル、200ドル、400ドル、800ドル、それ以上。「きわめて感情的」な条件のがんの描写はほとんど新しい情報をもたらさない。単に多くのがんによる死亡を描いただけだ。とはいえ、一部の参加者は確かに、それがことさら恐ろしい死に方だということを学んだかもしれない。

最初の仮説は、プロスペクト理論の確率加重関数と一貫性を持つもので、確率が10倍ちがった場合——十万分の一と百万分の一の差——でも支払い意志額の差は10倍よりずっと小さいという結果と整合している。第二の仮説は、きわめて感情的な条件だと、あまり感情的でない場合に比べて確率の差があまり効かないというものだ。もっと具体的には、私たちはきわめて感情的な条件での記述は、確率の差を覆い隠すが、そうした確率差は感情的でない状況だと重要性が高まると予測した。結果を表7・1に示す。

表7.1　ヒ素リスク削減に対する支払い意志額（ドル）

ハーバード・ロースクールの結果、2008 平均（中央値） ［被験者数］		
確率	感情的でない記述	感情的な記述
1/100,000	241.25（100） ［20］	250（100） ［13］
1/1,000,000	59.21（25） ［19］	211.67（200） ［15］

仮説でも実際の結果でも、感情的な記述の場合の価値評価は、リスクが10倍もちがうのに大差ない。これに対し、これまた予想通りだが、感情的でない記述についての差はとても大きく、1/100,000のほうの支払い額が高い（z = 3.398, p＜0.001）。この二つの結果を比べると、感情的でない記述のほうが大きな差を生じ、その差が統計的にもきわめて有意だったことがわかる（支払い意志額の差は、感情的でない場合ですら、10対1のオッズ差よりはるかに小さかったことは重要だ。平均値だと、おおむね4対1になる）。

だからどちらの仮説も裏付けられた。まず、確率を変えても支払い意志額への影響は、標準的な意志決定理論が示唆するよりずっと小さかった（将来の研究では、単に「がん」という言葉を述べるだけで10対1の比率を4対1に下げられるだけの感情が喚起されるかを調べるべきだ。がんリスクに関する第4章、5章の議論を思い出そう）。第二に、確率を10倍にすると、感情的でない条件ではとても大きな影響が出た──でも感情的な条件ではまったく差がなかった。がんが感情を喚起する用語で述べられると、人々は確率差に鈍感になる。

この研究は、感情的な反応を引き起こしやすい事象に対する社会の反応について、二つの意味合いを持つ。まずこれは、そうした出来事がつよい感情を引き起こすというだけのために、感情的反応を引き起こさないのに統計的には同じリスクに比べ、大きな行動的反応をトリガーしやすいと示唆される。その場合、実験と同じように一種の「感情プレミアム」がある。二つ目にこの研究は、確率無視が感情的な反応を引き起こす事象に対する政府の対応にも影響しかねないことを示す。その理由の一部は、多くの人々が、ある結果の起こる可能性よりは、その結果自体のひどさに注目してしまうことだ。

恐怖、怒り、確率

強い感情が伴うと生じる確率無視は、他の多くの研究でも確認されている。[*11] 様々な強度の、とても痛い電気ショックをこれから受けようとしているときの不安水準を試験するように設計された実験群を考えよう。その電気ショックが、決まった時間だけ続く「カウントダウン期間」の後でやってくることになっているのだ。こうした調査では、ショックの強度として告げられたものが生理的反応に大きな影響を持っていた。でもショックの確率は何の影響もなかった。「明らかに、ショックを受けると思っただけで被験者たちは興奮し、ショックを受ける厳密な可能性はその興奮水準にほとんど影響しなかった」[*12]。

関連する別の研究は、人々に高リスク投資に対する最大の購入価格を提示するように頼んだ。それぞれの投資には、様々な規模の損失や利得が、様々な表示確率で含まれている[*13]。標準理論にとってはありがたいことに、最大の購入価格は損失と利得の規模およびその確率の両方に影響された（ほとんどの人にとって、この実験は情動豊かな環境で行われていなかったことは指摘しておこう）。でも――そしてこれが重要な点だが――不安な気持ちとして報告されたものは、確率水準にはあまり影響を受けなかった。つまりこの研究では、確率は行動に影響はしたけれど、情動には影響しなかった。この論点は、潜在的にカタストロフ的な事象について独立の重要性を持つ。これについては後述するけれど、懸念と不安は最終的に行動に影響しない場合でも、独立した損失なのだということだ。

いくつかの研究は、怒りがリスクに対する人々の反応に与える影響を検討し、怒りが確率変化とどう相互作用するかを見た[*14]。ここでは、核廃棄物からの放射線など一部の低確率リスクが怒りを生み出すのに対し、ラドン被曝などに伴う低確率リスクは怒りを生み出さないというのが仮説となっている。もちろんテロは怒りをもたらすリスクの極端な例と考えられる。得られた中心的な知見は、ここで強調したものと整合している。確率に大きな差があっても、「激怒」状況ではまったく影響がない。人々は十万分の一のリスクだろうと百万分の一のリスクだろうと同じ反応を示す。[*15]

統計的リスクが激怒（核廃棄物）の場合と低い怒りの場合（ラドン）で同じでも、核廃棄物に反応した人々はずっと高いリスク認知を持っていて、その脅威を減らすために行動する意図がずっと高かった。実際「怒りの影響は高リスクと低リスクの状況で四千倍のリスク差があった場合の影響と実質的に同程度だった」。[*16]

リスク水準の差の意味を、通常のリスク水準との比較を示すことで伝えようという努力は、怒りの影響を減らした。でもそうした努力の跡でも、怒りはリスクの二千倍の差にほぼ匹敵する影響を見せた。強い感情の影響に対抗するには、相当な量の情報が必要だ——これは人々がそうした情報に反応しないわけではないことを示すものだが、感情がからむ場合にはかなりの量の慎重な仕事を行う必要があるということも示している。

この観点からすると、人々のリスクに対する反応では、視覚化やイメージが大いに作用するのも驚くことではないはずだ。[*17] ひどい結果のイメージがすぐに得られるなら、人々は同じ確率でも、そのリスクについてとても気にするようになる。[*18]「テロ」から生じる損害に対する航空旅行保険についていくら支払う気があるかと尋ねた場合を考えよう。すると人々は、あらゆる原因で生じる損害に対する航空旅行保険より多額を支払う。[*19] この奇妙な結果について、自明の説明はといえば「テロ」という言葉が大惨事の鮮明な映像を思い浮かばせ、確率判断がクラウディングアウトされてしまうというものだ。また人々が低確率リスクについて論じるとき、議論の内容のほとんどが、そんな被害の確率が実はきわめて小さいのだという、明らかに信用できる評価ばかりだった場合ですら懸念が上昇する。[*20] 理由の一つは、議論のせいでリスクを視覚化しやすくなるので、それを恐れやすくなるということだ。

確率無視は、利用可能性ヒューリスティクスの使用とは明確に区別すべきだ。利用可能性ヒューリスティクスは、人々に確率の問題を無視するよう仕向け、確率の問題に答えるとき、むずかしい問題（統計的なリスクはどれだけ？）を簡単な問題（めぼしい事例がすぐに思い浮かぶか？）に置きかえてしまう。ここでの中心的な問題は、視覚化で事象が実際よりも高確率に思えてしまうということではなく（これも正しいことが多いし、テロの影響に大きく関連はしているのだが）、視覚化が、強い感情を引き起こすようなものなら、確率の問題の関連性を薄れさせるか、まったく関係ないものにすらしてしまうということだ（明らかに航空旅行などに関連するような、低確率リスクを恐れる人々は、自分たちが最悪ケースの結果を思い浮かべてしまい、可能性の問題に十分に意識が向かないと報告している。彼らも、その確率が低いことは十分にわかってはいるのだ）。理論的には利用可能性ヒューリスティクスの使用と確率無視との区別は曖昧ではないはずだ。もちろん実際の場では、行動に影響しているのが利用可能性ヒューリスティクスなのか、確率無視なのかを見分けるのはむずかしいことが多い。

最も筋の通った結論は、怪我や危害のリスクについて言うと、赤裸々なイメージや災厄の具体的な映像が、他の考えを「クラウディングアウト」してしまい、そこに災厄の確率が実に小さいのだという決定的な思考も含まれてしまうというものだ。希望について言うと、賭博カジノを運営する人々は、その根底にある仕組みを熟知している。かれらは人々の感情を操る。勝利と大儲けという明らかな映像をでっちあげ、人々が確率の問題を無視するよう仕向ける。リスクについて言えば、保険会社や環境団体やテロリストが、まったく同じことをしている。この論点で、「なぜ原発や極少量の有害化学物質への被曝によるハザードについての社会的な懸念が、そうしたハザードによる恐れられている結果が生じる可能性がきわめて小さいという情報を示しても衰えることがない理由[*21]」を説明できる。

制約と異質性

もちろん確率無視という現象には制約もある。その多くは文脈次第だ。ある状況下では、(例えば)最初のテロ行為は二番目のテロ行為よりも大きな確率無視を引き起こすだろうし、まちがいなく三番目や四番目のテロ行為よりも確率無視を引き起こしやすいだろう。それは単純に、人々がだんだん慣れてくるからかもしれない。一部のリスクは、ひどいものであっても、人生の常備品の一部となることもあるし、テロのリスクですらそこまではいなかくても、人々は適応する。二〇一三年ボストンマラソンでの爆弾の話はした。悲劇的な事件ではあったが、このテロがあってもボストン市民は「どこにいても安全ではない」と感じるようにはならなかった。でもすでに述べたように、文脈は重要だし、いくつかのテロ事件が続けば、特にその間隔が短い場合には、確率無視は減るよりは高まるかもしれない。

さらに多くの人々は、感情が高ぶっているときですら、確かに確率の問題を考慮する。第6章で、社会科学文献では、ダニエル・カーネマンが高著『ファスト・アンド・スロー[*22]』で見事に論じたように、システム1とシステム2という2種類の認知操作群を区別すると述べた。システム1は確率無視を引き起こし、システム2はその矯正をもたらす。だからデータにはかなりの異質性があり、多くの被験者たちはきわめて赤裸々に危害が描かれても、確率を考慮する。その人々にとって、システム2が常時稼働しているわけだ。こうした論点は、教育や「偏見除去」が可能ではないかという疑問を生じさせる。人々が確率無視に気づければ、確率を無視しにくくなるのでは？　この質問に対する明確な回答はまだない。

法律への要求を動かすのは何か？

人々が低確率カタストロフに対して異様に強い反応を示すなら、民主的な政府はそれにしたがった行動をとりかねない。環境分野では、全米環境政策法が連邦省庁に対し、環境影響評価で最悪ケースのシナリオを論じるように要求しているかどうかについて激しい論争がある。[*23] 環境団体は、そうしたシナリオの議論を確実に含めるよう求めてきた。その理由の一部は、社会的な懸念を刺激することだ。かれらは、最悪ケースはきわめて可能性が低くても、人々にかなりの影響を与えかねないと知っているのだ。政府のほうでも、当初は最悪ケースの議論を義務づけていたけれど、その後気を変えた。人々が過剰反応しかねないと理解したかららしい。[*24] だから最高裁も支持する現在のアプローチは、低確率事象の検討は求めるけれど、でもそれはそれがまったく考えにくくて思弁的なものにとどまらない場合に限られる。

一見すると現在のアプローチや最高裁判断はまったく筋の通ったものに思える。もし最悪ケースが実現する可能性が本当にわずかなら、環境影響評価で扱うべきではない。その議論の主要な影響は世間の恐れをかき立てることで、しかもそれはここでの想定からすると、事実の裏付けがないものとなる。でもそこには重要な条件がついてくる。確率無視のおかげで最悪ケース分析の批判は容易になる一方で、規制当局がリスクではなく不確実性の条件下で活動しているなら最悪ケース分析は擁護できるものとなる（第3章参照）。不確実性の条件下だと、確率を割り当てることはまったくできず、そうした場合にはマックスミン原則に従う（つまり最悪の結果の中で最も悪の低い選択肢を選ぶ）のも筋が通っているかもしれない。[*25] リスクではなく不確実性を相手にしている場合、最悪ケース分析はこうした標準的な理由から擁護できるかもしれない。それがマックスミン原則を適用する人々の好むアプローチを支持するものとなっているからだ。ここで私が示唆しているのは、テロなどの感情的な含意の大きいハザードについては、その確率がかなり低いという証拠が出ていても、人々は確率を無視するということだ。

感情が昂ぶっているときの確率無視を使うと、かなりの法規制は部分的に説明できる。いくつか例を考えよう：

1　一九七六年に、ラブカナルに遺棄された有害廃棄物により生じたとされる、深刻な健康被害について数々の恐ろしいニュース報道が行われた。ラブカナルは放棄された水路で、ニューヨーク州のナイアガラ川につながっている。こうした報道への対応として、政府は社会に対し、被害の可能性は低いと安心させる数々の努力を行った。でも実は、そうした活動の成果はほとんどなかった。[*26] 地元の保健局が対照研究の結果を示し、有害な影響はほとんどないと述べても、その報道で懸念は収まらなかった。そんな数字には「意味がない」というのだ。[*27] それどころか、数字はかえって恐怖を煽るようだった。「離婚して三人の病気の子供を抱える女性は、数字を描いた紙切れを見てヒステリックに泣き始めた。『子供たちが病気なのも無理はないわ。あたしも死ぬの？　子供たちはどうなっちゃうの？』」[*28]

この種の疑問のおかげで、遺棄された有害物質土壌に伴う環境リスクを抑える新しい法律が施行された——これは原理的には十分に正当化されるけれど、ある行動に伴う有意な健康的、環境的便益の慎重な検討は必要としない。少なくとも最近まで、政府は土壌清浄決定をするときに、有意な被害の確率について十分に考慮してこなかった。[*29]

2　一九八九年には、殺虫剤アラールと小児がんとの関連性を示すキャンペーンが大いに報道された。一時的に全米のメディアはこのキャンペーンに大きく注目した。社会は行動を要求し、環境保護局が、アラールのせいで子供たちががんになる可能性は極めて低いと示唆しても要求は収まらなかった。[*30] 子供がリンゴを食べて死ぬかもしれないと考えただけで、行動には大きな影響が生じてしまい、統計的な情報は人々の恐怖を減らさないようだった。

3　二〇〇一年秋、サメによる攻撃の赤裸々なイメージにより、海水浴客に対する潜在的なリスクをめぐる社会的な批判が上がった。[*31] サメによる攻撃はきわめて可能性が低いという事実や、二〇〇一年夏にサメの攻撃が増えたという信頼できる証拠がまったくないという点にもかかわらず、社会的な批判は生じた。当然予想されるように、問題を抑えるための新しい法制度についてかなりの議論が行われ、やがてそうした法規制がフロリダで施行された。社会の恐怖は、その根底にあるリスクがきわめて小さいことを無視していたわけではない。でも恐怖が統計的リスクを大幅に圧倒したのだった。

4　理由はいろいろあるが、陪審員の行動は、問題の根底にあるリスクが実現する可能性はほとんどないと保証されても、あまり影響を受けない。これは確率の問題が法的に関係ある場合ですらそうだ。*32感情的な影響の強い低確率リスクに関連する裁判では、高い損害賠償を示すように陪審員を納得させるのはそんなにむずかしくないだろう。損害賠償の原告は、最悪ケースを指摘することで陪審員の感情に訴えるのが賢明かもしれない。法が陪審員に対し、被告の行動の便益を費用とバランスさせるように求めている場合ですら、陪審員たちが強い感情を引き起こす結果にばかり注目していたら、確率の問題は無視されるかもしれない。

5　確率無視を理解すると、被告がその行動実施前に費用便益分析を行ったと実証しても、陪審員たちがあまり良い反応を示さないという結果も説明しやすくなる。この結果は実験でも現実世界でも確認されているし、費用便益分析で人命に高い価値が置かれていても結果は変わらない（第6章参照）。*33理由は、陪審員たちは結果のひどさに注目しており、それが起こったかもしれない確率の（事前的な）低さは考えていないからだ。

6　テロリズムの場合、二〇〇一年一〇月の炭疽菌パニックを考えて欲しい。これは比較的少数の事件に基づいたものでしかなかった。感染で死んだのは四人で、一二人ほどが病気になった。感染確率は極度に低いものだ。それでも恐怖が広まり、人々は被害の低確率よりは、結果に注目した。政府もそれに応じた対応をし、炭疽菌感染を防ぐために大量のリソースを投入した。民間機関も同じ対応を示し、統計的リスクが小さいのに、郵便を開けるときには十分に注意しろと求めたのだった。

こう言ったからといって、この場合に大幅な警戒措置が明らかに不当だったと言いたいのではない。官民両方の機関は、確率のわからない大きな健康上の問題に直面していたのだから。でも社会の恐れがその原因に比べて過大だったというのはなかなか否定できないし、対応の水準も過大だったのは明らかだ。その多大な波及効果が、恐怖の大きさを示している。

二〇〇一年九月一一日のテロ攻撃の場合、社会の恐怖はもちろん官民の費用につながり、その金額は攻撃そのものの費用を遥かに上回るものとなった（それが正当化できるかはさておき）。これは確率無視を引き合いに出すことでかなり説明できる。同じことが、二〇〇二年一〇月にワシントンＤＣ地域で起こった狙撃手攻撃で生じた、すさまじい社会的な恐怖についても言える。この恐怖の規模は、確率無視を考慮しないとなかなか理解できない。

どうすればいいのか？

低確率リスクの議論をすると、その議論の大半がそうしたリスクを心配する必要はないとなだめるものであった場合でも、社会的懸念を高める傾向があると述べた。一部の場合、低確率リスクへの恐怖を減らす最も有効な方法は、別の話題に話をそらせて、ほとぼりが冷めるのを待つことだ（これについては、九・一一同時多発テロの後でブッシュ大統領がやったのが、統計的リスクの低さを強調することではなく、航空旅行を一種の愛国行動に仕立て、それによりテロリストが勝利を収められなくなるのだと述べることだったのを思い出そう）。もちろんメディアの注目でこの手口が効かないこともある。

規制政策について言えば、制度的な安全策こそが確率無視の有害な結果から社会を守る最高の方法かもしれない。費用便益分析を全般的に要求することで、客観的事実に基づかない規制に対するチェックがかけられるはずだ——そして社会の求めそうにない予防措置に対する抑えにもなる。政府として過大な反応を避けたければ、分析要件と制度的な抑えが出発点となる（第1章と2章を参照）。こうした要件や抑えは、システム1の活動に対するシステム2の抑えのようなものと見ることも十分にできる。システム1とシステム2の関係を示す、驚くべき（そして深遠な）実証を考えよう。行動経済学者が突き止めた最も重要な認知錯誤の一部は、人々が外国語を使うと消えてしまうのだ。[*34] 母語でない言語で問題を解決するように言われると、人々がへまをする可能性は下がる。慣れない言語だと、正解を出す確率が高まる。どうしてそんなことになるのだろうか？

答はストレートなものだ。人々が母語を使っていると、素早く楽に考えられるから、システム1が優位に立つ。外国語を使っていると、システム1がいささか圧倒されてしまい、システム2が大幅に後押しされることになる。十分に馴染みのない言語を使っていると、即座の直感的な反応が遅くなり、計算をして熟慮する可能性が高まる——それが正解につながる。外国語だと、人は直感から距離を置くことになり、その距離がかれらの立場を改善する。外国語をしゃべるときに確率無視がなくなるという証拠はない。でもそういう結果が出ても意外ではないだろう。

ここには、費用便益の慎重な検討を求める政策や規制へのアプローチの重要性について、大きな教訓がある。こうしたアプローチは（厳密な意味では）外国語を使わない。でも人々の当初の判断からある程度の距離を確保するものとなり、システム1にともなうまちがいを制約する。つまり見たところ、結果や確率を計測する分析的な抑えは、安全策として不可欠だ。この文脈での定量化には深刻な課題があるのは見てきた（第3章参照）。それでも、それこそが出発点なのだ。

でも社会の恐怖は別の独立した問題を引き起こす。人々が、実際に起こる可能性が小さいか、ほとんどないリスクについて大いに懸念していたとしよう――郵便の炭疽菌とか、ガソリンスタンドでの狙撃手攻撃、飛行機でのテロなどだ。政府が実際の数字を把握しているという自信があり、人々が事実で正当化されるよりはるかに大きな懸念を抱いていたら、政府はそうした懸念について規制を通じて対応すべきだろうか。それともそうした懸念が過大で正当化されないなら、それを根拠として人々の懸念を無視すべきだろうか。

まずこれを個人に例えてみよう。恐怖が過剰だとしても、少なくとも冷静な議論を経ても恐怖が収まらないのであれば、行動に際してその恐怖を考慮するのはまったく合理的とも言える。もちろん、恐怖を鎮めるようにはすべきだ。でも飛行機に乗るのが怖くて、その恐怖から逃れられないなら、その恐怖のおかげで飛行機に乗るのが（飛行中だけでなく、それに先立つ時間も含め）ひどい経験になるという理由から、飛行機に乗らないという選択はできる。過去十年の一部の時期で、人々は一部の国への旅行を控えた。それはリスクが統計的に大きいと考えたからではなく、自分自身の（合理的とはいえない）不安を予想したからで、不安だらけの体験を避けたいと合理的に考えたからだ。定式化されない費用便益分析が行われているわけで、そこには恐怖そのものも考慮されている。

同じ事が社会的な水準でも言える。たとえば仮に、人々が一部のリスクを恐れていて、そうしたリスクを減らす手だてを求めているとしよう。そのリスクがきわめて小さくて、求められている対策が便益に比べて高費用だとする。でもここでの想定では、恐怖は現実のものだ。何らかの製品や活動が「安全でない」と人々が怯えるのであれば、単にその理由からだけでもその人々は大きな損失を体験していることになる。多くの領域では、広範な恐怖はそれ自体が損失だというだけでなく（その削減について人々は支払い意志を持つ）、それが行動変化で生じる各種の追加的な問題につながるのだ。

例えばテロの場合、恐怖のせいで人々はある種の活動を嫌がるようになるだろう。たとえば飛行機に乗ったり、公共の場所に出かけたりすることだ。結果として生じる費用は、小さくはないかもしれない。政府としては、人々の厚生利得を生み出そうとする他の活動と同じく、恐怖を減らそうとすべきだという示唆は十分に成り立つ。

政府が人々に情報を与えて教育できるなら、その方法で社会的な恐怖に答えるべきだというのは当然だ。他に正当化できない規制費用を社会に課すべきではない。でも情報や教育が機能するかは、実証的な問題だし、確率無視がある場合には人々の教育はなかなかむずかしいかもしれない。もちろん役人としてはやってみるべきだし、成功する場合もあるだろう。でも情報や教育が機能しないなら、政府は完全に合理的ではないながらも、本当に存在して排除が困難な恐怖に対して、規制対応を検討したがるかもしれない。恐怖も本当の社会的費用で他の社会的費用につながりかねないのを思い出そう。人々が飛行機に乗るのを怖がるなら、経済は複数の形で苦しむことになる。人々が手紙のやりとりを恐れる場合も同じだ。根拠のない恐怖の削減は社会的にいいことなのだ。

政府が明らかに対応すべき場合ですら、多くの問題は残る。どんなやり方で、どの程度まで政府は対応すべきなのか。答えはその恐怖の程度と費用にもよるし、対策の効果と費用にもよる。有効な対応の費用がとても高いなら、対応拒否が筋の通ったことかもしれない。この点で、適切な行動の分析は、他の多くの状況におけるリスク分析に似てくる。その行動により、どれだけのよい結果と、どれだけの被害が起こるかについて知る必要がある。ここでの特別な困難は、恐怖とその影響を定量化して金銭化することにある。

鮮明さと確率

本章での私の中心的な主張は、感情がたかぶっていると、人々は確率の問題を無視することが十分あり得るということだ。確率無視は、強い感情をもたらす事象の場合に特に起こりやすい。洪水、台風、テロ攻撃が思い浮かべやすいなら、統計的リスクがそうした社会的懸念をもたらさない多くの活動についてのものより低くても、思考や行動に大きな変化が生じかねない。この論点で、大量に報道された低確率リスクに対する社会の過剰反応について説明しやすくなる。

ここから、民間や公共のアクターが社会に対し、無視されているリスクに注目させたいと思うのであれば、起こりかねない最悪の事態に関する鮮明でなるべく視覚的なイメージを提供すべきだということになる。そこからさらに、法に対する社会の要求に影響される政府規制も、確率を無視しかねないということになる。一見すると、政府は社会が確率無視を示していて、小さなリスクに過剰な反応を示している場合には、そうした要求を受け入れるべきではないように思える。最高の対応は情報と教育だ。でも社会の恐怖はそれ自体が問題だし、それもときにはかなり深刻な問題となる。その恐怖がリスク削減なしには収まらないのであれば、政府はリスク削減を検討すべきだ。少なくとも、その恐怖自体についてのものも含む、費用便益評価によってリスク削減の手順が正当化されるのであれば。

おわりに——規制国家を人間化する4つの方法

本書は多くの分野をカバーした。それを終えるにあたり、中心的な主題について手短に述べておこう。社会問題の扱いを決めるとき、政府はその決断が人的にどう影響するかに注目すべきだ。そのためには、科学と経済学の両方に頼る必要がある。規制が食料供給のリスクを減らすなら、その削減の規模——救われる人命数と、予防される病気の数——を知るのが重要だ。もし規制が金融危機のリスクを減らすなら、その規制がどんな形でどの程度貢献するのかを具体的に述べるべきだ。規制が代償のビジネスに費用をかけるなら、そうした費用を定量化するのが重要だ。費用が高いと、それを負担するのは現実の人々なので、結果として物価高、低賃金、雇用減少が生じかねない。強調してきたように、物価高は経済的に底辺にいる人々にとってはことさらありがたくないものとなる。

現時点では、費用便益分析——一種の政治的代数——こそが、規制の結果を考慮するにあたっての最高の方法だ。[*1] でもそれを四つのちがう形で人間化すべきだ。まず、費用と便益を数学的な抽象概念としてではなく、多様な財を定性的にとらえて、筋の通ったトレードオフを促進する手法と考えるべきだ。

単一の指標を使うのは、筋の通ったバランス化のためであって、定性的な差を無視するためではない。ジョン・スチュアート・ミルがそうした定性的な差を強調し、ジェレミー・ベンサムを強く批判したのを思い出そう。

第二に、定量化がむずかしかったり不可能だったりする価値も考慮すべきだ。そうした価値には、人間の尊厳も含まれる。これはプライバシー保護、強姦の削減、人種差別、性差別、性的嗜好による差別、障害による差別の阻止などのための規制で大きな役割を果たす。定量化不能の価値は、費用便益分析では深刻な問題にはならない。そうした問題に対応する手法は示唆した。最大のものは、何よりも上限と下限の利用だ。そうした手法がうまくいく場合でもいかない場合でも、定量化不能の価値を無視はできない。それこそがときには規制政策の原動力なのだから。

第三に、規制上の選択や費用便益分析は行動学的な配慮をすべきだ。つまりホモサピエンスとホモエコノミカスの間にある多くのちがいを考慮すべきだということだ。行動科学者たちは、人々がリスク評価にあたりヒューリスティクス、つまり心的な近道を使うことを示した。そしてかれらの直感的な判断がひどくまちがったものになる可能性も示した。これは人的な影響を考慮しようとする場合にはなおさら重要だ。きちんとした分析は、直感よりはるかに有益なものとなる。そして人々が必要もないのに怯え、怯えるべきときに怯えない場合には、結果分析は大いに助けとなる。

事実の評価にとどまらず、道徳的に何が求められるかを評価するときにも、人々はヒューリスティクス、つまり心的な近道を使う。事実についてのヒューリスティクスと同じく、道徳的ヒューリスティクスも普通はうまく機能する。でも重要な分野ではずすこともある。多くの道徳（そして政治）的問題で、強い直感は道徳的に何が必要かを明確に教えてくれるようだ。強い直感に抵抗するのはきわめてむずかしい。その魅力は実に強い。でも本当に人命の価値を評価するのであれば、ときには直感を却下して、別の行動が持つ人的な影響について、もっときちんとした説明を提供しようとすべきだ。

第四に、政策や規制は広範な人々が持つ分散した情報を活用すべきだ。本書は、アメリカ政府の内実をのぞくところから始まった。ここで物事がうまく機能する場合、それは官民両方の多くの人々が、法規制の結果として考えられるものについて、情報提供を確実に求められるようにしている制度的な安全策のおかげが大きい。役人の知識より、民間市民の知識のほうがはるかに大きい。総合的な意見を得るにあたり、民間は不可欠だ。最高の対応は、役人たちが一般市民の中にある分散した情報を活用することだ（そして同時に可能なときには常に市場メカニズムを利用し、民間の柔軟性を活用することだ）。

本書のインスピレーションを与えてくれた二つの源はとても重要なので（これはエピグラフにも示した）、そろそろそれを明示的に示すべきだろう。最初のものはアマルティア・センで、費用便益分析と帰結主義について啓発的な論説を書き、自由と「議論による統治」の重要性を強調して、必要なのが市場を置きかえることではなく、それを補うことなのだと述べている。二番目はフリードリッヒ・ハイエクで、人間知識が分散していることを強調し、価格システムがどんな計画者や官僚群も上回る形で、情報を集めて組み込むといって賞賛している。

センとハイエクは、歴史上でとても偉大な経済思想家だが、いっしょに扱われることはあまりない。

私はもっといっしょに扱うべきだと思う。啓発的で感動的とすら言える批評の中で、センはハイエクが市場と自由（繁栄だけではない）の密接な関係について認識を高めたと賞賛している。[*2] ハイエクは市場と分散化を賞賛したので、本書で上がった多くの議論について、かれは大反対するだろう（そして社会の保健、安瀬、環境保護のためにアメリカが実施してきた規制には、ほぼすべて反対したはずだ）。費用便益分析の使用については、明確で強力なハイエク的反対論があり、それは費用と便益の両方について役人たちが直面する深刻な課題に根ざしたものだ。私はそうした反対論を切実に理解している（それでも切実さが足りないという人もいるだろう）。でも、本書の中心的な主題の一部については、ハイエクも賛成してくれるのではと思いたい。たとえば、適切な数値を決めるときに市場からの証拠を活用すること、分散した情報を入手すること、トレードオフを認識すること、自由と繁栄の両方を慎重に参照しつつ選択を行うことなどだ。

謝辞

本書は完成までに異様に時間がかかった。当初の計画は六年ほど前に生まれたもので、道徳的ヒューリスティクスに注目するものだった。我がすばらしき編集者カレン・ダーリングは、この問題についてかなりの時間をかけた。その計画を完成させる前、いや大きな進捗を示す前に、公職がそこに割って入り、二〇〇九年から二〇一二年にかけて本書は棚上げとなった。二〇一二年に執筆を再開するにあたり、私は価値評価についてのもっと一般的な記述を行い、政府で私が学んだことと、それ以前に知っていたことや知っていたと思っていたことを組み合わせてみるのがいちばんいいと考えた。道徳的ヒューリスティクスは第6章の主題で、その主題はある意味で本書全体を貫くものではあるけれど、いまや対象はずっと広くなった（道徳的ヒューリスティクスについての本は書かれるべきだし、自分でそれを書くかはわからないけれど、だれかが書いてくれることを希望したい）。

長年の賢くて頼りになるガイドであるカレンは、本書を可能にして大幅に改善してくれたことで、特筆に値する。また各種の章の初期バージョンについて、有益な議論やコメントを暮れた多くの人々にも感謝する。特に感謝すべき相手として、ダニエル・カーネマン、マーサ・ヌスバウム、エリック・ポズナー、リチャード・セイラー、アダム・ヴァーミューレ、デヴィッド・ワイスバック、リチャード・ゼックハウザーを挙げたい。妻のサマンサ・パワーは公共政策の人間的な帰結に対する注目を絶えず強調してくれたこと、鋭い批評眼、果てしない寛容さ、その他いろいろについて感謝する。

本書はアマルティア・センに捧げた。かれは長年にわたり不可欠なガイドであり、真の霊感源だった。本書の内容すべてに賛成はしてもらえないのではと思うが、密接に関連した問題に関するかれの非凡な研究には、一貫して私は恩恵を受けている。

本書の章は、以前の著作から派生したものだ（ただし多くの場合にはかなりの改訂をしている）。以下の論説の利用を許諾してくれた、以下の機関に感謝する。

第1章：*The Office of Information and Regulatory Affairs*, 126 HARVARD LAW REVIEW 1838 (2013).

第2章：*The Real-World of Cost-Benefit Analysis*,114COLUMBIALAWREVIEW 167 (2014).

第3章：*Nonquantifiable*, CALIFORNIA LAW REVIEW (2014).（この論説はカリフォルニア大学バークレー校で行ったブレナン講演の当初の元となったもので、その初期バージョンをここで刊行許諾してくれたCALIFORNIA LAW REVIEWには特に感謝する。もっと包括的な記述としては、読者諸賢は最終版を参照されたい。）

第4、5章：*Valuing Life: A Plea for Disaggregation*, 54 DUKE LAW JOURNAL 385 (2004).

第6章：*Moral Heuristics and Risk*, in EMOTIONS AND RISKY TECHNOLOGIES (Sabine Roeser ed. 2010).

Springer Science+Business Media からの寛容な許諾による。

第7章：*Terrorism and Probability Neglect*, 26 Journal of Risk and Uncertainty 121 (2003). Springer Science+Business Media からの寛容な許諾による。

訳者あとがき

1．はじめに

本書はCass R. Sunstein, *Valuing Life: Humanizing the Regulatory State* (University of Chicago Press, 2014) の全訳だ。訳にあたっては、原出版社から得たpdfファイルと、ハードカバー版を参照している。

2．著者について

まず著者について。著者キャス・サンスティーンは、アメリカの法学者でハーバード大学ロースクール教授だ。特に憲法学や行政法、環境法に詳しい。言論の自由、動物の権利、結婚などの様々な分野で多くの論文や著書があり（たとえば『熟議が壊れるとき』勁草書房など）、またインターネットやビッグデータが社会や民主主義に与える影響についての論説も多い（たとえば『インターネットは民主主義の敵か』毎日新聞社など）。各種の分野について八面六臂の活躍を見せており、著書も論文もきわめて多く、共同研究や共同論文も無数にある。世界のあらゆる人が6人を介せばつながるというネットワーク理論の俗説をもとにしたお遊びとして、きわめて出演映画の多いケヴィン・ベーコンや、多産な数学者ポール・エルデシュを中心に、何人の共演者や共著者を介するとケヴィン・ベーコンやエルデシュに到達できるかという、ベーコン数やエルデシュ数というものが考案されているが、法学や社会科学分野での類似指標としてサンスティーン数なるものが一部で考案されているほどだ。

中でも最近では各種の政策や規制で、様々なリスクをどのように考慮するかを述べた多くの研究が名高い。特に行動経済学的な知見を各種の規制手法や政策立案に導入する提案では、二〇一七年にノーベル経済学賞を受賞したリチャード・セイラーと共にリバタリアン・パターナリズムの考え方を提示している（たとえば『実践行動経済学』日経BP社など）。人は行動経済学的なバイアスのせいで、そのままでは自分に最善の選択ができないこともある。それになんでもかんでも選択を迫るのがよいわけではない。選択しない自由も守られるべきだ。だから政府が政策の出し方などで、選択の自由を維持しつつもよい選択に人々を誘導するべきだ、とかれは述べる（たとえば『選択しないという選択』勁草書房など）。

さらに規制に関しては、人々が恐怖にとらわれてパニックしてしまうときの規制のあり方や、予防原則の意義は認めつつも安易な使用をいさめ（『恐怖の法則』勁草書房など）、また巨大リスクに対する規制対応についても、特に地球温暖化対策などを念頭に論じている（たとえば『最悪のシナリオ』みすず書房など）。そしてかれは、象牙の塔のアカデミシャンにもとどまらない。二〇〇九年から二〇一二年にかけてはオバマ政権のホワイトハウス情報規制問題局（ＯＩＲＡ）の局長を務め、連邦政府による主要規制についてのレビューと承認を行った。かれの行動経済学的なものを含むさまざまな規制に関する学術的な知見が、その際の施策にも大きく反映される結果となっている。

おまけにこれだけの活躍で多忙をきわめているはずなのに、最近（二〇一六年）には、こうした学問的な知見を口実にスター・ウォーズ（そう、あの映画の）を語ったとでもいうべき『スター・ウォーズによると、世界は』（早川書房）なる変わった本まで出す余裕を見せているのは、驚愕せざるを得ないところだ。

が、それはさておき、そのＯＩＲＡ時代の経験をもとに、政府が規制をどのように評価検討するのかを詳細に述べたのが本書となる。

3．本書の特徴――『シンプルな政府』との関係

実は、ＯＩＲＡ時代の経験を中心に書かれたサンスティーンの本はもう一冊ある。この『命の価値』邦訳の二ヵ月前に邦訳が刊行された『シンプルな政府』（ＮＴＴ出版、原著は二〇一三年）だ。

この二冊、もちろん同じ体験を元に書かれていることもあって、内容はかなり重複している部分もある。両者のちがいは、その力点の置き方と話の進め方にある。

ＯＩＲＡでサンスティーンが行った各種規制のレビューは、大きく二つの側面がある。そこでのレビ

ユーは、基本的には費用便益分析が中心となっている。規制を行うのにかかる費用と、それが社会にもたらす便益とを比べて、便益のほうが十分に大きくなければそんな規制は（一般的には）やるに値しない。

その一方で、純粋に費用便益分析だけですべてが片付くかといえば、そういうものではない。人々は行動経済学的なバイアスを持っている。面倒くさがりなので、絶対に自分の得になる話でも進んでやろうとはしない。新しいことを試すより現状にしがみつき、目先の報道の大きさに惑わされて、どうでもいいことに騒ぐ一方で、地味だけれど重要な話は無視してしまう。だから、費用便益分析で正当化されるよい規制でも（いや、よい規制であればなおさら）、効果を挙げるには、その規制の実施方法をよく考える必要がある。

『シンプルな政府』は、まずＯＩＲＡ局長就任までの様々な騒動をおもしろおかしく描いてから、ＯＩＲＡで検討した後者の行動経済学的な工夫について、各種ビジュアルも含めて解説する。そしてそのうえで、そのベースとなっている費用便益分析のやり方と課題についても簡単に述べる。サンスティーンの活躍に対する世間的な興味（そして反発）は、一般に行動経済学的な話が中心となりがちだ。その意味で『シンプルな政府』は本書と似たテーマを扱っていても、どちらかといえば一般向けといえる。その書き方も、ウケを取りに行く場面も多く、比較的軽い。

これに対し本書『命の価値』は、ＯＩＲＡの業務について詳しく述べたうえで（ただし就任までの騒動には言及しない）、まずそこでのベースとなっている費用便益分析のやり方と、その課題について非常に詳しく述べる。行動経済学的な話はとてもおもしろいものではある。でも実際には、そんな行動経済学的な知見をバリバリ生かした規制が次々に出てくるわけではない。基本的な規制の検討において最も重要だったのは普通の費用便益分析だし、実際にサンスティーンがやっていた規制当局としての活動もそのほとんどが費用便益分析だ。ただし行動経済学的な人々の歪みが普通の費用便益分析で捕らえきれない場合がある。それについて、費用便益分析をどう補正すべきか、というのが本書のアプローチだ。書き方も比較的がっちりしていて実直なものとなっている。専門的な記述も多く、一般読者よりはもう少し深く、規制行政や費用便益分析の実務に関心がある人向けの書き方となっている。

規制の各種課題を理解するには、できればどちらも読んでいただきたいところではある。とはいえ重複する部分もあるし、どちらを手に取るかは、読者の嗜好次第というところだ。

4．本書の議論の骨子

では本書の議論をもう少し細かく紹介しよう。本書は、基本的にはすべて費用便益分析の話だといえるが、それをさらに分けるとすれば、次の3つになる：

①費用便益分析の実際とその課題
②行動経済学的な視点が費用便益分析に与える影響

③アメリカの規制行政プロセス

このそれぞれについて少し詳しく述べよう。

1　費用便益分析とは何か?

費用便益分析とはなにか?　これ自体の考え方は、そんなに複雑なものではない。何か新しい政策をやったり規制を導入したりすると、お金もかかるし、金銭以外のいろいろな影響も出る。だからそれを上回る効果がでなければ、そんな政策や規制をやる意味はない。だったら、それをきちんと計算しようということだ。費用より便益のほうがじゅうぶんに高ければ、その政策は正当化される。逆に費用ばかりかかって、便益の全然ない政策や規制は、やらないほうがいい。それが費用便益分析だ。ここまでは、だれも反対する人はいない。

が、これは簡単そうに見えてなかなかむずかしい。実は訳者の本業は開発コンサルタントであり、その仕事の相当部分はまさにこの費用便益分析となる。たとえば、高速道路を作るという政策がある。費用のほうは、設計とか用地買収とか建設費とかが初期費用だ。さらにその後はメンテナンスや補修費用がかかる。これはまあ簡単だ。でも便益は?　人がいろんなところに早くいけるようになるので、時間が節約できる。それが一つ。その分だけ、オイルやタイヤの摩耗も減る。それが二つ。そして高速道路は歩行者が立ち入らないので、一般道より安全性が高い。だから人命が救われる。これが社会への便益だ。それが十分に大きければ、この高速道路建設は正当化される。

でも、この費用と便益をどう比べようか。タイヤやオイルの節約は、そのお値段を見ればいいだろう。時間も、だいたい平均時給とかでお金に換算すれば、あまり文句も言われない。

でも人命の価値は？　それ以前に、そもそも人命に価値をつけていいのか？　そしてつけた場合、その価値はみんな本当に同じなんだろうか？　明日にも死にそうな歳寄りの命と、生まれたばかりの赤ん坊の命の価値は本当に同じなのか？　金持ちと貧乏人の命の価値に差をつけるのは許されるんだろうか？　日本で費用便益計算に使われる人命の価値は、実は欧米で使われるものと開きがあったりする。それは正当化できるんだろうか？

また、人命以外にもいろいろ問題はある。人の尊厳を守るような規制もある。本書で挙がっているのは、身障者用のトイレだ。車椅子の人が1人でトイレに行けるようにする経済的価値は、そんなに高くはない。でも、それはその身障者の尊厳にとっては実に大きな意味を持つ。これは費用便益分析には入れられないのではないか？　希少な動物が助かるといった価値はどう評価すればいいのか？　テロ防止策では、実際にどれだけのテロが減るかなんて、なかなかわからないし、その被害だって計算しようがないかもしれない。それを費用便益分析に含めることなんてできるのか？

これは、各種の政策や規制の分析実務でしばしば出くわす話だ。この訳者も、ある途上国での高速道路の費用便益分析を行ったとき「この高速道路建設がジェンダー平等に対してもたらす便益も含めろ」と言われて頭を抱えたことがある。そんなものをどうやって考えればいいのか？

こうした問題は、費用便益分析というものを目にしたとき、たいがいだれでもすぐに思いつくものばかりだ。そしてしばしば多くの人は、そこからすぐに費用便益分析に対する懐疑論や、極端なときには拒絶反応に走ってしまう。人命をお金に換算する費用便益分析は、不道徳で人倫にもとる、唾棄すべき手法であるとか、尊厳や自由などの価値観を絶対に反映できない欠陥手法であるとかいう批判はしょっちゅうお目にかかるもので、実務畑の人々の多くはそうした一知半解の主張を聞き飽きてうんざりしている面すらある。

本書はまさに、そうした部分をていねいに説明してくれる。そしてまた費用便益分析の実務の中で具体的に直面する各種の課題について、詳細に検討を加える。

まず規制行政の文脈で命に価値をつけるというのは、「お前を殺すかわりに一億円やる」とかいうレベルの話ではなく、十万分の一の死亡確率を少し下げるというレベルの話だ。人はそうした低リスクについての価値評価は日常的に行っている。だから「命はお金では買えない！」といったレベルの話はそもそも見当ちがいなのだ。そして、その考え方からすれば命の価値に年齢や所得で差をつけるのも、十分に正当性はある（が、データ制約などもあってまだやられていないことが多い）。表面的な「命の価値」という表現だけにまどわされてはいけないのだ。

また確かに尊厳や自由（あるいはジェンダー平等）など、定量化しにくい価値もある。でもある程度の幅くらいは提示できるはずだ。そして最大限の努力をしたうえで、それが金銭化できない面を持つことを述べればいい。実際の現場でも、そうした価値は（充分かどうかはさておき）それなりに考慮されているのだ。

この意味で、本書は実務的なプロセスがそれなりにきちんと機能しており、多くの懸念にも対応できていることを示す。経済学者による費用便益分析解説本は、「人命に値段をつけるなんてけしからん、人命は地球より重い」といった一般的な反応に対して、非常に冷笑的な描き方をすることも多い（「そんなこと言うんなら、お前は死亡リスクのある活動は何もしないのか、車に乗らない、風呂にも入らない、外にも出ないのか、ありえんだろバーカ」という具合）。そして、それだけで事足れりとして現状肯定で終わるのが通例だ。でも本書は、現状の費用便益分析の現場が様々な要素をきちんと考えていることを述べつつも、人々が費用便益分析に対して抱く反発やありがちな誤解に関しても十分に理解を示す（その一部は行動経済学的なバイアスに基づくものでもあるのでなおさらだ）。さらに、現状の費用便益分析をいたずらに擁護するだけにとどまる本でもない。いまの均一な命の価値の評価は本当に適切なのか？ それをめぐる学問的な考え方と、そしてそれがホワイトハウスでの規制審査プロセスでどう議論され、適用されていたかを示すことで、本書は学問と実務を結ぶ、得がたい解説書になっている。

2　行動経済学的な視点

『シンプルな政府』では、行動経済学的な知見をもとにした様々な政策が挙げられていた。それは簡単な情報提供（喫煙は有害ですよ、といったものから「他のみんなはもっと節電してますよ」といった、いわゆる「ナッジ」）から、各種保健などの自由加入方式を、全員加入でオプトアウト自由にすることで保険カバー率を上げるといった、ある意味で政府のお節介ともいえるデフォルト状態の設定変更まで様々なものが挙がっていた。

本書はそうした華々しい事例はあまり出てこない。むしろ、行動経済学的な人々のバイアスにより、フラットな費用便益分析が受け入れられなかったり、歪んでしまったりする場合に焦点がしぼられる。たとえば、排出権取引は有害なことをする権利をお金で買えるようにする不道徳な手口だといった批判がそうしたものだ。エアバッグやワクチンの義務化に対し、それが持つわずかな害の可能性ばかりに注目し、そのために大きな効果のあるエアバッグやワクチン自体を拒否する態度などもその例だ。費用便益分析から見れば、これはまったく筋が通らないけれど、でも実際にそれが政策に影響を与えることもある。また、人が目先の報道などで恐怖を抱き、費用便益分析ではまったく正当化されない対応を要求することもある。このあたり（第六章および第七章）の記述は、『恐怖の法則』『最悪のシナリオ』の要約にもなっている。

本書はそうしたものに対し、基本的には費用便益分析を重視するように述べる。それはときに、対策をしろと騒ぐ国民やメディアや政治家に対し「何もしません」と突っぱねることでもある。その一方で、そうした歪み自体が社会に費用をもたらすこともある。政府が何か対応をしていますというポーズを見せることで人々が安心し、そうした費用が消えるかもしれない。それも含めた形で費用便益分析を考えるべきだ、というのが著者の主張となる。

3　アメリカの規制行政の内実

さて本書のもう一つのおもしろさは、アメリカの規制行政の実態についての詳しい報告になっているということだ。

多くの人は、政府の仕組みを必ずしも十分理解していない。政治家が何やら料亭でごにょごにょ相談してすべてが決まるような印象を持っている人もいるし、業界の圧力団体があれこれ言うとその通りに話が決まってしまうとか、あるいは省庁間の権益争いだけであれこれ決まり、みんな国民の利益なんかまるで無視していると思っている人も多い。本書を読むと、アメリカでもそういうとらえ方をされている面はかなりあるようだ。

でも実際には、そうではないのだとサンスティーンは主張する。官僚たちだって、みんなよい仕事をしたいし、国民に奉仕したいと考えている。そしてそのプロセスとして、規制を決めるにあたっては各種省庁が好き勝手にできないような仕組みが創られているのだ。サンスティーンのいたＯＩＲＡはまさにそのための機関だ。何か規制の案が出てくれば、それは関連する他の省庁と調整が図られる。またそれに対して国民からのパブリックコメントを集めるように指示も入るし、そのパブリックコメントも単に「どうですかー」と投げ出すのではなく、きちんと説明もあり、代替案も提示され、見る側の人々が十分に情報をもって判断できるような形がとられる。

そしてそのプロセスの中で、規制の良し悪しを判断するための一つの客観的な材料が、まさに費用便益分析なのだ。それをベースにして、本当に十分な便益があるのか、本当にこんな費用ですむのか、という検討をみんなが行うことで、省庁や業界団体や政治的な利権に基づく恣意的な規制や行政はできなくなる。そして規制を常に見直し続けることで、やってみたらダメだった規制が温存される可能性も減る。

そこで実現するのが「議論による統治」だ。なるべく多くの人に見てもらい、その意見を集めてまとめることで、本当によい結果が得られる。そしてそこでは、業界団体が何度も陳情しようと、料亭で飯を食おうと、影響は基本的にない。プロセス自体もそれまでの議論の積み重ねであり、あっさり変えられるものではない。これにより、きわめてフェアで効率の高い規制行政が実現しているのである！

政府の中で何が起きているかは、いま透明性を高める各種の活動が進んでいるとはいえ、決してわかりやすいものではない。そこでの議論がきわめて専門的だというのもある。その内実がこのように示されたという価値は高い。が……

5．規制行政の現実とは？

本書を読むと、アメリカでの政府の規制評価は実に見事でスムーズかつ公正に行われ、政治的な圧力や介入の入り込む余地はほとんどないように思えてしまう。それに引き替え我が国は……と嘆息する方も多いだろう。実は訳者は、日本の規制政策がそんなに悪いとは思っていない。ときどき変な歪みを見せることはある。でも一般にはかなり有効できちんと動いているとは思う。一部のメディアが言うような利権と「そんたく」まみれの変な代物ではない。それでも、こうした明瞭なプロセスはとてもうらやましいとは思う。

だが本当にアメリカの規制制度はこんなにも公正無私で完璧なのか？　実は２０１７年になって、本書に描かれたプロセスの有効性を大きく疑問視しなくてはならない出来事が起きている。

もちろんそれはトランプ政権であり、特に同政権下での炭素の社会的費用の扱いだ。

本書第2章では、気候変動対策を考えるときに使う炭素の社会費用と割引率についての議論が登場する。アメリカ政府は、炭素排出が世界に与える費用について省庁間のワーキンググループを作って検討を行っている。そして本書では、そこでの数字が政府としての合意であり、それを勝手に変えることはできないと述べている。二〇一七年一月では、二〇二〇年時点について50ドルほどという数字になっていた。また使用する割引率についても7パーセントと3パーセントという数字が同様のプロセスで合意ができており、恣意的には動かせないと述べる（その後、3パーセントが主流になっていった）。

ところがトランプ政権になって、いきなりこの炭素の社会費用を検討するワーキンググループが潰されてしまった。使うべき割引率も、7パーセントという数字になってしまった。そして炭素の社会費用がいきなり二〇二〇年時点の1トンの現在価値で1ドル（!!）に引き下げられた。割引率を低くしても、二〇二〇年時点の1トンの現在価値7ドルという、現在使われているものよりすさまじく低い水準になる。

炭素の社会費用が高ければ、炭酸ガス排出の多い石炭火力発電所は作りにくくなる。でもそれがグンと引き下げられれば、もちろんどんどん作れるようになる。トランプ大統領は、炭坑を救うといった公約を選挙活動中に行っていたから、これはトランプの政策的な方向性に沿った動きではある。

でも当然ながら、サンスティーンの本書の記述は面目まるつぶれだ。本書で挙げられた各種お題目は、一気に踏みにじられた。議論による政府？　政治的圧力は働かない？　炭素の社会費用も、使用する割引率も、鶴の一声で変わってしまう。恣意的な改変は可能だし、政治的圧力もガンガン効いてくる。もちろん、本書の記述は大統領がこれまでの政治プロセスを完全に無視するような非常識な事態は想定していない、という擁護はできなくもないのだが、そもそもそんなことができないようにするのが、こうした政策プロセスだったのでは？

そして、このちゃぶ台返しがいとも簡単に実現してしまったことから、それ以前の状況がサンスティーンの言うほど立派なものだったのか、という疑問も当然生じてしまう。当時ですら、本当に政治的圧力はなかったのか？　本当に本書に書かれているほど立派なものだったのか？　本当に業界の圧力はまったく効かないのだろうか？　本書に書かれた規制行政のプロセスに関する話を、いまや大きく割り引いて眉にツバしながら読まなければならないのは、悲しいことではある。そしてそれを最も痛切に感じているのは、おそらく当のサンスティーンだろう。多作な著者のことだ。必ずや現在の状況に対する困惑と批判をこめた著作が遠からず登場するとは思う。そこでかれが現状についてどう考えているのか、是非とも読んで見たいものだ。

そうはいうものの、費用便益分析はいまでも当然ながら政府の規制や政策決定についての大きな指標ではある。そして、本書で挙げられた費用便益分析の手法や課題は、トランプ政権がどうあろうとも変わるものではない。多少専門的ながらも、この手法に関する理解がもっと広より、同時にその限界や課題も知られるようになれば、各種の政策や規制に対する見方はこの日本ですらずっと深いものとなり、もっとよい政策判断につながるはずだ。

6．おわりに

本書の訳は、基本的には全訳ながら、補遺CとDに出てくる個別規制については、名前を見ただけでは内容がわからないものも多いこともあり、名称の翻訳は行っていない。この点はご了承いただきたい。

本書の翻訳については、勁草書房の渡邊光氏にお声がけいただいた。たまたま偶然ながら、同時期にサンスティーンのきわめてまじめな規制に関する著作（本書）と、奇書としか言い様のないスター・ウォーズ論（『スター・ウォーズによると世界は』）を並行して訳すことになったのは、まったくもって奇妙な体験ではあったが、スター・ウォーズを論じるときに引き合いに出される各種の知見が、実は本書や『シンプルな政府』で規制や政策のあり方について論じる際の知見とほぼ重なっているのには、驚かされるとともに楽しい思いをさせてもらえたのは、余録とでも言うべきだろうか。

本書の内容については、訳者の本業にも近いこともあり、翻訳上の大きなまちがいはないとは思うものの、もちろん見落としや誤解は残っているはずだ。お気づきの点は訳者までご一報いただければ、以

下のサポートページで周知するようにいたしますので。http://cruel.org/books/valuelife/

二〇一七年一一月

東京にて　山形浩生（hiyori13@alum.mit.edu）

索　　引

注

エピグラフ

1. Amartya Sen, The Discipline of Cost-Benefit Analysis, in *Rationality and Freedom* 553, 561（2002).（アマルティア・セン「費用便益分析」、若松良樹/須賀晃一/後藤玲子監訳『合理性と自由（下)』勁草書房、2014 年）
2. Friedrich Hayek, The Uses of Knowledge in Society, 35 Am. Econ. Rev. 519, 519（1945).（フリードリッヒ・ハイエク「社会における知識の利用」田中真晴・田中秀夫編訳『市場・知識・自由――自由主義の経済思想』ミネルヴァ書房、1986 年）

はじめに

1. Benjamin Franklin, *Mr. Franklin: A Selection From His Personal Letters*（Whitfield J. Bell. Jr. & Leonard W. Labaree eds., 1956).
2. Office of Mgmt. & Budget, Draft 2013 Report To Congress on The Benefits and Costs of Federal Regulations and Unfunded Mandates on State, Local, and Tribal Entities 54 を参照。http://www.whitehouse.gov I sites/default/files/omb/inforeg/2013 cb/draft_2013 cost_benefit_report.pdf で入手可能。
3. ことさら示唆的な議論が Matthew D. Adler, *Well-Being and Fair Distribution: Beyond Cost-Benefit Analysis* 92-114（2011）にある。
4. もちろんこうした帰結に対応する方法はいくつもある。費用便益分析はそうした手法の一つでしかない。上記論文を参照。私は現時点では、費用便益分析が、比較的実施が容易という利点を持つと思うけれど、各種の代替案や、帰結主義の内部から出てくる批判は慎重に検討する余地がある。前掲論文参照。
5. 前掲論文参照。
6. Richard H. Thaler & Cass R. Sunstein, *Nudge*（2008).（セイラー＆サンスティーン『実践 行動経済学』遠藤真美訳、日経 BP 社、2009 年); Cass R. Sunstein, *Simpler: The Future of Government*（2013)（サンスティーン『シンプルな政府――“規制” をいかにデザインするか』田総恵子訳、NTT 出版、2017 年）を参照。

第1章

1. Exec. Order No. 12,291 §3, 3 C.F.R. 127, 128-29 (1981) を参照。これは Exec. Order No. 12,866 §11, 3 C.F.R. 638, 649 (1993) により廃止された。5 U.S.C. §601 (2000) 所収。

   独立系機関は、通常OIRAレビューの対象ではないけれど、オバマ大統領はそうした機関も行政執行機関を司る多くの原理に従うよう要請する重要な大統領命令を出した。Executive Order 13579を参照。OIRAプロセスに関する当初の理論をめぐる初期の未だに重要な議論として、元OIRA局長二人が書いた Christopher DeMuth & Douglas Ginsburg, *White House Review of Agency Rulemaking*, 99 HARV. L. REv. 1075 (1986) がある。

2. Executive Order 13563, section 1.
3. Friedrich Hayek, The Uses of Knowledge in Society, 35 AM. ECON. REv. 519 (1945) を参照。
4. フランクファーターの有名な記述として「自由の歴史はもっぱら、手続き上の安全策遵守の歴史であった」というものがある。McNabb v. United States, 318 U.S. 332, 347 (1943).
5. Amartya Sen, *Development as Freedom* (1990)(アマルティア・セン『経済開発と自由』石塚雅彦訳、日本経済新聞社、2000年)を参照。
6. 前掲書。根本的な問題の一部に関する有益な議論としては Matthew D. Adler, *Well-Being and Fair Distribution: Beyond Cost-Benefit Analysis* (2011) がある.
7. Exec. Order No. 12,866 §6 (b)(2)(B), 3 C.F.R. 638, 647 (1993), 改訂版が5 U.S.C. §601 (2006) 所収.
8. http://www.reginfo.gov/public/do/eoCountsSearch を参照。
9. この前任となる Executive Order 12291 にはこんな制限はなく、したがってOIRAは1981年から1993年にかけて、いまより遥かに多くの規制をレビューした。
10. 省庁のインセンティブ問題はややこしいこともある。一部の例では、省庁はOIRAレビューを、公式プロセスを通じてコメントを得て、まちがいを避け、関連する役職者に通達を行い、省庁間協力を得る手法として大いに歓迎する。大統領行政府を、知っているべきなのに知らなかった規制行動で「驚かせ」て平気でいられる省庁はない。もちろん、関連する通達を行う方法はいろいろある。でもOIRAプロセスが最も公式のものだ。
11. たとえば Environmental Protection Agency and Department of Transportation, Revisions and Additions to Motor Vehicle Fuel Economy Label,

76 Fed. Reg. 39,478, 39,480 fig. I-1（2011）（amending 40 C.F.R. pts. 85, 86,600）を参照。

12. Exec. Order No. 12,866 §3（e）, 3 C.F.R. at 641.

13. Memorandum from Peter R. Orszag, Director of Office of Mgmt. & Budget（Mar. 4, 2009）, http://www.whitehouse.gov/sites/default/files/omb/assets/memoranda_fy2009/m09-13.pdf を参照。OIRA は大統領命令12866 の中の「規制行動」の定義に厳密に当てはまらない規制行動をレビューする権限はないと反論することは可能だ。でもすでに述べたようにこうしたレビューは長いこと続いていて、いずれにしても Office of Management and Budget は要件が関連法令や大統領命令と一貫性を持つ限り、そうしたレビューを要求する権限を持っている。この注記で挙げた Memorandum の発行は、大統領行政府内でそうしたレビューが広く支持されていることを反映したものだ。

14. たとえば Appalachian Power Co. v. EPA, 208 F.3d 1015（D.C. Cir. 2000）.

15. そうではない。5 U.S.C. §553（通達コメント要件からガイダンス文書や解釈ルールを外す）を参照。

16. たとえば OIRA レビュー下にあるルールや情報収集要求を図で示した「ダッシュボード」を参照。

17. Kenneth Shepsle, Congress Is a "They," Not an "It": Legislative Intent as Oxymoron, 12 INT'L REv. L. & ECON. 239(1992); Adrian Vermeule, *The judiciary Is a They, Not an It: Two Fallacies of Interpretive Theory* (2003) http://papers.ssrn.com/s013/papers.cfm?abstract_id=449860 を参照。

18. Regulatory Flexibility Act, 5 U.S.C. 601 et seq. を参照。これは Office of advocacy の役割を定義づけるのに役立つ重要な法文だ。

19. 大統領は私に、ルール草案を EPA 局長に戻して再考させろと指示した。http://www.whitehouse.gov/sites/default/files/ozone_national_ambient_air_quality_standards_letter.pdf を参照。

20. たとえば Eric Lipton, Ties to Obama Aided in Access for Big Utility, N.Y. TIMES, Aug. 22, 2012, http://www.nytimes.com/2012/08/23/us/politics/ties-to-obama-aided-in-access-for-exelon-corporation.html および RENA STEINZOR ET AL., CENTER FOR PROGRESSIVE REFORM, BEHIND CLOSED DOORS AT THE WHITE HOUSE(2011), http://www.progressivereform.org/articles/OIRA_Meetings_llll.pdf を参照。

21. この擁護については Adrian Vermeule に感謝する。

22. STEINZOR ET AL., 上記注 20 を参照。

23. Cf Russell Hardin, The Crippled Epistemology of Extremism, in *Political Extremism and Rationality*（Albert Breton et al. eds., 2002）（過激主義の台頭をもたらす限られた情報について論じている）。
24. Daniel Kahneman, *Thinking, Fast and Slow*（2012）（カーネマン『ファスト＆スロー（上・下)』村井章子訳、ハヤカワ文庫、2014 年）での概説を参照。
25. たとえば RICHARD REVESZ & MICHAEL LIVERMORE, RETAKING RATIONALITY（2008）を参照。
26. Office of Mgmt. & Budget, Draft 2012 Report to Congress on the Benefits and Costs of Federal Regulations and Unfunded Mandates on State, Local, and Tribal Entities 54, http://www.whitehouse.gov/sites/default/files/omb/oira/draft_2012_cost_benefit_report.pdf を参照。分析において関連する質問の簡単なまとめとなるチェックリストは、http://www.whitehouse.gov/sites/default/files/omb/inforeg/regpol/RIA_Checklist.pdf を参照。費用便益分析についての重要な問題に答える文書としては http://www.whitehouse.gov/sites/default/files/omb/assets/OMB/circulars/aoo4/a-4_FAQpdf を参照。そうした分析の入門としては http://www.whitehouse.gov/sites/default/files/omb/inforeg/regpol/circular-a-4_regulatory-impact-analysis-a-primer.pdf を参照。
27. 省庁が、金銭化費用が金銭化便益を上回る状態で規制を先に進めようとする例は極度に少ないし、すでに述べた通り、そういう状態が生じる通常の理由は法的な要件だ。事例としては「positive train control」ルールがある。これはある種の技術を安全のために列車につけるよう義務づけるものだ。http://www.fra.dot.gov/roa/press_releases/fp_FRA%2017-12%20.shtml を参照。
28. Executive Order 13563, section 1.
29. たとえば Revisions and Additions to Motor Vehicle Fuel Economy Label, 76 Fed. Reg. 39,478, 39,480 fig. I-1（2011）（40 C.F.R. pts. 85, 86, 600 で法文化予定).
30. National Standards to Prevent, Detect, and Respond to Prison Rape, 77 Fed. Reg. 37,106（June 20, 2012).
31. 同上
32. OIRA Reports to Congress, OFFICE OF MGMT. & BUDGET, http://www.whitehouse.gov/omb/inforeg_regpol_reports_congress/（最終確認 Sep. 23, 2012）を参照

33. Richard Epstein, Reforms? What Reforms?, DEFINING IDEAS（May 31, 2011）, http://www.hoover.org/publications/defining-ideas/article/80536 を参照。OIRA はいくつか専門的判断をするかもしれないが、出発点は省庁が省庁間プロセス後に公式に使った数字であり、終わりも通常はそこだ。

34. たとえば Philip M. Kannan, The Logical Outgrowth Doctrine in Rulemaking, 48 ADMIN. L. REV. 213（1996）を参照。

35. 有益な議論として Michael Asimow, Interim-Final Rules: Making HasteSlowly, 51 AD MIN. L. REv. 703（1999）を参照。

36. 5 U.S.C. 601 et seq.

37. 44 U.S.C. 3501 et seq.

38. たとえば Re-Election Strategy Is Tied to a Shift on Smog, N.Y. TIMES, Nov. 16, 2011, http://www.nytimes.com/2011/11/17/science/earth/policy-and-politics-collide-as-obama-enters-campaign-mode.html?pagewanted=all; http://www.progressivereform.org/OIRASpeclnterests.cfm を参照。

39. 法制度上の裁量をある程度移譲されていることもある、Cabinet head を含む大統領行政府内の他の人々の決定を大統領が覆せるのかについては、学問的な議論が大量にある。たとえば Elena Kagan, Presidential Administration, 114 HARV. L. REv. 2245（2001）を参照。この問題は実務的な重要性よりは理論的な関心のほうが大きい。その理由は単純だ。大統領の下で働く人々はかれの目標や優先事項や視点と整合した形で行動したがる。大統領がある活動の方向性を望むなら、その部下たちはかれの望みをかなえようとするし、通常は自発的に、ためらうことなくそうする。そして少しでもためらいがあっても、それは短期間にとどまることが多い。さらに、各省庁や部門の長は OIRA プロセスと、省庁間の懸念に対応する重要性を十分に理解している。

第2章

1. 関連した議論としては RICHARD POSNER, CATASTROPHE: RISK AND RESPONSE（2005）; CASS R. SUNSTEIN, WORST-CASE SCENARIOS（2007）; Martin Weitzman, Why the Far-Distant Future Should Be Discounted at Its Lowest Possible Rate, 36 J. ENVTL. ECON. & MGMT. 201（1998）を参照。

2. FRANK KNIGHT, RISK, UNCERTAINTY, AND PROFIT（1921）を参照。

3. 同上を参照。関連した議論で経済学や哲学文献も参照したものとしては POSNER, 上記注 1; SUNSTEIN, 上記注 1 を参照。
4. 有益な議論としては CHRISTIAN GOLLIER, PRICING THE PLANET'S FUTURE: THE ECONOMICS OF DISCOUNTING IN AN UNCERTAIN WORLD（2012）; Matthew A. Adler, さらに増補された議論については Future Generations: A Prioritarian View, 77 G.W. L. Rev. 1478（2009）を参照。
5. Martin L. Weitzman, Additive Damages, Fat-Tailed Climate Dynamics, and Uncertain Discounting, 3 ECON.: OPEN-ACCESS, OPEN-ASSESSMENT E-J. 2009-39, http://dx.doi.org/10.5018/economics-ejournal.ja.2009-39 を参照。
6. Interagency Working Grp. on Soc. Cost of Carbon, U.S. Govt., Technical Support Document: Social Cost of Carbon for Regulatory Impact Analysis（2010）http://www.epa.gov/oms/climate/regulations/scc-tsd.pdf を参照。また Michael Greenstone et al., Estimating the Social Cost of Carbon for Use in U. S. Federal Rulemakings（Mass. Inst. Tech. Dep't of Econ., Working Paper No. 11-04, 2011）, http://papers.ssrn.com/s013/papers.cfm?abstract_id=1793366 を参照。評価については William Nordhaus, Estimates of the Social Cost of Carbon（Cowles Found., Discussion Paper No. 1826, 2011）, http://dido.econ.yale.edu/P/cd/dl8a/dl826.pdf; Jonathan Masur & Eric Posner, Climate Change and the Limits of Cost-Benefit Analysis, 99 CAL.L. REv. 1557（2011）を参照。
7. Interagency Working Grp. on Soc. Cost of Carbon, U.S. Govt., Technical Support Document: Updated Social Cost of Carbon for Regulatory Impact Analysis Under Executive Order 12866（2013）, http://www.whitehouse.gov/sites/default/files/omb/inforeg/social_cost_of_carbon_for_ria_2013update.pdf を参照。
8. OFFICE OF MGMT. & BUDGET, EXEC. OFFICE OF THE PRESIDENT, CIRCULAR A-4, REGULATORY ANALYSIS（2003）, http://www.whitehouse.gov/omb/circulars_a004_a-4［以下 OMB CIRCULAR A-4］. オバマ政権は重要な説明を提供する文書をいくつか発表している。OFFICE OF INFO. & REGULATORY AFFAIRS, REGULATORY IMPACT ANALYSIS: A PRIMER, http://www,whitehouse.gov/sites/default/files/omb/inforeg/regpol/circular-a-4_regulatory-impact-analysis-a-primer. pdf; OFFICE OF INFO. & REGULATORY AFFAIRS, REGULATORY IM-

PACT ANALYSIS: FREQUENTLY ASKED QUESTIONS（2011）, http://www.whitehouse.gov/sites/default/files/omb/assets/OMB/circulars/ao04/a-4_FAQ.pdf を参照。

9. これはきわめて非現実的だ。通常、省庁は二つ以上の代替案を検討するよう作業するし、省庁間レビューのプロセスも代替案に注目する。Exec. Order No. 13,563, 76 Fed. Reg. 3821（Jan. 18, 2011）で代替案が強調されているのに注目。もちろん法で選択肢の幅が狭まっていることはある。でも Regulatory lmpact Analyses はしばしば、法で省庁が選べない選択肢についても議論することに注意。ちょうど省庁が法的には関係ない費用について議論するのと同じだ。こうした議論の理由は、透明性の促進だ。社会や関連する政策担当者は、省庁として手が縛られている場合でもそうした事実を知っておくべきなのだ。

10. また数字はかなりの内外の検討にさらされることにも留意。第 1 章参照。さらに省庁が系統的にそれを身勝手な方向に歪めるという証拠もない。Cass R. Sunstein, *Simpler: The Future of Government*（2013）（サンスティーン『シンプルな政府――“規制”をいかにデザインするか』田総恵子訳、NTT 出版、2017 年）を参照。だから、省庁が政治的指導者の決断を支持しようとばかりするので数字が信用できないとする見方の裏付けはない。それでも事前、事後の数字はしばしばずれるので、教科書のルールを検討し続け、それをそうした検討結果に照らして見直すのも重要だ。これは Exec. No. Order 13,563, 76 Fed. Reg. 3821（Jan. 18, 2011）、特に決まったルールについて定期的に「規制振り返り」を行うという重要な要件の中心的な狙いだ。

11. 議論としては Cass R. Sunstein, *Laws of Fear*（2005）（サンスティーン『恐怖の法則――予防原則を超えて』角松生史ほか訳、勁草書房、2015 年）を参照。

12. Circular A-4 は、100 万ドルから 1000 万ドルの範囲を推奨している。OMB CmcuLARA-4, 上記注 8 を参照。

13. たとえば W. Kip Viscusi & Joseph Aldy, The Value of a Statistical Life, 27　J. RISK & UNCERTAINTY 5（2003）; W. Kip Viscusi, The Heterogeneity of the Value of a Statistical Life, 40 J. RISK & UNCERTAINTY 1（2010）（メジアンの価値として 700 万 -800 万ドルを挙げている）。

14. 支払い意志額と受け入れ意志額との間に開きがあるのは有名だ。後者のほうが通常は高い。たとえば Cass R. Sunstein, Endogenous Preferences, Environmental Law, 22　J. LEGAL STUD. 217（1993）を参照。労働市場

研究がVSLの決定に使われる限り、省庁は受け入れ意志額に頼っていることになる。

15. OMB CIRCULAR A-4, 上記注8を参照。

16. EPAとDOTという二つの省庁はVSLについての公式ガイドを作っている。DOTはその2011年の更新で、620万ドル（2011年ドル）を採用し、DOT内のあらゆる部局が、規制影響評価でこの値を使うよう求めている。Memorandum from Polly Trottenberg, Asst. Sec'y for Transp. Policy, U.S. Dep't of Transp., to Secretarial Officers and Modal Adm' rs, Treatment of the Economic Value of a Statistical Life in Departmental Analyses-2011 Interim Adjustment（July 29, 2011), http://www.dot.gov/sites/dot.dev/files/docs/Value_of_Life_Guidance_2011_Update_07-29-2011.pdf を参照。EPAは、かつての630万ドル（2000年ドル）というVSLの数字に戻し、その数字をその後の実質所得増大で補正している。たとえば二酸化窒素の新しい主要基準の規制影響評価で、EPAはVSLをちがう通貨年（2006年）に補正して、2020年までの所得成長を反映させ、890万ドルというVSLを出している。U.S. Envt'l Prot. Agency, Final Regulatory Impact Analysis（RIA）for the NO2 National Ambient Air Quality Standards（NAAQS）4-8 n.11（2010), http://www.epa.gov/ttn/ecas/regdata/RIAs/FinalN02RWulldocument.pdf.

国土安全保障省はVSLについて公式政策は持っていないけれど、アメリカ税関国境保護局を通じて報告書に出資し、この報告書の提言を使って最近のいくつかのルール策定でのVSL値を決めている。この報告は630万ドル（2008年ドル）を推奨し、国土安全保障省がこの値を実質所得成長にあわせてだんだん上方修正するよう提言している（これはEPAの調整アプローチと似ている）。Lisa A. Robinson, Valuing Mortality Risk Reductions in Homeland Security Regulatory Analyses, at vi(2008), http://www.regulatory-analysis.com/robinson-dhs-mortality-risk-2008.pdf.

個別のルール策定にVSLを使った他の規制機関としては、労働省の職業安全健康局（OSHA）や、HHSの食品薬品局などがある。OSHAのルール策定は、六価クロムの許容被曝上限を定めるもので、680万ドル（2003年ドル）というVSLを正当化するのに、具体的にEPAの指導要綱を参照している。このルール策定で規制する大気被曝リスクは、EPAの指導要綱のルール策定の場合と似たものだからだ。71 Fed. Reg. 10,100, 10,305（Feb. 28, 2006)（29 C.F.R.の各種部分で法文化予定）を参照。FDAは死亡リスクを金銭化するにあたり、一貫して500万ドルといくつかのルール

策定では650万ドル（2002年ドル）を使っている。68 Fed. Reg. 41,434, 41,490（July 11, 2003）（to be codified at 21 C.F.R. pt. 101）; 68 Fed. Reg. 6062, 6076（Feb. 6, 2003）（21 C.F.R. pt. 201で法文化予定）。でも同省は、代替政策で救われる余命の金銭価値も使っている。これは「統計的寿命年数」とかVSLYとか呼ばれることもある。Lisa A. Robinson, How US Government Agencies Value Mortality Risk Reductions, 1 REv. ENvT'L ECON. & PoL'Y 283, 293（2007）を参照。

17. この問題については大量の文献があり、いまなお増大している。U.S. ENVTL. PROT. AGENCY, VALUING MORTALITY RISK REDUCTIONS FOR ENVIRONMENTAL POLICY: A WHITE PAPER（2010）, http://yosemite.epa.gov/eelepa/eerm.nsf/vwAN/EE-0563-1.pdf/$file/EE-0563-l.pdf. また Trudy Ann Cameron et al., Willingness to Pay for Health Reductions（June 2009）（未刊行原稿）, http://pages.uoregon.edu/cameron/vita/Cameron_DeShazo_Johnson_0619091.pdf; Cass R. Sunstein, Bad Deaths, 141. RISK & UNCERTAINTY 259（1997）を参照。Circular A-4にはこうある:「影響を受ける人の年齢もまた、理論的文献では重要な要因と指摘されている。だが年齢とVSLに関する実証的な証拠は混乱している。年齢がVSLに与える影響について継続している疑問に照らし、VSL推計の分析では年齢補正因子は使うべきではない」。OMB CIRCULARA-4, 上記注8。でもこの文書はVSLYの検討は容認している。

    死亡リスクの削減を表現するのに使われる別の方法は、期待余命を使うことだ。つまり「延長された統計的寿命年数（VSLY）」ということだ。規制が保護するのが、残りの期待余命が40年の人々を保護するなら、死亡一人分のリスク削減は「40寿命年が伸ばされた」と表現する。この代替アプローチのほうがいいという人々は、統計的寿命の値は、あらゆる状況にあてはまる単一の数字ではないと強調する。特に、ある健康リスクに影響される人口と、労働市場研究で研究された人口群とで期待寿命への影響に大きな差がある場合、そうした差を反映するのにVSLYアプローチを採用したがる。VSLとVSLYの両方の推計値を提示することを検討しつつ、この分野での知識が発展途上であることを認識すべきである。

18. EPAはヒ素の場合にこうした分析を行っている。Cass R. Sunstein, The Arithmetic of Arsenic, 90 GEO. L.J. 2255（2002）を参照。

19. ここでは運輸省の、自動車両における後方視認性を高めるというルール提案を考えよう。このルールはそうした問題に取り組んでいる。75 Fed.

Reg. 76,186, 76,238（「定量分析は完全な計量を提供するものではない。後退衝突の被害者の 40 パーセントをかなり上回る割合がとても幼い子供たち（五歳以下）だと指摘した。この子たちはほとんど全生涯を先に控えているのだ」)。Executive Order 12866 はまた、平等性の問題も明示的に言及している。（「代替規制アプローチを選ぶにあたり、省庁は純便益を最大化するアプローチを選ぶべきである（ここには（中略）平等性も含まれる)。そしてこうした検討に基づき、ここで問題となっている死亡を防ぐべきだとする強い理由がある。」)

20. Sean Williams, Statistical Children, YALE J. REG.（2013), https://papers.ssrn.com/s013/papers.cfm ?abstract_id=2176463 を参照。

21. OMB CIRCULAR A-4, 上記注 8 を参照:「影響を受ける人の年齢もまた、理論的文献では重要な要因と指摘されている。だが年齢と VSL に関する実証的な証拠は混乱している。年齢が VSL に与える影響について継続している疑問に照らし、VSL 推計の分析では年齢補正因子は使うべきではない。死亡リスクの削減を表現するのに使われる別の手法は、期待余命法、つまり『延長された統計的寿命年（VSLY)』だ（中略）この代替アプローチのほうがいいという人々は、統計的寿命の値は、あらゆる状況にあてはまる単一の数字ではないと強調する。特に、ある健康リスクに影響される人口と、労働市場研究で研究された人口群とで期待寿命への影響に大きな差がある場合、そうした差を反映するのに VSLY アプローチを採用したがる。VSL と VSLY の両方の推計値を提示することを検討しつつ、この分野での知識が発展途上であることを認識すべきである。（中略）いずれにしても、VSLY に基づく推計を提示するときは、高齢市民については大きめの VSLY 推計値を採用すべきである。高齢市民のほうが、各種原因からの全体的な拳凍り付くとして大きなものに直面しており、また健康と安全に費やすための貯蓄を積み立ててあるかもしれないからだ」

「高齢者死亡割引」と呼ばれるものについては、ブッシュ政権で激しい論争があった。Katharine Q Seelye & John Tierney, E.P.A. Drops Age-Based Cost Studies, N.Y. TIMES（May 8, 2003), http://www.nytimes.com/2003/05/08/us/epa-drops-age-based-cost-studies.html を参照。議論としては W. KIP VISCUSI & JOSEPH ALDY, LABOR MARKET ESTIMATES OF THE SENIOR DISCOUNT FOR THE VALUE OF A STATISTICAL LIFE（2006), http://www.rff.org/RFF/documents/RFF-DP-06-12.pdf; JOSEPH E. ALDY & W. KIP VISCUSI, AGE DIFFERENCES IN THE VALUE OF A STATISTICAL LIFE（2007), http://www.rff.

org/documents/RFF-DP-07-0S.pdf を参照。

22. 両極端のうちどちらかのほうが可能性が高いことは示せるかもしれない。範囲の中間を使うのは、ある種の等確率原理を示唆するように思えるし、その原理が不確実性の状況ですら擁護できるかは明確ではない。文献引用や議論については SUNSTEIN, 上記注 1 を参照。
23. OMB CIRCULAR A-4, 上記注 8 を参照。
24. この例は現実的なものだ。水銀ルールとの関連で EPA の分析を参照。77 Fed. Reg. 9304（Feb. 16, 2012）, http://www.gpo.gov/fdsys/pkg/FR-2012-02-16/pdf/2012-806.pdf.
25. Circular A-4 はこう述べる。「分析は直接の便益や直接の費用を超えた見方をして、附随的な便益やその反対となるリスクの重要なものも検討すべきである。附随便益とは、ルール策定の法制度上の狙いとは無関係か二次的でしかないもの（たとえば軽トラックの燃費の改善基準のおかげで精製工場の排出が下がるなど）で、反対となるリスクは、あるルールのせいで生じ、ルールの直接費用として直接計上されていない、経済的、健康的、安全面、環境的な結果だ（たとえば軽トラックの燃費基準を厳しくすることで安全性に逆行する影響が生じる）.」。OMB CIRCULAR A-4, 上記注 8。もちろん、省庁は二重計上は避けるべきだ。便益は本当に検討中のルールに伴うものであるべきで、一つ以上のルールに伴う分析では、一回より多く計上してはいけない。たとえば、ある便益が他のルールに帰属されているのに、それをこちらのルールで使ったり、同じ便益を二回数えさせたりするのはまちがいだ。粒子状物質削減の便益がとても大きく、それが多くの重要な規制で役割を果たすので、科学的な問題も会計上の問題も、まだ慎重な検討に値するものだ。
26. 燃費基準に関する最近のルールで、運輸省は確かに交通渋滞や自動車事故や高速道路騒音の増大からくる追加費用を計上した。2017 and Later Model Year Light-Duty Vehicle Greenhouse Gas Emissions and Corporate Average Fuel Economy Standards, 77 Fed. Reg. 62,624, 62,999（Oct. 15, 2012）（49 C.F.R. pts. 523, 533, 536, 537 で法文化予定）。
27. エネルギーパラドックスについての議論としては Adam B. Jaffe & Robert N. Stavins, The Energy Paradox and the Diffusion of Conservation Technology, 16 RESOURCE & ENERGY ECON. 91, 92-94（1994）.
28. 根底にある問題の複雑性を示し、今後どんなことを学ぶべきかについての有益な概説としては、Hunt Alcott & Michael Greenstone, Is There an Energy Efficiency Gap?, 26 J. ECON. PERSP. 3（2012）を参照。外部性と

内部性についての重要な議論としては Hunt Allcott et al., Energy Policy with Externalities and Internalities (Nat'l Bureau of Econ. Research, Working Paper No. 17977, 2012), http://www.nber.org/papers/wl7977. を参照。行動的な市場の失敗については Cass R. Sunstein, The Storrs Lectures: Behavioral Economics and Paternalism, 122 YALE L.J. 1826 (2013) を参照。

29. U.S. DEP'T OF TRANSP., NAT'L HIGHWAY TRAFFIC AD MIN., CORPORATE AVERAGE FUEL ECONOMY FOR MY 2017-MY 2025, FINAL REGULATORY IMPACT ANALYSIS 983 (2012), http://www.nhtsa.gov/staticfiles/rulemaking/pdf/cafe/FRIA_2017-2025.pdf. 根底にある問題はさらに検討を進める価値があるのは確かだ。有益な概説で、こうした問題のややこしさと、まだ学ぶべきものの量について示すものとしては Allcott & Greenstone, 上記注 28 を参照。外部性と内部生についての重要な議論としては Alcott et al., 上記注 28 を参照。

30. 関連するルールで、EPA は以下のように述べた:

> 中心にある論争は、この状況(および他のいくつかの状況)ではエネルギーパラドックスと呼ばれる。要するに問題は、消費者たちがかれら自身の経済的な自己利益につながる製品を買わないようだということだ。なぜそうなのかについては、強い理論的な理由がいくつかある:

- 消費者たちは近視眼的で、したがって長期を過小評価しがちだ。
- 消費者は情報がなかったり、情報が提示されてもその意義を完全に理解できなかったりする。
- 消費者たちは特に、不確実な将来の燃料節約に対してエネルギー効率の高い製品の高い価格から生じる短期の損失にはことさら忌避的になるかもしれない(行動的な現象で「損失忌避」と呼ばれる)。
- 消費者たちが関係する情報を持っていたとしても、購入時点ではエネルギー効率の高い車両の便益は、購入時点ではかれらにとっての重要度が低い。重要性の低さのために消費者は、自分にとって経済夷狄名利益となる属性を無視することになる。

Light-Duty Vehicle Greenhouse Gas Emission Standards and Corporate Average Fuel Economy Standards, 75 Fed. Reg. 25,324, 25,510-11 (May 7, 2010) (49 C.F.R. pts. 531, 533, 536, 537, 538 で法文化予定)。

31. 特に DOT は消費者厚生損失について感度分析を行い、そうした損失が

とても高い場合ですら燃費ルールの便益は費用を正当化すると論じた。U.S. DEP'T OF TRANSP., NAT'L HIGHWAY TRAFFIC SAFETY ADMIN., FINAL REGULATORY IMPACT ANALYSIS: CORPORATE AVERAGE FUEL ECONOMY FOR MY 2012-MY 2016 PASSENGER CARS AND LIGHT TRUCKS 419-33, 432 tbl. VIII-18 (2010), http://www.nhtsa.gov/staticfiles/rulemaking/pdf/cafe/CAFE_2012-2016_FRIA_04012010.pdf.

32. OMB CIRCULAR A-4, 上記注8:「可能な限り、省庁は実際の行動に基づく顕示選好調査を使い費用便益についての人々の価値評価を推計すべきである。(中略) 規制——たとえば環境保護や文化的属性——により影響を受ける財や財の属性が市場で取引されていない場合、顕示選好手法を使うのは困難かもしれない (中略) 組織化された市場なしには、利用価値、非利用価値を推計するのは困難である。そうした価値を、間接的な市場調査や表明選好手法を通じて取得するように設計された研究では、省庁は不確実性の特徴に慎重に注意すべきである。しかしそうした価値を見すごしたり無視したりすれば、規制行動の便益や費用を大幅に過小評価することになりかねない」

33. 最近の議論としては Jerry Housman, From Dubious to Hopeless, 26 J. ECON. PERSP. 43 (2012); Richard Carson, Contingent Valuation: A Practical Alternative Where Prices Aren't Available, 26 J. ECON. PERSP. 27 (2012) を参照。

34. Adler, 上記注4を参照。

35. OMB Circular A-4:「純便益の規模、将来予測便益と費用の絶対額の差は、ある政策が他のものより効率的かどうかを示す。費用に対する便益の比率は純便益の指標として意味の大きいものではなく、その目的で使われるべきではない。そうした比率だけを考えるとまちがった結果がでかねないのはよく知られている」

36. 上記注7を参照。啓発的な批判としては Nordhaus, 上記注6を参照.

37. 上記注6を参照

38. Richard G. Newell & William A. Pizer, Discounting the Distant Future, 46 J. ENVTL. ECON. & MGMT. 52 (2003) を参照。

39. ここに登場するややこしさのいくつかについては Gollier, 上記注4を参照。

40. See OMB CIRCULARA-4, 上記注8 (「もしルールが重要な世代間便益や費用を持つのであれば、割引率3パーセントと7パーセントを使って純

便益を計算するだけでなく、プラスでももっと低い価の割引率を使ってさらなる感度分析を検討してもよい」)

41. たとえばNordhaus, 上記注6; Weitzman, 上記注5; Masur & Posner, 上記注6を参照。
42. William Samuelson & Richard Zeckhauser, Status Quo Bias in Decision Making, 1 J. RISK & UNCERTAINTY 7 (1988).

第3章

1. OFFICE O F MGMT. & BUDGET, EXEC. OFFICE O F THE PRESIDENT, CIRCULAR A-4, REGULATORY ANALYSIS (2003), http://www.whitehouse.gov/omb/circulars_a004_a-4 [以下OMB CIRCULARA-4] は規制影響評価に関する権威となるガイダンスを提供するものであり、こう述べている。「重要な費用や便益をすべて金銭単位で表現するのは必ずしも可能ではない。不可能な場合には、最も効率的な代替案は、必ずしも最大の定量かされ金銭化された純便益推計ではない。こうした場合には非定量化便益や費用が全体的な分析の中でどの程度重要かについて専門家としての判断を行使すべきである。非定量化便益や費用が重要そうであれば「閾値」分析でその重要性を評価すべきである。閾値分析または「ブレークイーブン分析」は「そのルールが純便益ゼロとなるには、非定量化便益の値がどれだけ小さく(または非定量化費用がどれだけ大きく)なければならないか」という問題の答を出す。閾値分析に加え、可能な場合にはどの非定量化影響が最も重要か、およびその理由を示すべきである」
2. Richard A. Posner, A Theory of Negligence, 1 J. LEGAL STUD. 29 (1972) を参照。
3. Jeffrey Zients, Memorandum to the Heads of Executive Agencies and Departments, http://www.whitehouse.gov/sites/default/files/omb/memoranda/2012/m-12-14.pdf を参照。
4. 関連した議論としてはMATTHEW ADLER & ERIC POSNER, NEW FOUNDATIONS OF COST-BENEFIT ANALYSIS (2006); Matthew D. Adler, *Well-Being and Fair Distribution: Beyond Cost-Benefit Analysis* 92-114 (2011) を参照。
5. 基本的な理論についての有力な説明としてはW. KIP VISCUSI, FATAL TRADEOFFS (1992) を参照。
6. たとえばFRANK ACKERMAN & LISA HEINZERLING, PRICELESS (2004) を参照。

7. W. KIP VISCUSI, RATIONAL RISK POLICY（1998）を参照。
8. Elizabeth Hoffman & Matthew Spitzer, Willingness to Pay vs. Willingness to Accept: Legal and Economic Implications, 71 WASH. U. L.Q 59（1993）を参照。
9. Thomas Kniesner et al., Willingness to Accept Equals Willingness to Pay for Labor Market Estimates of the Value of Statistical Life（2012）, http://papers.ssrn.com/s013/papers.cfm?abstract_id=2221038 を参照。また各種の限定合理性——たとえば非現実的な楽観論、TALI SHAROT, THE OPTIMISM BIAS（2010）を参照——が顕示選好研究から出てくる数字を「弾劾」するのではという問題がある。
10. 司法省はこの問題を、ある重要な規制に際して検討している。DEPARTMENT OF JUSTICE: DISABILITY RIGHTS SECTION OF THE CIVIL RIGHTS DIVISION, FINAL REGULATORY IMPACT ANALYSIS OF THE FINAL REVISED REGULATIONS IMPLEMENTING TITLES II AND III OF THE ADA, INCLUDING REVISED ADA STANDARDS FOR ACCESSIBLE DESIGN 142-46, http://www.ada.gov/regs2010/RIA_2010regs/DOJ%20ADA%20Final%20RIA.pdf を参照。
11. JON ELSTER, SOUR GRAPES（1983）に関連する議論がある。
12. Martha Nussbaum, *Women and Human Development: The Capabilities Approach*（1999）（ヌスバウム『女性と人間開発——潜在能力アプローチ』池本幸生・田口さつき訳、岩波書店、2005年）を参照。
13. Cass R. Sunstein, Cost-Benefit Analysis Without Analyzing Costs or Benefits: Reasonable Accommodation, Balancing, and Stigmatic Harms, 74 U. Cm. L. REV.1895（2007）. 身障者が支払い意志額を越える保護や庇護を与えられた場合、結果的に立場が悪くなるというリスクにも留意。これは支払い意志額を上回るどんな財（自動車、自動車の安全、大気品質）を人々が与えられた場合でも同じだ。このリスクと折り合いをつけるには、限定合理性の問題があるか（支払い意志額が低くてもその財は大きな価値を持つかも知れない）を考え、費用と便益の発生数も考えるべきである（身障労働者は関連する財の費用の相当部分を負担しないですむかもしれない）。
14. JOHN STUART MILL, Bentham, UTILITARIANISM AND OTHER ESSAYS 132（Alan Ryan ed., 1987）所収を参照。
15. Elizabeth Anderson, *Value in Ethics and Economics*（1993）を参照。
16. しかし「聖なる価値」に関する研究はある。そうした価値について多く

の人々はトレードオフを拒否したくなる。Martin Hanselmann & Carmen Tanner, Taboos and Conflicts in Decision Making: Sacred Values, Decision Difficulty, and Emotions, 3 JUDGMENT & DECISION MAKING 51（2008）を参照。

17. Exec. Order No. 13,563, 76 Fed. Reg. 3821（Jan. 18, 2011）を参照。
18. 同上。
19. Cass R. Sunstein, *Simpler: The Future of Government*（2013）（サンスティーン『シンプルな政府――"規制"をいかにデザインするか』田総恵子訳、NTT 出版、2017 年）を参照。リスクの領域での直感についての興味深い関連する議論としては Thorsten Pachur & Ralph Hertwig, How Do People judge Risks: Availability Heuristic, Affect Heuristic, or Both ?' 18 J. EXPERIMENTAL PSYCHOL.: APPLIED 314（2012）を参照。
20. 有意義な議論としては CHARLES MANSKI, PUBLIC POLICY IN AN UNCERTAIN WORLD（2013）を参照。
21. Friedrich Hayek, The Uses of Knowledge in Society, 35 AM. ECON. REv. 519（1945）を参照。
22. THE PRECAUTIONARY PRINCIPLE IN THE 20TH CENTURY: LATE LESSONS FROM EARLY WARNINGS（Paul Herremoes et al. eds., 2002）を参照。
23. FRANK KNIGHT, UNCERTAINTY, RISK, AND PROFIT（1921）を参照。
24. この問題については Eric Posner & E. Glen Weyl, Benefit-Cost Analysis for Financial Regulation, AM. ECON. REv.（2013）を参照。
25. 範囲についての多くの例示が OFFICE OF MGMT. & BUDGET, 2012 REPORT TO CONGRESS ON THE BENEFITS AND COSTS OF FEDERAL REGULATIONS AND UNFUNDED MANDATES ON STATE, LOCAL, AND TRIBAL ENTITIES, http://www.whitehouse.gov/sites/default/files/omb/inforeg/2012_cb/2012_cost_benefit_report.pdf に載っている。
26. Interagency Working Grp. on Soc. Cost of Carbon, U.S. Govt., Technical Support Document: Updated Social Cost of Carbon for Regulatory Impact Analysis under Executive Order 12866（2013）, http://www.whitehouse.gov/sites/default/files/omb/inforeg/social_cost_of_carbon_for_ria_2013_update.pdf. また Michael Greenstone et al., Estimating the Social Cost of Carbon for Use in U.S. Federal Rulemakings（Mass. Inst. Tech. Dep't of

Econ., Working Paper No. 11-04, 2011), http://papers.ssrn.com/s013/papers.cfm? abstract_id=1793366 も参照。評価については William Nordhaus, Estimates of the Social Cost of Carbon（Cowles Found., Discussion Paper No. 1826, 2011), http://dido.econ.yale.edu/P I cd! dl8a/dl826.pdf; Jonathan Masur & Eric Posner, Climate Change and the Limits of Cost-Benefit Analysis, 99 CAL. L. REv. 1557（2011）を参照。

27. たとえば Peter Diamond & Jerry Hausman, Contingent Valuation: Is Some Number Better than No Number?, 8 J. ECON. PERSP. 45（1994）を参照。

28. ただしオバマケア法（Affordable Care Act）の下のルールの一部は基本的には移転ルールであり、一部の人に費用を課し他の人に便益を与えるものだという点に注意。そうしたルールの場合、社会的費用と社会的便益を具体化するのはむずかしく、省庁は通常それを明示しない。

29. Cf Revisions and Additions to Motor Vehicle Fuel Economy Label, 7 6 Fed. Reg. 39,478, 39,480 fig.I-1（2011）(40 C.F.R. pts. 85, 86, 600 で法文化予定).

30. Cf National Standards to Prevent, Detect, and Respond to Prison Rape, 77 Fed. Reg. 37,105, 37,111（June 20, 2012）(28 C.F.R. pt. 115 で法文化予定).

31. Cf Nondiscrimination on the Basis of Disability in State and Local Government Services; Final Rules, 75 Fed. Reg. 56,163, 56,170（Sept. 15, 2010）(28 C.F.R. pts. 35, 36 で法文化予定).

32. 似たようなルールで同省はこう述べた：

> 障害者が得る追加的な便益は、安全の増加、独立性向上、スティグマや恥辱の回避から生じるもので——本省の経済モデルはこれを金銭化できない——本省の経験と熟慮した判断ではかなり高いものとなる。我が国の戦争で障害を負って帰国した元軍人たちを含む車椅子利用者は、トイレに横から移動するように教わる。横からの移動は、車椅子利用者がトイレに移る、最も安全で効率が高く、もっとも独立性を育む手法である。横からの移動を可能にする機会は、しばしば車椅子利用者やその他移動障害を持つ個人が、ほとんどの人にとっては最も私的な活動となるものを行うにあたり、他人の手助けを求める必要性をなくす。（中略）ADA は分配的、衡平的な性質の重要な便益を提供しようとしていることを認識するのが重要である。こうした洗面所内部拡大条項は、平等なアクセスと平等な機会を身障者に与えるという

非金銭化便益を持つ。

同上。同省はまた明示的にブレークイーブン分析についても述べており、その部分は長いが引用に値する。

洗面所内部拡大要件は、新しい条項のうち最も高価（金銭的に）なものである。こうした要件の金銭化費用は、金銭化便益を大幅に上回るが、金銭化されない便益（スティグマと恥辱の回避、安全保護、独立性促進）はかなり高いと期待される。（中略）

外開きドアに適用したこの要件の費用は、金銭化便益を4.54億ドル上回り、これを54年で均等に割ると、およそ年額3560億ドルの純費用に等しくなる。

関連する障害を持つ人々は、新たにアクセス可能となった、外開きドアの一人用トイレを年におよそ6.77億回使うと推計される。3260万ドルの年間費用を6.77億回の利用で割ると、費用便益がブレークイーブンになるには、関連する障害を持つ人々が安全、独立性、スティグマと恥辱の会費を、利用一回あたり5セント弱で評価しなければならないと結論づけられる。

内開き式の一人用個室トイレはきわめて限られており、そうした洗面所をアクセス可能にすることで、便益を受ける障害者も大きく限られている。そして内開きの個室トイレをアクセス可能にする費用は（ドアが占める面積のせいで）外開きのドアを持つトイレをアクセス可能にする費用よりも大幅に増える。だからトイレ個室アクセス可能性基準を内開きドアのトイレに適用する費用は、それによる金銭化便益を規制の寿命全体で2.663億ドル、あるいは54年で年額換算すると、年におよそ1914万ドルと計算される。

関連する障害を持つ人々は、新たにアクセス可能となった内開きドアの一人用トイレを年におよそ870万回使うと推計される。1914万ドルの年間費用を870万回の利用で割ると、費用便益がブレークイーブンになるには、関連する障害を持つ人々が安全、独立性、スティグマと恥辱の回避を、利用一回あたり2.20ドルで評価しなければならないと結論づけられる。

DEPARTMENT OF JUSTICE: DISABILITY RIGHTS SECTION OF THE CIVIL RIGHTS DIVISION, FINAL REGULATORY IMPACT ANALYSIS OF THE FINAL REVISED REGULATIONS IMPLEMENTING TITLES II

AND III OF THE ADA, INCLUDING REVISED ADA STANDARDS FOR ACCESSIBLE DESIGN 142-43, http://www.ada.gov/regs2010/RIA_2010regs/DOJ%20ADA%20Final%20RIA.pdf（強調引用者）。障害者がスティグマ回避につける価値の推計を含む、関連する追加議論もこの規制影響分析に見られる。

33. OMB Circular A-4 states:

可能な限り、関連する結果については適切な統計手法を用いて確率分布を出すべきである。年額10億ドルの閾値を超えるルールの場合、不確実性の定式化された定量分析が必要とされる。年間便益や費用が1億ドルから10億ドルの範囲のルールについては、高い結果ルールについてもっとしっかりしたアプローチを使うようにすべきである。これは特に純便益がゼロに近い場合に当てはまる。もっとしっかりした不確実性分析は、堅牢性を示すのにもっと単純な技法が十分であるなら、この範囲のルールについては不要である。以下の分析アプローチを検討のこと。これは複雑性の低いほうから高い方に並べてある：

- 費用と便益を計算するときの重要な入力について腫瘍な不確実性を定性的に明らかにする。こうした開示は分析結果だけでなく、データの不確実性も触れるべきである。しかし年額10億ドル以上の閾値を超える重要ルールは正式な分析が求められる。
- 分析結果が、想定や入力データ、代替分析アプローチにおける可能な変化でどう変わるかを数値的な感度分析で示す。感度分析は、正式な確率的シミュレーションを実施するだけの情報が欠けている場合には特に有益となる。感度分析を使うことで「転換点」——推定純便益の符号がかわったり、低費用の代替案に切り替えたりする点——を見つけるのに使える。感度分析は通常、変数や想定を一つずつ変えることで実施されるが、同時に複数の変数の組み合わせを変えてもいい。これは広範な変化に対する結果の堅牢性についてもっと多くの情報を与えてくれる。ここでも年額10億ドル以上の閾値を超える重要ルールは正式な分析が求められる。
- 関連する不確実性について正式な確率分析を適用する。これにはシミュレーションモデルを使ったり、たとえばデルファイ手法などによる顕示専門家判断を使ったりする。こうした定式化された分析アプローチは、分析に技術的な困難があったり、影響がカスケード効果を持ったりするような複数の大きな不確実性を持つ複雑なルールに適切となる。年額

10億ドル以上の閾値を超える重要ルールではこれは要件である。たとえば大気汚染についての規制分析では、将来の排出にルールが与える影響には不確実性があり、その排出が大気の質に与える影響も不確実で、大気の質の変化が健康に与える影響も不確実であり、最後に健康面の結果が持つ経済的社会的価値にも不確実性がある。定式化された確率評価では、専門家の意見袖手は不確実性評価能力のギャップを埋めるのに有益な方法となる。一般に、専門家は主要パラメータや関係の確率分布を定量化するのに使える。こうした収拾意見を、他のデータ源と組み合わせてモンテカルロシミュレーションを行い、便益と費用の確率分布が導かれる。相関した入力には注意を払うべきである。しばしば、モンテカルロシミュレーションや類似シミュレーションパッケージでの標準デフォルトは、分布の独立性を想定している。入力の相関分布を適切に考慮しない場合、結果として出力された不確実性の範囲を大きすぎるものとしかねない。ただし多くの場合、全体としての影響ははっきりしない。確率論的な結果ははっきりとした意味ある形で——グラフや表で——示すよう特に努力すること。

34. Final Regulatory Impact Analysis for Particulate Matter, Table 5-9 http://www.epa.gov/ttn/ecas/regdata/RIAs/finalria.pdf（2013）を参照。
35. ここでの議論のためにこれらをカッコに入れたが、逆転可能性の議論はここでもきわめて重要となる。一般論としてKenneth J. Arrow & Anthony C. Fisher, Environmental Preservation, Uncertainty, and Irreversibility, 88 QJ. ECON. 312（1974）; Anthony Fisher, UNCERTAINTY, IRREVERSIBILITY, AND THE TIMING OF CLIMATE POLICY 9（2001）を参照。ある省庁は、情報をもっと集める間に行動するかしないかを決める。意志決定が逆転可能かは、その判断に左右される。Cass R. Sunstein, Irreversibility, 9 LAW, PROBABILITY & RISK 227（2010）を参照。
36. 有益な議論がEdna Ullmann-Margalit, Big Decisions: Opting, Converting, Drifting, 58 ROYAL INST. PHIL. SUPPL. 157（2006）で得られる。
37. この論点と、Executive Order 13563の要求する「規制の振り返り」要件との密接な関係に注意しよう。遡及的分析は、非定量化便益を持つ規制が実際に十分な便益をもたらしているかという点も明らかにしてくれるかもしれない。SUNSTEIN, 上記注19; Michael Greenstone, Toward a Culture of Persistent Regulatory Experimentation and Evaluation, NEW PERSPECTIVES ON REGULATION 113, 113（David Moss & John Cis-

terno eds., 2009）所収を参照。

第４章

1. 私がここでカッコに入れた多くの問題を検討した包括的な議論としては Matthew D. Adler, *Well-Being and Fair Distribution: Beyond Cost-Benefit Analysis* 92-114（2011）がある。
2. James K. Hammitt & Jin-Tan Liu, Effects of Disease Type and Latency on the Value of Mortality Risk, 28 J. RISK & UNCERTAINTY 73, 80（2004）を参照。（「致命的ながんを予防する価値はしばしば職場での致命的なトラウマや、移動中の事故を防ぐ価値よりも高いと考えられている」）.
3. 飛行機リスクのほうが自動車リスクより高いVSLを持つという証拠は Fredrik Carlsson et al., Is Transport Safety More Valuable in the Air?, 28 J. RISK & UNCERTAINTY 147, 148（2004）を参照。（「個人が自動車や列車などの交通手段より航空旅行での同じリスク削減のほうに多くの金額を支払う意志を持つ点についてはいくつか理由がある」。
4. W. Kip Viscusi & Joseph Aldy, The Value of a Statistical Life, 27 J. RISK & UNCERTAINTY 5, 18（2003）を参照。（「統計的人命の価値推計を、労働市場以外の文脈に移転する場合、たとえば環境的健康政策などの費用便益分析に使ったりする場合、人口群がちがうとリスク選好もちがい、人命救助についてもちがう価値評価を持つことは認識すべきである」）.
5. JOSEPH E. ALDY & W. KIP VISCUSI, AGE VARIATIONS IN WORKERS' VALUE OF STATISTICAL LIFE 1（Nat'l Bureau of Econ. Research, Working Paper No. 10199, 2003）を参照。（「高齢個人は、期待余命が短いので、自分の生命に対するリスク削減の価値を少なめに評価すると期待されるかもしれない」）.
6. こうした差は W. Kip Viscusi, Racial Differences in Labor Market Values of a Statistical Life, 27 J. RISK & UNCERTAINTY 239, 252 tbl.1.5（2003）に見られる。話を先取りしてしまうが、私は別に政府が黒人の命より白人の命に高いVSLを割り当てるべきだと主張しているのではない。各人の支払い意志額を個人別に計算した、VSLの完全個人化アプローチから出てくる人口群ごとのちがいについて述べているのだ。そうした数値を総和してしまうと、白人のVSLは黒人のVSLよりおそらく高くなるだろう。これは単に、富と所得に差があるからだ。裕福な人々は、貧しい人々より安全性の高い車や煙警報器に多くのお金を支払う。
7. John D. Leeth & John Ruser, Compensating Wage Differentials for Fatal

and Nonfatal Injury Risk by Gender and Race, 27 J. RISK & UNCERTAINTY 257, 270（2003）（含意されるヒスパニック男性の VSL は全体で 500 万ドルであり、ブルーカラー労働者なら 420 万ドルであるのに対し、含意される白人男性の VSL は全体で 340 万ドルで、ブルーカラー労働者なら 420 万ドル）; Viscusi, 上記注 6, 252（白人の VSL は 1500 万ドルで、黒人は 720 万ドル、白人男性 1880 万ドルで白人女性は 940 万ドル、黒人女性は 690 万ドルで黒人男性は 590 万ドルという結果）を参照。

8. もちろんその背景には差別がある可能性が高い。白人より黒人の VSL を低くしている、不平等な機会を説明するものとなっているのはほぼまちがいない。Viscusi, 上記注 6, at 255 を参照。Viscusi 教授はそこから「観察された差を、黒人労働者のほうがリスクを負う意志が高いせいだとするのは不適切である」（同上）と述べる。ある意味で Viscusi 教授は正しい。黒人労働者がリスクを負いたがる本質的な性向を持つと考えるべき理由はない。でも市場では、リスク負担意志は「市場機会」の産物でもあり、機会の少ない人々は、リスク負担意志が高いことになる。

9. Fredrik Carlsson et al., Is Transport Safety More Valuable in the Air?, 28 J. RISK & UNCERTAINTY 147, 148（2004）を参照。（航空事故での死亡リスク削減への個人の支払い意志額は、タクシーでの死亡リスク削減への支払い意志額の倍以上だと示している）。

10. 税法で正しい再分配水準が確保されるなら、再分配目標の促進に規制政策を使う理由はない。規制は支払い意志額に基づくものとなり、税法がそうした再分配を確保する。だから最適税制の下での VSL や支払い意志額分析は、そうではない場合とちがってくる。税制が最適なら、きわめて差の大きい支払い意志額が適切となり、分配上の課題を考慮する必要はなくなる。下で論じたように、分配上の課題を考慮するという議論は、再分配の強化が望ましく、規制政策は最適税制よりは効果が低くても、そうした目標促進に役立つことがある、という想定に基づいている。

11. ちがった視点としては Arnold C. Harberger, On the Use of Distributional Weights in Social Cost-Benefit Analysis, 86 J. POLIT. ECON. S87（1978）; Robert Brent, Use of Distributional Weights in Cost-Benefit Analysis: A Survey of Schools, 12 PuB. FIN. REv. 213（1984）を参照。

12. ADLER, 上記注 1 を参照。

13. 同上参照。

14. ENVTL. PROT. AGENCY, GUIDELINES FOR PREPARING ECONOMIC ANALYSES 89（2000）.

15. 一般論として Russell Korobkin, The Endowment Effect and Legal Analysis, 97 Nw. U. L. REv. 1227（2003）を参照（通称授かり効果と呼ばれるものを説明した論文。個人は、同じモノを入手するときに自分で支払う金額［支払い意志額］よりも、それを手放すために支払われる金額［受け入れ意志額］を多く要求するというものである）。
16. 同上 1228 を参照（「人々はしばしば、自分の所有物を売るときには、現在所有していない同じモノを買うときに支払う金額よりも高い金額を要求する［脚注略］」; Cass R. Sunstein, Endogenous Preferences, Environmental Law, 22 J. LEGAL STUD. 217, 226-27（1993）（「両者の差はごく少額から四対一の差にまでなり、平均では受け入れ意志額は支払い意志額の倍だ」）。
17. Thomas Kniesner et al., Willingness to Accept Equals Willingness to Pay for Labor Market Estimates of the Value of Statistical Life（2012）, http://papers.ssrn.com/s013/papers.cfm?abstract_id=2221038.
18. 選好、厚生、費用便益分析については Matthew D. Adler & Eric A. Posner, Implementing Cost-Benefit Analysis When Preferences Are Distorted, 29 J. LEGAL STUD. 1105（2000）を参照。
19. Friedrich Hayek, The Road to Serfdom（1944）（フリードリヒ・ハイエク『隷従への道』村井章子訳、日経 BP 社、2016 年）を参照。
20. http://aubreyherbert.blogspot.it/2004/10/amartya-sen-on-hayeks-road-to-serfdom.html（初出 The Financial Times, 2004）を参照。
21. Peter Dorman & Paul Hagstrom, Wage Compensation for Dangerous Work Revisited, 52 INDUS. & LAB. REL. REv. 116, 133（1998）を参照（労働者の分類の中で「統計的に有意なプラスの補償」はごく少数でしか見られないとの結果）。
22. Viscusi & Aldy, 上記注 4, at 44.
23. Leeth & Ruser, 上記注 7, at 270.
24. Viscusi & Aldy, 上記注 4, at 23.
25. 同上 at 18.
26. 利用可能性ヒューリスティックスから見て、人々はそうした事象がすぐに「頭に浮かぶ」ときにはそのリスクを過大評価し、そうした事象が思いつかなければ過小評価すると示唆される。Timur Kuran & Cass R. Sunstein, Availability Cascades and Risk Regulation, 51 STAN. L. REv. 683, 685（1999）. 楽観性バイアスから見て、人々は自分自身が直面するリスクについては過剰に楽観的だと示唆される。Cass R. Sunstein, Hazardous

Heuristics, 70 U. Cm. L. REv. 751, 772 (2003). 楽観主義一般については TALI SHAROT, THE OPTIMISM BIAS (2010) を参照。

27. W. Kip Viscusi, The Value of Life: Estimates with Risks by Occupation and Industry, 42 ECON. INQUIRY 29, 39-41 (2004) を参照 (1/100,000 から 45/100,000 の死亡リスクを示す)。

28. 同上 .

29. 同上の 33 参照 (職業グループがちがうと別の数字が出てくることを明らかに示すデータを含む)

30. Richard L. Revesz, Environmental Regulation, Cost-Benefit Analysis, and the Discounting of Human Lives, 99 COLUM. L. REv. 941, 972-74 (1999); Hammitt & Liu, 上記注 2, at 74.

31. Hammitt & Liu, 上記注 2, at 84.

32. 同上 at 81.

33. George Tolley et al., State-of the-Art Health Values, in VALUING HEALTH FOR POLICY 323, 339-40 (George Tolley et al. eds., 1994) を参照 (悲惨な状態の後に死亡がくる場合の死亡リスク回避の価値は、即死回避の価値に、それに先立ってある特定の症状に苦しむ年数を避ける価値を含んだものだと主張)。

34. Revesz, 上記注 30, at 972-74 参照 (「がんによる死の嫌悪面」とそれが支払い意志額調査に与える影響を論じている)。一般論として PAUL SLOVIC, THE PERCEPTION OF RISK (2000) (リスク認知が個人の行動にどう影響するかを検討) を参照。

35. 以下を参照：Viscusi & Aldy, 上記注 4, at 57 (がん死亡と事故死の価値水準が同じくらいとの結果); また Wesley A. Magat et al., A Reference Lottery Metric for Valuing Health, 42 MGMT. Sci. 1118, 1129 (1996) も参照 (がん死亡と自動車事故の死亡の価値評価に差がでなかった)。

36. Viscusi & Aldy, 上記注 4, at 57 を参照 (イギリス健康安全局ががん死亡について高い VSL を使っている点と、一部のリスクについて「嫌悪」に基づく変更をしないように推奨する EPA の SAB を対比させている)。

37. たとえば以下を参照：FRANK ACKERMAN & LISA HEINZERLING, PRICELESS 147 (2004) (環境リスクは「理論的にすら、市場取引に基づいて配分されるものではないから」非自発的だと論じる); Cass R. Sunstein, The Arithmetic of Arsenic, 90 GEO. L.J. 2255, 2285 (2002)

38. もちろん職場リスクが自発的なもので補償のかわりに引き受けられているという想定は疑問視できる。たとえば多くの労働者たちは自分の直面す

るリスクを知らない。ここで私の行っている区別は、度合いよりは種類の問 題 だ。Cass R. Sunstein, Bad Deaths, 14 J. RISK & UNCERTAINTY 259, 272（1997）を参照（低賃金労働者は情報がないので非自発的にリスクを引き受けていると主張）。

39. たとえばPaul Slovic, Perception of Risk, 236 SCIENCE 280, 282-83（1987）を参照。

40. たとえばSunstein, 上記注37, at 2285を参照（「職場リスクに比べると、飲料水からのヒ素のリスクは関連した側面でもっと酷いのはほぼ疑問の余地がない。この理由から、人々がヒ素関連リスクを避けるためにプレミアムを支払うと考えるのは筋が通っている」）。一般論としてはACKERMAN & HEINZERLING, 上記注37を参照。

41. Carlsson et al., 上記注9, at 159を参照（飛行機のリスクを減らすことへの人々の支払い意志額は、タクシー移動のリスク削減を減らす支払い意志額オ二倍であり、その理由は飛行機移動の恐怖が特定の心的な苦しみをもたらすからと論じている）。

42. Viscusi & Aldy, 上記注4, at 25.

43. Revesz, 上記注30, at 982.

44. 病気の種類とその潜伏期間ごとのVSL計算としてはHammitt & Liu, 上記注2, at 88を参照。メタ分析としては全般にViscusi & Aldy, 上記注4を参照。

45. Louis R. Eeckhoudt & James K. Hammitt, Background Risks and the Value of a Statistical Life, 23 J. RISK & UNCERTAINTY 261, 264-65（2001）を参照（VSLは人口群の総リスクが増えると減少することを示している）。

46. Viscusi & Aldy, 上記注4, at 50-51を参照。

47. ALDY &VISCUSI, 上記注5, at 42を参照（28-32歳のVSLは576万ドル、38-42歳は483万ドル、58-62歳は251万ドルとの結果）。

48. きわめて暫定的かつ不明確な概観としては、一般的にENVTL. PROT. AGENCY, CHILDREN'S HEALTH VALUATION HANDBOOK（2003）を参照。

49. Sean Hannon Williams, Statistical Children, 30 YALE J. ON REG. 63（2013）. またEric Posner & Cass R. Sunstein, Dollars and Death, U. Cm. L. REv.（2005）も参照。

50. たとえばRichard Zeckhauser & Donald Shepard, Where Now for Saving Lives?, 40 LAW & CONTEMP. PROBS. 5, 11-15（Autumn 1976）を

参照（「質的補正を行った余命」で効用を計測）。

51. Cass R. Sunstein, Lives, Life-Years, and Willingness to Pay, 104 COLUM. L. REv. 205, 206-08（2004）を参照（70 歳未満の VSL を 370 万ドル、70 歳以上の VSL を 230 万にするという EPA の VSL 変更提案について議論）。

52. これと、「年齢、健康状態、社会経済的地位、性別など成人人口群に見られる差」についての、明示的ながら何の説明もない検討拒否を比べて見よう。National Emission Standards for Hazardous Air Pollutants for Industrial/Commercial/Institutional Boilers and Process Heaters, 68 Fed. Reg. 1660, 1695（提案は Jan. 13, 2003）（40 C.F.R. pt. 63 で法文化予定）。

53. Viscusi & Aldy, 上記注 4, at 45.

54. Id. at 27-28.

55. 同上参照。

56. Leeth & Ruser, 上記注 7, at 266.

57. 同上 at 270.

58. 同上 at 275 を参照（黒人男性の死亡傷害リスクに対する補償はマイナスだがとても小さいと結論）。

59. Viscusi, 上記注 6, at 252 を参照（死亡リスク推計と、人種、性別、所得水準ごとの暗黙の VSL について計算）。

60. Id.

61. Id.

62. W. Kip Viscusi, The Value of Life: Estimates with Risks by Occupation and Industry, 42 ECON. INQUIRY 29, 39（2004）.

63. Viscusi & Aldy, 上記注 4, at 36-43 を参照（アメリカと国際的な VSL メタ分析を通じ、所得と支払い意志額の関係を決定）.

64. 代表的な判例が Corrosion Proof Fittings v. EPA, 947 F.2d 1201（5th Cir.1991）である。ここで第 5 巡回法廷はこう説明した:「適切な方針は（中略）最も負担の少ないものから順にそれぞれの規制オプションを検討し、それぞれの費用便益を計算することである。（中略）それなくしては、そうした代替案のいずれも同省の選んだ禁止令より負担が少なくなかったと知るのは（中略）不可能である」同上 at 1217（引用省略）; また Am Dental Ass'n v. Martin, 984 F.2d 823, 831（7th Cir. 1993）も参照（法廷の役割はある省庁規制の性質、必要性、費用便益的な根拠を評価することではなく、「単に正当性の境界線に目を光らせるだけ」だと述べている）。

65. たとえば 15 U.S.C. §2605（c）（2000）を参照（有害物質規制法の下での化学物質やその混合物の規制について費用便益分析を求めるもの）.

66. ENVTL. PROT. AGENCY, A SAB REPORT ON EPA's WHITE PAPER VALUING THE BENEFITS OF FATAL CANCER RISK REDUCTION 5-6 (2000)(「既存研究は〔がんに対する恐怖プレミアムの〕規模についてほとんど信頼できる情報を提供しておらず」、「もっとよい情報が入手できるまで、そうしたプレミアムを使わないのが最善である」と結論), http://www.epa.gov/science/pdf/eeacf013.pdf を参照.
67. Viscusi & Aldy, 上記注 4, at 57 を参照(SAB による「嫌悪効果」の却下は、条件つき価値評価調査でのがん死亡リスク価値推計が事故死の価値推計と同程度だという結果からも支持されると主張)。

第5章

1. 定義上の問題については以下を参照:Matthew D. Adler, *Well-Being and Fair Distribution: Beyond Cost-Benefit Analysis* 92-114 (2011); Matthew D. Adler, Happiness Surveys and Public Policy: What's the Use?, 62 DUKE L.J. 1509 (2013);Carol Graham, An Economists Perspective on Well-Being Analysis and Cost Benefit Analysis, 62 DUKE L.J. 1691 (2013).
2. JOHN STUART MILL, ON LIBERTY 8 (Kathy Casey ed., 2002) (1859)(ミル『自由論』)
3. 裏付けは W. Kip Viscusi, The Heterogeneity of the Value of a Statistical Life, 40 J. RISK & UNCERTAINTY 1 (2010) を参照。
4. ちがった視点としては以下を参照:Sean Hannon Williams, Statistical Children, 30 YALE J. ON REG. 63 (2013); Joanne Leung & Jagadish Guna, Value of Statistical Life: Adults Versus Children, 38 ACCIDENT ILLNESS & PREVENTION 1208 (2006).
5. Joseph Aldy & W. Kip Viscusi, Age Differences in the Value of Statistical Life, 1 REv. EVNTL. ECON. & PoL'Y 241 (2007).
6. たとえば Ted R. Miller, Variations Between Countries in Value of a Statistical Life, 34 J. TRANSP. ECON. & PoL'Y 169 (2000) を参照。
7. 啓発的でちがう見方(だが相容れないものではない)としては Matthew D. Adler, Risk Equity: A New Proposal, 32 HARV. ENVTL. L. REv. 1 (2008) を参照。
8. もちろん政府が自動車などの消費財について「安全の下限」を作るのは望ましいことかもしれない。それは市場での適切な情報欠如に対する対応となる。でもそうした下限は再分配ツールとして見るべきではない。よい

再分配をもたらさない可能性が高いからだ。Cf Susan Rose-Ackerman, Comment, Progressive Law and Economics And the New Administrative Law, 98 YALE L. J. 341, 354（1988）（職業的な健康安全規制は再分配手法として有効ではないと主張）。

9. Matthew E. Kahn, The Beneficiaries of Clean Air Act Regulation, REGULATION, Spring 2001, at 34, 35-38.
10. PRICE V. FISHBACK & SHAWN EVERETT KANTOR, A PRELUDE TO THE WELFARE STATE 69, app. D at 231-38（2000）.
11. CASS R. SUNSTEIN, RISK AND REASON（2002）参照（飲料水の水質を改善するある提案は、ほとんどの家計にとって水道料金が年に 30 ドルあがる結果をもたらすと指摘）.
12. 「欲求ミス」の分析と説明としては Daniel T. Gilbert & Timothy D. Wilson, Miswanting, FEELING AND THINKING: THE ROLE OF AFFECT IN SOCIAL COGNITION 178, 179（Joseph P. Forgas ed., 2000）所収を参照。そこにはこう説明されている：

人は不幸を求めているものが得られないときに生じるものと考えがちだが、多くの不幸は（中略）欲しいものが得られないことには関係しておらず、自分の好きなモノを欲しがれないことからきている。欲求と嗜好がこのように連携していない場合、その人物は欲求ミスをしていると言えるだろう。

同上。一般論としては Timothy D. Wilson & Daniel T. Gilbert, Affective Forecasting, 35 ADVANCES IN EXPERIMENTAL Soc. PSYCHOL. 345（Mark P. Zanna ed., 2003）所収を参照（人々が自分の感情を正確に予測する能力について分析）。

13. ELIZABETH DUNN & MICHAEL NORTON, HAPPY MONEY（2013）を参照。
14. Daniel Kahneman & Carol Varey, Notes on the Psychology of Utility, in INTERPERSONAL COMPARISONS OF UTILITY（Jon Elster & John Roemer eds., 1991）を参照（経験効用と予測効用とを区別）。
15. 同上参照。また Cass R. Sunstein, The Storrs Lectures: Behavioral Economics and Paternalism, 122 YALE L. J. 1826（2013）も参照。選好が判断に影響するという議論としては一般的に Daniel Kahneman, Maps of Bounded Rationality: Psychology for Behavioral Economics, 93 AM. ECON. REv. 1449（2003）. Cf Daniel Kahneman et al., Back to Bentham?

Explorations of Experienced Utility, 112 QJ. ECON. 375, 379-88（1997）を参照（効用が人間行動に与える影響は、規範的な「総効用」という発想を、「経験効用」と「決断的効用」という別の概念として分析したほうが理解も研究も有効になると主張）。

16. Jon Elster, *Sour Grapes* 109-10（1983）（「適応選好」を、「人々が可能性に沿って野心を調整する傾向がある」ときに起こることと定義）; Matthew D. Adler & Eric A. Posner, Implementing Cost-Benefit Analysis When Preferences Are Distorted, 29 J. LEGAL STUD. 1105-47（2000）（「人々は公園のある世界に適応したので公園に対して支払いをしたがらない」といった仮説をたてている）。

17. ALEXIS DE TOCQUEVILLE, DEMOCRACY IN AMERICA 317（1969).（トクヴィル『アメリカのデモクラシー』松本礼二訳、岩波書店、2005-8年）

18. 一般論としてGEORGE A. AKERLOF & WILLIAM T. DICKENS, The Economic Consequences of Cognitive Dissonance, AN ECONOMIC THEORIST'S BOOK OF TALES 123（1984）（アカロフ＆ディケンズ「認知的不協和のもたらす経済的帰結」、アカロフ『ある理論経済学者のお話の本』幸村千佳良・井上桃子訳、ハーベスト社、1995年所収）（認知不協和という心理学理論を経済学モデルに組み込む検討）

19. TALI SHAROT, THE OPTIMISM BIAS（2010）を参照。

20. SARAH CONLY, AGAINST AUTONOMY（2012）を参照。

21. Kahneman & Varey, 上記注14, at 128-29.

22. Daniel J. Benjamin et al., What Do You Think Would Make You Happier? What Do You Think You Would Choose?, 102 AM. ECON. REv. 2083, 2085-86（2012).

23. Niklas Karlsson, George Loewenstein & Jane McCafferty, The Economics of Meaning, 30 NORDIC J. POL. ECON. 61, 62（2004); Peter A. Ubel & George Loewenstein, Pain and Suffering Awards: They Shouldn't Be（Just）About Pain and Suffering, 37 J. LEGAL STUD. S195, S206-07（2008).

24. Benjamin et al., 上記注22, at 2085.

25. Elster, 上記注16.

26. SERENE KHADER, ADAPTIVE PREFERENCES AND WOMEN'S EMPOWERMENT（2011).

27. カタログとしては以下を参照。Cass R. Sunstein, *Simpler: The Future*

of Government (2013) (サンスティーン『シンプルな政府――“規制”をいかにデザインするか』田総恵子訳、NTT出版、2017年); Daniel Kahneman, *Thinking, Fast and Slow* (2012) (カーネマン『ファスト&スロー(上・下)』村井章子訳、ハヤカワ文庫、2014年); RICHARD THALER & CASS R. SUNSTEIN, Richard H. Thaler & Cass R. Sunstein, *Nudge* (2008). (セイラー&サンスティーン『実践 行動経済学』遠藤真美訳、日経BP社、2009年)。

28. THALER & SUNSTEIN, 上記注27参照。
29. ADLER, 上記注1, at 155-236.
30. 議論としてはRICHARD THALER, QUASI-RATIONAL ECONOMICS (1993) を参照。
31. Cass R. Sunstein, Probability Neglect, 112 YALE L.J. 61 (2002).
32. SUNSTEIN, 上記注27; CASS R. SUNSTEIN, NANNY STATECRAFT (掲載予定2014).
33. ADLER, 上記注1, at 422-30, および同上430-42での「生涯優先主義」の議論も参照。
34. ADLER, 上記注1.
35. もちろん権利、富、リスクの関係については複雑な問題がある。一つのみかたによれば、こうした変数は相互に切り離せず、人々がある統計リスクからの自由に対する「権利」を持つかは、その社会のリソース水準評価によるという。その意味で、社会厚生の分析は権利についての判断すべての前提かもしれない。
36. Amartya Sen, *Rationality and Freedom* 546-47, 577 (2002). (アマルティア・セン『合理性と自由』若松良樹/須賀晃一/後藤玲子監訳、勁草書房、2014年)
37. Richard H. Pildes & Elizabeth S. Anderson, Slinging Arrows at Democracy: Social Choice Theory, Value Pluralism, and Democratic Politics, 90 CO LUM. L. REv. 2121, 2176 (1990) (「現代自由国家のきわめて差別化された世界では、同じ人間が消費者としての自分の役割と、労働者としての自分の役割、または市民や親や宗教コミュニティの一員としての役割の中でまったくちがう利害を持っていることもある」); 一般論としてElizabeth Anderson, *Value in Ethics and Economics* (1993) を参照。
38. 一般論としてJOSEPH M. BESSETTE, THE MILD VOICE OF REASON: DELIBERATIVE DEMOCRACY AND AMERICAN NATIONAL GOVERNMENT (1994) を参照

39. SEN, 上記注 36, at 287.

40. Id. at 289（強調略）.

41. 同上. at 196-98.

42. 関連する議論は以下を参照：M. W. Jones-Lee, Paternalistic Altruism and the Value of a Statistical Life, 102 ECON. J. 80（1992）; M. W. Jones-Lee, Altruism and the Value of Other People's Safety, 4 J. RISK & UNCERTAINTY 213（1991）.

43. ある試みとしてはEric A. Posner & Cass R. Sunstein, Dollars and Death, 72 U. CHI. L. REv. 537（2005）を参照。

44. ADLER, 上記注 1, at 92 と対比させよう。そこでの示唆は「費用便益分析は政府の政策などの大規模選択を道徳的に評価するにあたって魅力的な厚生主義者的手順ではない――ただし分配的に加重された費用便益分析は別であり、この方式では支払い意志額/受け入れ意志額が加重因子で補正される（後略）」

45. 同上. at 92-114.

46. Richard Arneson, Luck Egalitarianism and Prioritarianism, 110 ETHICS 339, 343（2000）:「優先主義は、制度や慣行は道徳的価値を最大化するように設定され、行動もそのように選ばれるべきだと主張する。その前提として、ある便益（損失回避）を手に入れることの道徳的価値が大きければ、その人物がそこから得る厚生的な利得もそれだけ大きくなり、その人物がその便益（損失）を得る前の生涯期待厚生が低ければ、その分だけそれを得たことによる厚生的な利得も高まるとされる」。また Matthew Adler, Future Generations: A Prioritarian View, 77 G.W. L. REv. 1478（2009）; ADLER, 上記注 1 も参照。

47. 有益な議論としてMATTHEW ADLER & ERIC POSNER, NEW FOUNDATIONS OF COST-BENEFIT ANALYSIS（2006）（費用便益分析が、厚生の代用として機能する意志決定手順だとして擁護）。

48. W. Kip Viscusi, The Benefits of Mortality Risk Reduction, 62 DUKE L.J. 1735（2013）.

49. 有意義な議論として ADLER & POSNER, 上記注 47 を参照。

50. 同上.; ADLER, 上記注 1.

51. J. R. Hicks, The Rehabilitation of Consumer Surplus, 8 REv. ECON. STUD. 108, 111（1941）.

52. ADLER, 上記注 1.

53. たとえば以下を参照：Louis Kaplow & Steven Shavell, Why the Legal

System Is Less Efficient than the Income Tax in Redistributing Income, 23 J. LEGAL STUD. 667, 667 (1994)(「法的なルールによる再分配は、所得税制による再分配より優れたところはなく、通常は効率性が低い」); Steven Shavell, A Note on Efficiency vs. Distributional Equity in Legal Rulemaking: Should Distributional Equity Matter Given Optimal Income Taxation?, 71 AM. ECON. REv. PAPERS & PROC. 414, 414 (1981)(所得税が、非効率な損害賠償ルールや再分配所得を補えると議論); David A. Weisbach, Should Legal Rules Be Used to Redistribute Income?, 70 U. CHI. L. REv. 439, 439 (2003).

54. ADLER, 上記注 1, at 185-201; INTERPERSONAL COMPARISONS OF WELL-BEING (Jon Rister & John Roemer eds., 1993).
55. 有益な議論が ADLER, 上記注 1, at 567-71 にある。
56. たとえば John Bronsteen et al., Well Being Analysis vs. Cost-Benefit Analysis, 62 DUKE L. J. 1603 (2013) の厚生アプローチと、その点も含めて批判している W. Kip Viscusi, The Benefits of Mortality Risk Reduction, 63 DUKE L.J. 1735 (2013) を考えよう。
57. 有益な論集として THE GLOBALIZATION OF COST-BENEFIT ANALYSIS IN ENVIRONMENTAL POLICY (Michael Livermore & Richard Revesz eds., 2013).
58. Cf INTERGOVERNMENTAL PANEL ON CLIMATE CHANGE, THIRD ASSESSMENT REPORT: CLIMATE CHANGE 2001: MITIGATION 483(「VSL は一般に、富裕国より貧困国で低い」と結論), http://grida.no/climate/ipcc_tar/wg3.
59. INTERG OVERNMENTAL PANEL ON CLIMATE CHANGE, SECOND ASSESSMENT REPORT: CLIMATE CHANGE 1995.
60. John Broome, Cost-Benefit Analysis and Population, 29 J. LEGAL STUD. 953, 957 (2000)(この結論が「人の選好を表すのに金銭指標効用関数を使った結果」だと指摘。このアプローチをブルーム教授は拒否する)。「楽なケース」で私は、金銭指標効用関数は馬鹿げたものではなく、むずかしいケースでもそれほど馬鹿げていないと示唆している。INTERGOVERNMENTAL PANEL ON CLIMATE CHANGE, 上記注 58, at 483 を参照:

 VSL は一般に、富裕国より貧困国で低いが、多くのアナリストは国際的な視野を持ち、国際コミュニティで決断すべき政策においてちがった値を適用するのは容認できないとしている。そうした状況でアナリストたち

は平均VSLを用い、それをすべての国に適用する。もちろんそうした値は、リスク削減に個人が支払う金額ではないが、「平等性調整」値であり、低所得群の支払い意志額に大きな重みが置かれることになる。EUとアメリカのVSLの基盤と、所得分配に向けた政府政策において広い魅力を持つ加重方式についてはEyre et al.（1998）が世界VSLをおよそ100万ユーロ（1999年為替レートだとおよそ100万ドル）としている。

第6章

1. Amos Tversky & Daniel Kahneman, Judgment Under Uncertainty: Heuristics and Biases, 185 SCIENCE 1124, 1124（1974）.
2. HEURISTICS: THE FOUNDATIONS OF ADAPTIVE BEHAVIOR（Gerd Gigerenzer et al. eds., 2011）.
3. Tversky & Kahneman, 上記注1.
4. Daniel Kahneman & Shane Frederick, Representativeness Revisited: Attribute Substitution in Intuitive judgment, HEURISTICS AND BIASES: THE PSYCHOLOGY OF INTUITIVE JUDGMENT 49（Thomas Gilovich et al. eds. 2002）所収。
5. STEPHEN JAY GOULD, BULLY FOR BRONTOSAURUS: REFLECTIONS IN NATURAL HISTORY 469（1991）.
6. Daniel Kahneman, *Thinking, Fast and Slow*（2012）（カーネマン『ファスト&スロー（上・下）』村井章子訳、ハヤカワ文庫、2014年）
7. Joshua Greene & Jonathan Haidt, How（and Where）Does Moral judgment Work?, 6 TRENDS IN COGNITIVE SCI. 517（2002）; Jonathan Haidt, The Emotional Dog and Its Rational Tail: A Social Intuitionist Approach to Moral Judgment, 108 PSYCHOL. REv. 814（2001）.
8. Jonathan Haidt et al., Moral Dumbfounding: When Intuition Finds No Reason（2004）（未刊行原稿）.
9. See JOHN STUART MILL, UTILITARIANISM 28-29（Bobbs-Merrill Co. 1971）（1863）; HENRY SIDGWICK, THE METHODS OF ETHICS 199-216（Hackett Publishing Co. 1981）（1907）.
10. MILL, 上記注9, at 29.
11. もちろんここで多くの複雑な点を棚上げしている。議論としてDerek Parfit, ON WHAT MATTERS（2011）を参照。
12. Amos Tversky & Daniel Kahneman, The Framing of Decisions and the Psychology of Choice, 211 SCIENCE 453（1981）.

13. Amos Tversky & Daniel Kahneman, Loss Aversion in Riskless Choice: A Reference Dependent Model, 106 Q J. ECON. 1039（1991）.
14. Shane Frederick, Measuring Intergenerational Time Preference: Are Future Lives Valued Less?, 26 J. RISK & UNCERTAINTY 39（2003）.
15. Maureen Cropper et al., Preferences for Life-Saving Programs: How the Public Discounts Time and Age, 8 J. RISK & UNCERTAINTY 243（1994）.
16. Frederick, 上記注 14.
17. W. Kip Viscusi, Corporate RiskAnalysis: A Reckless Act?, 52 STAN. L. REv. 547, 547, 558（2000）.
18. 同上 ; Philip Tetlock, Coping with Tradeoffs: Psychological Constraints and Political Implications, in ELEMENTS OF REASON: COGNITION, CHOICE, AND THE BOUNDS OF RATIONALITY 239（Arthur Lupia et al. eds., 2000 ）.
19. Viscusi, 上記注 17.
20. Tetlock, 上記注 18.
21. この示唆をくれた Jonathan Haidt に感謝する。
22. FRANK ACKERMAN & LISA HEINZERLING, PRICELESS: ON KNOWING THE PRICE OF EVERYTHING AND THE VALUE OF NOTHING（2004）.
23. Jonathan J. Koehler & Andrew D. Gershoff, Betrayal Aversion: When Agents of Protection Become Agents of Harm, 90 ORGANIZATIONAL BEHAV. & HUM. DECISION PROCESSES 244（2003）.
24. 同上
25. 同上 at 244.
26. Ilana Ritov & Jonathan Baron, Reluctance to Vaccinate: Omission Bias and Ambiguity, BEHAVIORAL LAW AND ECONOMICS at 168（Cass R . Sunstein ed., 2002）所収 .
27. Michael Sandel, It's Immoral to Buy the Right to Pollute, N.Y. TIMES, Dec. 15, 1997, at A23. サンデルは、一連の関連した議論を Michael Sandel, What Money Can't Buy（2012）（サンデル『それをお金で買いますか――市場主義の限界』鬼澤忍訳、早川書房、2014 年）で行っている。その論点をここで挙げることはできないが、私は市場の利用に対するサンデルの反対論の多くは、実は道徳的ヒューリスティックスの利用に依存しており、多くの場合にそれが誤射されていると思う。

28. Cass R. Sunstein, *Laws of Fear* (2005).（サンスティーン『恐怖の法則――予防原則を超えて』角松生史ほか訳、勁草書房、2015 年）
29. RALPH HERTWIG ET AL., SIMPLE HEURISTICS IN A SOCIAL WORLD (2012).

第 7 章

1. Amos Tversky & Daniel Kahneman, Judgment Under Uncertainty: Heuristics and Biases, JUDGMENT UNDER UNCERTAINTY: HEURISTICS AND BIASES 3, 11-14 (Daniel Kahneman et al. eds., 1982) 所収 .
2. PAUL SLOVIC, THE PERCEPTION OF RISK 37-48 (2000).
3. Peter Huber, The Old-New Division in Risk Regulation, 69 VA. L. REv. 1025 (1983).
4. Timur Kuran & Cass R. Sunstein, Availability Cascades and Risk Regulation, 51 STAN. L. REv. 683, 703-05 (1999).
5. Howard Kunreuther et al., Making Low Probabilities Useful, 23 J. RISK & UNCERTAINTY 103, 107 (2001).
6. Daniel Kahneman & Amos Tversky, Prospect Theory: An Analysis of Decision Under Risk, CHOICES, VALUES, AND FRAMES 17, 28-38 (Daniel Kahneman & Amos Tversky eds., 2001) 所収; Amos Tversky & Daniel Kahneman, Advances in Prospect Theory: Cumulative Representations of Uncertainty, in CHOICES, VALUES, AND FRAMES, 前出, at 44, 64-65.
7. Roger G. Noll & James E. Krier, Some Implications of Cognitive Psychology for Risk Regulation, 19 J. LEGAL STUD. 747, 769-71 (1990).
8. Yuval Rottenstreich & Christopher K. Hsee, Money, Kisses, and Electric Shocks: On the Affective Psychology of Risk, 12 PSYCHOL. Ser. 185, 188 (2001)
9. お金の価値評価と感情を参照しないモノの価値評価の差を示す重要な議論が A. Peter McGraw et al., Valuing Money and Things: Why a $20 Item Can Be Worth More and Less than $20, 56 MGMT. Ser. 810 (2010).
10. この部分は Cass R. Sunstein & Richard Zeckhauser, Overreaction to Fearsome Risks, 48 ENVTL. & RESOURCE ECON. 435 (2011) に基づく。
11. George F. Loewenstein et al., Risk as Feelings, 127 PSYCHOL. BULL. 267 (2001)
12. 同上 .

13. 同上 .
14. Peter Sandman et al., Agency Communication, Community Outrage, and Perception of Risk: Three Simulation Experiments, 13 RISK ANALYSIS 35（1994）; Peter Sandman et al., Communications to Reduce Risk Underestimation and Overestimation, 3 RISK DECISION & PoL'Y 93（1998）.
15. 同上.
16. 同上.
17. Paul Slovic et al., Violence, Risk Assessment and Risk Communication, 24 LAW & HUM. BEHAV. 271（2000）.
18. Loewenstein et al., 上記注 11, at 275-76.
19. E. J. Johnson et al., Framing, Probability Distortions, and Insurance Decisions, 7 J. RISK & UNCERTAINTY 35（1993）.
20. Ali Siddiq Alhakami & Paul Slovic, A Psychological Study of the Inverse Relationship Between Perceived Risk and Perceived Benefit, 14 RISK ANALYSIS 1085, 1094-95（1994）.
21. Paul Slovic et al., The Affect Heuristic, INTUITIVE JUDGMENT: HEURISTICS AND BIASES（Tom Gilovich et al. eds., 2002）所収 .
22. Daniel Kahneman, *Thinking, Fast and Slow*（2012）（カーネマン『ファスト&スロー（上・下）』村井章子訳、ハヤカワ文庫、2014 年）
23. Robertson v. Methow Valley Citizens Council, 490 U.S. 332, 354-56（1989）; ROBERT PERCIVAL ET AL., ENVIRONMENTAL REGULATION 903-04（3d ed. 2000）.
24. 40 C.F.R. § 1502. 22（2001）.
25. JON ELSTER, EXPLAINING TECHNICAL CHANGE 185-207（1983）.
26. Kuran & Sunstein, 上記注 4.
27. LOIS MARIE GIBBS, LOVE CANAL: THE STORY CONTINUES 25（1998）（ラブカナル汚染の結果としての恐怖水準の上昇を議論）.
28. 同上.
29. JAMES T. HAMILTON & W. KIP VISCUSI, CALCULATING RISKS: THE SPATIAL AND POLITICAL DIMENSIONS OF HAZARDOUS WASTE POLICY 91-108（1999）
30. Kuran & Sunstein, 上記注 4.
31. あるジャーナリストは、最近のサメによる攻撃をめぐる喧噪についてこう述べている。

海洋専門家が昨晩の「NBC ナイトリーニュース」で、サメの攻撃で死ぬ人よりもハチやスズメバチ、蛇、ワニの攻撃で死ぬ人のほうが多いと述べた。でもハチでは視聴率は取れない。ハチは不愉快なムシでしかなく、あまりおっかなく見えない。背景に「ジョーズ」のテーマを実質的に流した状態で、メディアは今年をサメの夏に仕立ててしまった。攻撃の数が実際は去年より減っていても構わない。サメはそこにいて、おっかなくて、お近くのビーチにもくるかもしれませんぞ、というわけだ。

Howard Kurtz, Shark Attacks Spark Increased Coverage, WASH. POST, Sept. 5, 2001, http://www.washingtonpost.com/wp-dyn/articles/A44720-2001Sep5.html.

32. PHANTOM RISK: SCIENTIFIC INFERENCE AND THE LAW 427-28 (Kenneth R. Foster et al. eds., 1993).

33. W. Kip Viscusi, Corporate RiskAnalysis: A Reckless Act?, 52 STAN. L. REv. 547, 556-58 (2000).

34. Boaz Keysar et al., The Foreign Language Effect: Thinking in a Foreign Tongue Reduces Decision Biases, 23 PSYCHOL. Ser. 661 (2012).

おわりに

1. その他のもっといい手法も登場するかもしれない。根本的な問題の議論としては Matthew D. Adler, *Well-Being and Fair Distribution: Beyond Cost-Benefit Analysis* 92-114 (2011) を参照。

2. http://aubreyherbert.blogspot.it/2004I10/amartya-sen-on-hayeks-road-to-serfdom.html.

補遺 B

1. Interagency Working Grp. on Soc. Cost of Carbon, U.S. Govt., Technical Support Document: Updated Social Cost of Carbon for Regulatory Impact Analysis Under Executive Order 12866 (2013), http://www.whitehouse.gov/sites/default/files/omb/inforeg/social_cost_of_carbo_for_ria_2013_update.pdf.

2. Interagency Working Grp. on Soc. Cost of Carbon, U.S. Govt., Technical Support Document: Social Cost of Carbon for Regulatory Impact Analysis, tbl. Ai (2010), a http://www.epa.gov/oms/climate/regulations/sec-tsd.

pdf.

補遺 C

1. OFFICE OF MGMT. & BUDGET, DRAFT 2012 REPORT TO CONGRESS ON THE BENEFITS AND COSTS OF FEDERAL REGULATIONS 23 tbl. 1-s（a）（2012）, http://www.whitehouse.gov/sites/default/files/omb/oira/draft_2012_cost_benefit_report.pdf. この補遺の脚注二つは関連する報告から直接持ってきている。
2. OFFICE OF MGMT. & BUDGET, 2011 REPORT TO CONGRESS ON THE BENEFITS AND COSTS OF FEDERAL REGULATIONS 25 tbl. 1-s（a）（2011）, http://www.whitehouse.gov I sites/default/files/omb/inforeg/2011_cb/2011_cba_report.pdf.
3. 同省は 2020 についての便益と費用の推計を提示した。これまでの NAAQS ルール策定と同様の年額換算を行うため、OMB は便益と費用がルール完成の初年度はゼロで、それが 2020 年まで線形に増え、2020 年以後は費用便益が横ばいになると想定した［この注は 2011 REPORT TO CONGRESS, 上記注 2 から直接持ってきた］
4. DOT と EPA の推計値は、二つのルールの間のプログラム的なちがいと推計モデルの差により少しちがっている。費用便益の範囲は、DOT の RIA では 2012-2016 年のモデル年の推計値で、そうした車両の寿命にわたって年額換算している。主要推計値は、EPA の RIA では 2012-2016 年のモデル年の推計値に基づき、それら車両の寿命に渡り 7% で年額換算されている。［この注は 2011 REPORT TO CONGRESS, 上記注 2 から直接持ってきた］
5. OFFICE OF MGMT. & BUDGET, 2010 REPORT TO CONGRESS ON THE BENEFITS AND COSTS OF FEDERAL REGULATIONS 22 tbl. 1-4（2010）, http://www.whitehouse.gov/sites/default/files/omb/inforeg/2011_cb/2011_cba_report.pdf

補遺 D

オンラインサポートページ（http://cruel.org/books/valuelife/）を参照。

補遺 E

1. table 5-9 of the Final Regulatory Impact Analysis for Particulate Matter, http://www.epa.gov/ttn/ecas/regdata/RIAs/finalria.pdf (2013)を参照.

補遺 A：大統領命令 13563、2011 年 1 月 18 日

規制と規制レビューの改善

アメリカ合衆国憲法とその法により私に与えられた権限に基づき、規制と規制レビューを改善するために、以下のように命令する：

第 1 部：規制の一般原理　(a) 我が国の規制システムは公共保健、厚生、安全、環境を保護しつつ、経済成長、イノベーション、競争力、雇用増大を促進しなくてはならない。それは手に入る最高の科学に基づいたものでなければならない。それは市民参加とアイデアの自由な交換の余地がなければならない。予測可能性を促進し、不確実性を減らさねばならない。規制目的の実現にあたっては、最もイノベーティブで最も負担の少ないツールを選ばねばならない。定量的、定性的の双方を含む便益や費用を考慮しなければならない。規制がアクセス可能で、一貫性を持ち、平明に書かれ、理解しやすいものとなるようにしなければならない。規制要件の実際の結果を継続し、改善しようとしなければならない。

(b) この命令は 1993 年 9 月 30 日の大統領命令 12866 で確立された現代規制レビューを司る原理、行動、定義を補いつつ再確認するものである。同大統領命令で述べられ、法で許される範囲において、各省庁は規制を提案または採用するにあたっては、その便益が費用から見て正当化されるものだという、根拠ある判断

に基づかねばならない（ただし一部の費用や便益が定量化困難であることは認識する）。(2) 規制上の目的を達成しつつ、他のものに加えて実践可能な範囲において、累積的な規制の費用を考慮のうえ、規制が社会に与える負担を最低限にとどめるように構築する (3) 代替的な規制アプローチの中から選ぶにあたり、純便益（潜在的な経済、環境、公衆衛生、安全など他の利点、分配的な影響、平等性を含む）を最大化するアプローチを選ぶ。; (4) 実現可能な範囲において、規制対象が採用すべき行動や準拠方法を示すのではなく、パフォーマンス上の目標を定める。(5) 手数料や取引可能な許可証の使用、あるいは社会が選択を行えるような情報提供など、直接的な規制にかわる代替方策も見きわめ評価する。

(c) こうした原理を適用するにあたり、各省庁は予測される現在と未来の便益や費用をできる限り正確に予測するため、手に入る最高の手法を使うように指導される。適切で法の許す場合には、各省庁は平等性、人間の尊厳、公平性、分配上の影響など、定量化不能な価値について検討し（そして定性的に論じ）ることが認められる。

第２部：市民参加。(a) 規制は市民参加を伴うプロセスを通じて採用されるものとする。このために規制は、実現可能で法と一貫性を持つ範囲において、国家、地方、部族の役職者、関連分野の専門家、民間部門で影響を受ける利害関係者、市民全体による開かれた情報や視点の交換に基づくものとする。

(b) こうした公開の意見交換を促進するため、各省庁は大統領命令 12866 など適用される法的要件と一貫性を持つ形で、一般社会に対して規制プロセスに参加する機会を与えるよう努めるものとする。実現可能で法の許す範囲において、各省庁は一般社会

に対し、インターネットを通じてあらゆる提案された規制に対してコメントを提出する、内実のある機会を与えるものとする。コメント期間は一般に60日以上とする。実現可能で法の許す範囲において、各省庁はまた提案されたものも最終ルールも、regulations.gov上でルール策定文書に時期を得たオンラインアクセスを確保するものとする。これには関連する科学技術的な知見が含まれ、その形式は容易に検索しダウンロードできるようなオープンフォーマットとする。提案されたルールの場合、こうしたアクセスは、実現可能で法の許す範囲において、一般社会がルール策定文献のあらゆる関連部分について、科学技術的な地検も含めてパブリックコメントが得られるようにする。

(c) ルール策定提案の報せを発行する前に、各省庁は実現可能で適切な範囲において、影響を受けそうな人々の意見を求めるものとする。ここにはそうしたルールにより便益を受ける人々や、そうしたルール策定の対称となる可能性のある人々も含まれる。

第3部：統合とイノベーション。一部の部門や産業はきわめて多くの規制上の要件に直面し、その一部は冗長で、一貫性がなく、重複していることもある。省庁間の調整を高めることでこうした要件を減らし、費用を引き下げ、ルールを単純化し調和させることができる。規制行動を開発して適切なアプローチを見きわめるにあたり、各省庁は、そうした調整や単純化、調和化を行うようにすべきである。各省庁はまた、規制目標を実現するための手段として、イノベーションを促進するように設計されたものを、適切に同定するよう努めるべきである。

第4部：柔軟なアプローチ。関連し、実現可能で、規制目的と整合し、法の許す範囲において、各省庁は負担を減らし、一般社会

が選択の柔軟性と自由を維持できるような規制アプローチを同定し、検討するものとする。こうしたアプローチは警告、適切なデフォルトルール、開示要件、さらに明確で理解可能な形での社旗への情報提供も含む。

第５部：科学。大統領府部局長への大統領メモ「科学的正真性」(2009年3月9日) およびその施工ガイダンスと整合する形で、各省庁は、規制行動を支持するために使われる科学技術情報やプロセスすべてについての客観性を確保するものとする。

第６部：既存ルールの遡及的な分析。(a) 既存の重要な規制についての定期的なレビューを促進するため、省庁は陳腐化したり、効果がなくなったり、不十分だったり、過剰な負担を強いたりするルールについて遡及的に分析し、学ばれたことに応じてそれを改訂し、一貫性を持たせ、拡大、廃止するための最高の方法を検討するものとする。こうした遡及分析は、指示データも含め、可能な限りオンラインで公開されるべきである。

(b) この命令発効日から120日以内に、各省庁は、情報規制問題局に、法や同省庁の資源や規制上の優先順位と整合するような暫定計画を提出し、それに基づいて既存の重要な規制を定期的にレビューして、そうした規制のどれかを改訂、一貫性促進、拡大、廃止することで、同省庁の規制プログラムを、その規制目標実現にあたりもっと有効または負担の少ないものとするものとする。

補遺 B：炭素の社会的費用

CO_2の社会費用改訂版，2010-50（2013年ワーキンググループより
CO_2 1トンあたり2007年ドル）[1]

割引率 年	5.0% Avg.	3.0% Avg.	2.5% Avg.	3.0% 95th
2010	11	33	52	90
2015	12	38	58	109
2020	12	43	65	129
2025	14	48	70	144
2030	16	52	76	159
2035	19	57	81	176
2040	21	62	87	192
2045	24	66	92	206
2050	27	71	98	221

CO_2 の年間社会費用，2010-50（2010 年ワーキンググループより CO_2 1トンあたり 2007 年ドル）[2]

割引率 年	5% Avg.	3% Avg.	2.5% Avg.	3% 95th
2010	4.7	21.4	35.1	64.9
2011	4.9	21.9	35.7	66.5
2012	5.1	22.4	36.4	68.1
2013	5.3	22.8	37.0	69.6
2014	5.5	23.3	37.7	71.2
2015	5.7	23.8	38.4	72.8
2016	5.9	24.3	39.0	74.4
2017	6.1	24.8	39.7	76.0
2018	6.3	25.3	40.4	77.5
2019	6.5	25.8	41.0	79.1
2020	6.8	26.3	41.7	80.7
2021	7.1	27.0	42.5	82.6
2022	7.4	27.6	43.4	84.6
2023	7.7	28.3	44.2	86.5
2024	7.9	28.9	45.0	88.4
2025	8.2	29.6	45.9	90.4
2026	8.5	30.2	46.7	92.3
2027	8.8	30.9	47.5	94.2
2028	9.1	31.5	48.4	96.2
2029	9.4	32.1	49.2	98.1
2030	9.7	32.8	50.0	100.0
2031	10.0	33.4	50.9	102.0
2032	10.3	34.3	51.7	103.9
2033	10.6	34.7	52.2	105.8
2034	10.9	35.4	53.4	107.8
2035	11.2	36.0	54.2	109.7
2036	11.5	36.7	55.0	111.6
2037	11.8	37.3	55.9	113.6
2038	12.1	37.9	56.7	115.5
2039	12.4	38.6	57.5	117.4
2040	12.7	39.2	58.4	119.3
2041	13.0	39.8	59.0	121.0
2042	13.3	40.4	59.7	122.7
2043	13.6	40.9	60.4	124.4
2044	13.9	41.5	61.0	126.1

割引率 年	5% Avg.	3% Avg.	2.5% Avg.	3% 95th
2045	14.2	42.1	61.7	127.8
2046	14.5	42.6	62.4	129.4
2047	14.8	43.2	63.0	131.1
2048	15.1	43.8	63.7	132.8
2049	15.4	44.4	64.4	134.5
2050	15.7	44.9	65.0	136.2

補遺 C：主要連邦規制の推定便益と費用

レビューされた主要ルール及びその年間費用と便益
2010 年 10 月 1 日～2011 年 9 月 30 日（10 億 2001 年ドル）[1]

機関	RIN	名称	便益	費用
HHS	0910-AG41	Cigarette Warning Label Statements	0.2 Range: 0–9.0	<0.1
HHS	0938-AQ12	Administrative Simplification: Adoption of Authoring Organizations for Operating Rules and Adoption of Operating Rules for Eligibility and Claims Status (CMS-0032-IFC)	1.0 Range: 0.9–1.1	0.4 Range: 0.3–0.6
DOL	121O-AB07	Improved Fee Disclosure for Pension Plan Participants	1.6 Range: 0.8–3.3	0.3 Range: 0.2–0.4
DOL	1210-AB35	Statutory Exemption for Provision of Investment Advice	10.9 Range: 5.8–15.1	3.0 Range: 1.6–4.2
DOE	1904-AA89	Energy Efficiency Standards for Clothes Dryers and Room Air Conditioners	0.2 Range:0.2–0.3	0.1 Range:0.1–0.2
DOE	1904-AB79	Energy Efficiency Standards for Residential Refrigerators, Refrigerator-Freezers, and Freezers	1.8 Range: 1.7–3.0	0.8 Range: 0.8–1.3
DOE	1904-AC06	Energy Efficiency Standards for Residential Furnaces, Central Air Conditioners and Heat Pumps	0.9 Range: 0.7–1.8	0.5 Range: 0.5–0.7

機関	RIN	名称	便益	費用
EPA	2040-AF11	Water Quality Standards (Numeric Nutrient Criteria) for Florida's Lakes and Flowing Waters	<0.1	0.1 Range: 0.1–0.2
EPA	2050-AG50	Oil Pollution Prevention: Spill Prevention, Control, and Countermeasure Rule Requirements-Amendments for Milk Containers	0	(0.1)
EPA	2060-AP50	Cross State Air Pollution Rule (CAIR Replacement Rule)	Range: 20.5–59.7	0.7
DOT	2125-AF19	Real-Time System Management Information Program	0.2	0.1
DOT	2127-AK23	Ejection Mitigation	1.5 Range: 1.5–2.4	0.4 Range: 0.4–1.4
DOT & EPA	2127-AK74; 2060-AP61	Commercial Medium and Heavy-Duty On- Highway Vehicles and Work Truck Fuel Efficiency Standards	2.6 Range: 2.2–2.6	0.5 Range: 0.3–0.5

( ) は負の値を示す

レビューされた主要ルール及びその年間費用と便益
2010年10月1日～2011年9月30日（10億2001年ドル）[2]

機関	RIN	名称	便益	費用
DOJ	1117-AA61	Electronic Prescriptions for Controlled Substances	Range: 0.3-1.3	<0.1
DOJ	1190-AA44	Nondiscrimination on the Basis of Disability in Publie Accommodations and Commercial Facilities	1.1 Range: 1.0-2.1	0.6 Range: 0.5-0.7
DOJ	1190-AA46	Nondiscrimination on the Basis of Disability in State and Local Government Services	Range: 0.2-0.3	Range: 0.1-0.2
DOL	1218-AC01	Cranes and Derricks in Construction	0.2	0.1
DOE	1904-AA90	Energy Efficiency Standards for Pool Heaters and Direct Heating Equipment and Water Heaters	1.4 Range: 1.3-1.8	Range: 1.0-1.1
DOE	1904-AB70	Energy Conservation Standards for Small Electric Motors	Range: 0.7-0.8	0.2
DOE	1904-AB93	Energy Efficiency Standards for Commercial Clothes Washers	Range: 0-0.1	<0.1
EPA	2050-AG16	Revisions to the Spill Prevention, Control, and Countermeasure (SPCC) Rule	0	(0.1)
EPA	2060-AO15	NESHAP: Portland Cement Notice of Reconsideration	Range: 6.1-16.3	Range: 0.8-0.9

機関	RIN	名称	便益	費用
EPA	2060-AO48	Review of the National Ambient Air Quality Standards for Sulfur Dioxide3	10.5 Range: 2.8–38.6	0.7 Range: 0.3–2.0
EPA	2060-AP36	National Emission Standards for Hazard-ous Air Pollutants for Reciprocating Internal Combustion Engines (Diesel)	Range: 0.7–1.9	0.3
EPA	2060-AQ13	National Emission Standards for Hazard-ous Air Pollutants for Reciprocating Internal Combustion Engines-Existing Stationary Spark Ignition (Gas-Fired)	Range: 0.4–1.0	0.2
EPA	2070-AJ55	Lead; Amendment to the Opt-out and Recordkeeping Provisions in the Renovation, Repair, and Painting Program	Range: 0.8–3.0	0.3
DOT	2120-AI92	Automatic Dependent Surveillance-Broad-cast (ADS-B) Equi-page Mandate to Support Air Traffic Control Service	Range: 0.1–0.2	0.2
DOT	2126-AA89	Electronic On-Board Recorders for Hours-of- Service Compliance	0.2	0.1

(continued)

機関	RIN	名称	便益	費用
DOT	2130-AC03	Positive Train Control	<0.1	0.7 Range: 0.5–1.3
DOT	2137-AE15	Pipeline Safety: Distribution Integrity Management	0.1	0.1
DOT & EPA	2127-AK50; 2060-AP58	Light-Duty Greenhouse Gas Emission Standards and Corporate Average Fuel Economy Standards4	11.9 Range: 3.9–18.2	3.3 Range: 1.7–4.7

( ) indicates negative.

レビューされた主要ルールの総年額便益と費用推計
2008年10月1日〜2009年9月30日（100万2001年ドル）[5]

機関	名称	便益	費用
DOE/EE	Energy Efficiency Standards for Commercial Refrigeration Equipment	196 Range: 186-224	81 Range: 69-81
DOE/EE	Energy Efficiency Standards for General Service Fluorescent Lamps and Incandescent Lamps	1,924 Range: 1,111-2,886	486 Range: 192-657
HHS/P AHRQ	Patient Safety and Quality Improvement Act 2005 Rules	93 Range: 69-136	97 Range: 87-121
HHS/CMS	Revisions of HIPAA Code Sets	209 Range: 77-261	217 Range: 44-238
HHS/CMS	Updates to Electronic Transactions (Version 5010)	1,988 Range: 1,114-3,194	1,090 Range: 661-1,449
HHS/FDA	Prevention of Salmonella Enteritidis in Shell Eggs	1,284 Range: 206-8,583	74 Range: 48-106
HUD/OH	Real Estate Settlement Procedures Act (RESPA); To Simplify and Improve the Process of Obtaining Mortgages and Reduce Consumer Costs (FR-5180)	2,303	884
DOT/FAA	Part 121 Pilot Age Limit	35 Range: 30-35	4
DOT/FAA	Washington, DC, Metropolitan Area Special Flight Rules	239 Range: 10-839	92 Range: 89-382
DOT/FMCSA	Hours of Service of Drivers	0-1,760	0-105
DOT/FMCSA	New Entrant Safety Assurance Process	472-602	60-72

(continued)

機関	名称	便益	費用
DOT/ NHTSA	Passenger Car and Light Truck Corporate Average Fuel Economy Model Year 2011	1,665 Range: 857-1,905	979 Range: 650-1,910
DOT/ NHTSA	Reduced Stopping Distance Requirements for Truck Tractors	1,250 Range: 1,250-1,520	46 Range: 23-164
DOT/ NHTSA	Roof Crush Resistance	652 Range: 374-1,160	896 Range: 748-1,189
DOT/ PHMSA	Pipeline Safety: Standards for Increasing the Maximum Allowable Operating Pressure for Gas Transmission Pipelines	85 Range: 85-89	13 Range: 13-14
EPA/ AR	Review of the National Ambient Air Quality Standards for Lead	455-5,203	113-2,241

補遺 D：ブレークイーブン分析の主要事例

ルール	費用	便益
Terrorism—Coast Guard	$26.5 million annually at a 7 percent discount rate.	Rule would be cost-justified if it prevents one terrorist attack with consequence equal to the average every 130.9 years."
Terrorism—Freight Trains	Not yet calculated.	Not yet calculated.
Terrorism—Aviation	$285 million annually at a 7 percent discount rate.	Not yet calculated.
Prison Rape	$8.2 million per year annualized at a 7 percent discount rate.	Rule would be cost-justified if it reduces the annual number of sexual abuse incidents by 55.
Terrorism—Highway Rail Crossings	$1.52 million over 20 years at a 7 percent discount rate.	Rule would be cost-justified if there is a decrease of 0.015% of crossing accidents over twenty years.
Emergency Preparedness—Trains	Industry cost: $1.5 million over 10 years with a 7 percent discount rate.	Rule would be cost-justified if 3.84 injuries are prevented from increasing in severity.
Prison Rape—PREA	$468.5 million per year when annualized at a 7 percent discount rate.	Rule would be cost-justified if the annual number of prison rape victims is reduced by 1.671.
Fire Suppression—Coast Guard	$2.3 million over 10 years at a 7 percent discount rate.	Rule would be cost-justified if it prevents one fatality every 4–5 years.

(continued)

ルール	費用	便益
Rail Employee Safety—Employee Training	$64.1 million over 20 years, discounted to present dollars at a 7 percent discount rate.	Rule would be cost-justified if it results in a 7% reduction in human factors-caused accidents.
Rail—Emergency Systems	$13.3 million over 2.0 years discounted to present dollars at a 7 percent discount rate.	Not explicitly stated.
Commercial Motor Vehicles—Restrictions on Cell Phone Use	$12.1 million per year discounted at 7 percen t.	Rule would be cost-justified if it eliminates two fatalities per year.
Airlines—Cargo Screening (this rule amends two provisions of the Air Cargo Screening Interim Final Rule [IFR] issued on September 16, 2009, and responds to public comments on the IFR)	$178.1 million annualized and discounted at 7 percent.	Not explicitly stated.
Terrorism—Ammonium Sale Restrictions	$300 million to $1.041 billion over 10 years at a 7 percent discount rate.	Rule would be cost-justified if it prevents one terrorist attack every 14.1 years
Nutrition Labeling—Restaurants	$34.9 million to $130.1 million annualized at a 7 percent discount rate.	Rule would be cost-justified if 0.06 percent of the adult obese population reduces caloric intake by 100 calories perweek.
Nutrition Labeling—Vending Machines	$24.5 million annualized at a 7 percent discount rate.	Rule would be cost-justified if 0.02 percent of the adult obese population reduces caloric intake by 100 calories per week.

ルール	費用	便益
Hazardous Materials Risk Assessment	$3.5 million per year.	Rule would be cost-justified if it reduces risk of hazardous materials incidents by 40%.
Food Safety Inspection—Catfish	Present value $74.8 million over 10 years using a 7 percent discount rate.	Rule would be cost-justified if 790 salmonellosis illnesses are prevented.
Food Shipping—Farm Bill	Not yet estimated.	Not yet estimated.
Expanded Field of View for Vehicles.	$19.7 million based on a 7 percent discount rate.	Rule would be cost-justified if nonquantified benefits to each vehicle are at least $65.
Commercial Motor Vehicles—Rule Disqualifying Those with Traffic Offenses	$3.8 million annually.	Rule would be cost-justified if it eliminates one fatality every year.
Nutrition Labeling—Meat and POllltry	Net present values of $316.99 million over 20 years using a 7 percent discount rate.	Rule would be cost-justified if 0.53 lives are saved annually.
Airline Security—Security of Aircraft Repair Stations	$45,200 for all respondents annualized over the next three years.	Rule would be cost-justified if one moderate terrorist attack is prevented every 92 years.
Airlines—Baggage Screening	Rule costs of $1.9 billion discounted by 7 percent. Industry costs for delayed shipment of cargo estimated at $203.1 million at a 7 percent discount rate.	Rule would be cost-justified if it prevents one attack every 2.6 years.
Airline Crew Standards	$ 7.7 million over 20 years using a 7% discount rate.	Rule would be cost-justified if it prevents at least 10 serious injuries over the period of analysis.

(continued)

ルール	費用	便益
Medication Labeling —Over the Counter Drugs	$71.0 million at 7 percent discount rate.	Rule would be cost -justified if it prevents at least 2 deaths peryear.
Medication Labeling —Over the Counter Drugs	One-time compliance costs of $32 million in the first year.	Rule would be cost-justified if it prevents 1 death per year for 10 years or 476 hospitalizations per year for 10 years.

補遺 E：死亡と病気の価値

健康の終末点	**統計的生命あたり価値の中央推計値**[1]	
	1990 所得水準	2020 所得水準
早期死亡（統計的生命の価値）	$8,000,000	$9,600,000
非致死性心筋梗塞（心臓発作）		
割引率 3%		
0-24	$87,000	$87,000
25-44	$110,000	$110,000
45-54	$120,000	$120,000
55-64	$200,000	$200,000
65 以上	$98,000	$98,000
割引率 7%		
0-24	$97,000	$97,000
25-44	$110,000	$110,000
45-54	$110,000	$110,000
55-64	$190,000	$190,000
65 以上	$97,000	$97,000
入院		
	2000 所得水準	2020 所得水準
慢性肺病（18-64）	$21,000	$21,000
ぜん息入院（0-64）	$21,000	$21,000
全心肺症		
18-64	$42,000	$42,000
65-99	$41,000	$41,000
全呼吸器系（65+）	$36,000	$36,000
ぜん息の緊急通院	$430	$430

入院を必要としない呼吸器疾病

	2000 所得水準	2020 所得水準
上気道症状	$31	$33
下気道症状	$20	$21
ぜん息発作	$54	$58

著者　キャス・サンスティーン（Cass R. Sunstein）
1954年生。ハーバード大学ロースクール教授。専門・憲法行政法、環境法、法哲学、1978年ハーバード大学ロースクール修了。連邦最高裁判所で最高裁判事補佐官を務めた他、マサチューセッツ州最高裁判所、米国司法省等に勤務。2008年から現職。2009年、ホワイトハウス情報規制問題局長に就任。著作として『実践行動経済学』（日経BP社、2009年、リチャード・セイラーとの共著）、『熟議が壊れるとき』（頸草書房、2012年）など。

訳者　山形浩生（やまがた・ひろお）
1964年東京生まれ。評論家・翻訳家。訳書にバナジー、デュフロ『貧乏人の経済学』、ピケティ『21世紀の資本』（みすず書房）、アトキンソン『21世紀の不平等』（東洋経済新報社）、デネット『自由は進化する』、エインズリー『誘惑される意志』（NTT出版）など。

命の価値
規制国家に人間味を

2017年12月20日　第1版第1刷発行

著　者　キャス・サンスティーン
訳　者　山《やま》　形《がた》　浩《ひろ》　生《お》
発行者　井　村　寿　人

発行所　株式会社　勁《けい》　草《そう》　書　房
112-0005　東京都文京区水道2-1-1　振替　00150-2-175253
（編集）電話　03-3815-5277／FAX　03-3814-6968
（営業）電話　03-3814-6861／FAX　03-3814-6854
三秀舎・松岳社

ISBN978-4-326-55079-1　Printed in Japan